日本现代流行文化国际传播研究

胡欣 ◎ 著

时事出版社
北京

图书在版编目（CIP）数据

日本现代流行文化国际传播研究/胡欣著. —北京：时事出版社，2023.10
ISBN 978-7-5195-0551-6

Ⅰ.①日… Ⅱ.①胡… Ⅲ.①现代文化—文化传播—研究—日本 Ⅳ.①G131.3

中国国家版本馆 CIP 数据核字（2023）第 132005 号

出 版 发 行：时事出版社
地　　　址：北京市海淀区彰化路 138 号西荣阁 B 座 G2 层
邮　　　编：100097
发 行 热 线：(010) 88869831　88869832
传　　　真：(010) 88869875
电 子 邮 箱：shishichubanshe@sina.com
印　　　刷：北京良义印刷科技有限公司

开本：787×1092　1/16　印张：15　字数：238 千字
2023 年 10 月第 1 版　2023 年 10 月第 1 次印刷
定价：90.00 元

（如有印装质量问题，请与本社发行部联系调换）

前　言

　　流行文化是国家文化软实力的重要资源，其发展壮大和对外传播对于良好国家形象的构建、国家文化软实力的提升等具有重要意义。当今世界，以影视、动漫、游戏为代表的日本现代流行文化已经成为世界流行文化之林不可或缺的存在。它经日本艺术家及相关领域专家不断创新与完善，最终形成创新性、成长性、大众性和现代性等日本特色。日本也因此成为流行文化资源大国，不仅构建起题材多样、主题丰富、情节引人入胜的巨大故事宝库，还通过激烈竞争不断提升质量，通过"媒介融合""形象联盟"等措施做大做强相关产业。

　　自20世纪50年代逐渐走上世界文化舞台以来，日本现代流行文化一直影响着国外受众。它不仅是许多少年儿童梦想的起点，还成为年轻人追求自我的生活方式，更是业界同行学习效仿的对象，其受欢迎程度与影响力至今仍在不断提升。日本现代流行文化讲故事的能力、国际传播的能力、对国外受众的吸引力、政府的作用等都是值得研究的重要课题。研究好这些课题对于讲好中国故事、提高国际传播能力、推动中国优秀文化"走出去"等实践的重大意义不言而喻。

　　与美国强势推行本国流行文化的做法不同，日本现代流行文化国际传播显然走的是另外一条道路，即在国外受众有需求的前提下通过人际传播、商业贸易等途径来实现。整体而言，日本流行文化的国际传播具有五大特征：一是现代流行文化的国际传播大多起因于国外受众的需求。二是20世纪后期，日本多为被动传播。进入21世纪，日本政府、企业和个人趋向于积极主动传播。三是传播渠道伴随大众传播媒介的增多而愈发多样，其中商业渠道与网络渠道的推动作用尤为突出。四是传播内容因对象国而异。亚洲等地区的发展中国家对日本流行文化的接受范围更广，而欧美国家所接受的内容多集中在特色题材上。传播内容逐渐由改编版转变为原版加字幕的模式。五是传播效果显而易见，不仅对国外受众个人影响突出，对外国的经济和文化、国家间关系均产生重要影响。与此同时，对日本现代流行文化自身也产生了刺激效果，即由隐性软实力资源转变为显性软实力资源。换言之，日本拥有丰富的文化资源力、文化传播力和文化吸引力。

日本现代流行文化对于国外受众而言具有相当的魅力。一是作为商品本身的魅力，日本文化商品具有质优价廉、题材丰富、新颖有趣、选择余地大等特点使其具有很高的性价比。二是故事方面的魅力，主要体现在故事深度、作画技术、创意构想等方面。三是角色形象的魅力，可以用"可爱""酷"和"成长"三个关键词来概括。四是传播到国外的大部分日本流行文化产品所传递的"正义、和平、友情、团结、协作、努力、希望、胜利"等放之四海而皆准的价值理念使人迸发正能量、勇敢面对困难与挑战。这些价值的内涵既是文化核心价值观的重要组成部分，也是全人类的共同价值，是真正超越国界、引起国外受众共鸣的内容。

日本现代流行文化国际传播的成功，是多种因素合力作用的结果。主要推动因素有：市场需求引导、科技因素以及政治因素。其中，国外商家与国际受众对流行文化跨越国界和文化障碍起到不可替代的作用。在日本国内，积极开拓国际市场、推动日本现代流行文化"走出去"的主要有文化产品制作单位、国内商家和专业社会团体。赢得国际认可和获得外汇收入是它们推动现代流行文化国际传播的两大目的。科技进步并不仅指日新月异的国外高科技，日本国内不断研发的新技术也十分有利于日本现代流行文化的国际传播。国外的科技进步推动日本流行文化的国际传播，主要体现在文化载体的多样化、传播渠道的多元化和传播主体的大范围扩容这三方面。日本利用国内的科技创新对原有技术进行调整与改良，通过跨界融合将其他传播媒介的元素融入创作当中，并将最新技术与流行文化紧密结合，从而研发出令人耳目一新的文化产品。在互联网科技飞速发展的今天，5G网络时代也即将来临。日本筹建"数字厅"、官民共同推进数字化建设的改革，将使日本现代流行文化在国内和国际的传播更加快捷便利。日本流行文化国际传播过程有政治因素的推动。一方面，中国和伊朗等发展中国家在引进日本影视作品时，体现出一定的政治角力。另一方面，日本政府在20世纪后期助力电影的国际化之路，通过合作拍片等推进务实合作；同时还推动电视节目的国际交流，通过对欧美国家和发展中国家分别采取节目交换、文化无偿援助等不同方式来促进国际理解，提升好感度，促进良好国际形象的形成。进入21世纪，日本政府对漫画、动画和电子游戏等流行文化的态度由消极转向积极，把流行文化作为推行文化外交的切入点，并纳入文化产业战略、品牌战略、"酷日本"战略等国家战略中，全面加强对外传播。除提供资金与信息支持、制定并完善知识产权相关法律之外，日本政府还注意强化省厅部门之间的合作，以树立代表国家形象的全新品牌；加强与对象国相关机构的合作，助推日本流行文化跨越文化障碍；通过在国内举办国际性活动、搭建文化经济交流平台来加强对外传播。

　　国际传播对改变日本现代流行文化形象、抵消国家负面形象以及树立国家新形象均起到积极作用，为日本国家形象的构建与提升作出贡献。亚洲国家受众对日本人的印象逐渐转向多元化、人性化；欧美国家受众对日本动画、漫画印象的改变，并非日本动画、漫画"改邪归正"的结果，而是源于他们自身看法的转变。20世纪末至21世纪初，随着日本流行文化在全球掀起热潮并获得高度评价，国外受众认为日本已经成为文化大国，用"酷"替代原先的恶评，甚至将其视为主流文化。日本开始重新认识流行文化对外交的意义，将"创造文化外交的和平国家"作为重要目标，运用流行文化开展文化外交，消除其负面形象。

近十年来，日本流行文化产业总体呈上升趋势，出口规模也在扩大。网络数字媒介迅猛发展，成为新时代流行文化产品的新增长点。但是，日本现代流行文化的国际传播也面临发展后劲不足、传播内容及渠道遇到瓶颈、国际环境风险等问题。面对外压内忧，日本流行文化作品的创作出现两个新动向：一是个人独立制作低成本作品；二是创作走向国际合作。普遍认为，二者发展空间广阔，日本流行文化在世界的流行势头仍将继续保持下去。

2021年5月31日，中共中央政治局就加强中国国际传播能力建设组织集体学习。习近平总书记强调，讲好中国故事，传播好中国声音，展示真实、立体、全面的中国，是加强中国国际传播能力建设的重要任务。在此背景下，文化的国际传播研究必将掀起新的高潮。拙著仅从整体上研究了日本现代流行文化的国际传播，今后，在日本现代流行文化具体门类中优秀文化的国际传播方面，还具有很大的研究空间。拙著抛砖引玉，为进一步解开日本现代流行文化国际传播的密码助力，为讲好中国故事、广泛传播中华优秀文化提供更多的信息参考。

胡　欣

2022年6月于北京

目 录

第一章 绪论 …………………………………………………… （1）
　第一节 研究流行文化"走出去"的重要意义 ……………… （1）
　第二节 研究日本流行文化的必要性 ………………………… （4）
　第三节 日本现代流行文化国际传播的研究现状 …………… （10）

第二章 作为软实力资源的日本现代流行文化 ……………… （21）
　第一节 流行文化与国家软实力 ……………………………… （21）
　　一、流行文化对国家软实力的意义 ………………………… （21）
　　二、流行文化与文化外交 …………………………………… （24）
　第二节 日本现代流行文化的国内发展轨迹 ………………… （25）
　　一、传统电影 ………………………………………………… （26）
　　二、动画电影 ………………………………………………… （29）
　　三、电视剧 …………………………………………………… （33）
　　四、电视动画 ………………………………………………… （35）
　　五、漫画 ……………………………………………………… （39）
　　六、电子游戏 ………………………………………………… （47）
　第三节 日本现代流行文化的主要特征 ……………………… （52）
　　一、创新性 …………………………………………………… （52）
　　二、成长性 …………………………………………………… （54）
　　三、大众性 …………………………………………………… （55）
　　四、现代性 …………………………………………………… （56）
　第四节 日本现代流行文化传播力的基础 …………………… （57）
　　一、竞争力 …………………………………………………… （57）
　　二、凝聚力 …………………………………………………… （63）

· 1 ·

三、生命力 ……………………………………………… (64)
　　　四、创新力 ……………………………………………… (65)

第三章　日本现代流行文化的国际传播 ………………… (67)
　第一节　日本现代流行文化国际传播的历史演进 ………… (67)
　　　一、传统电影的国际传播 ……………………………… (67)
　　　二、动画电影的国际传播 ……………………………… (69)
　　　三、电视剧的国际传播 ………………………………… (71)
　　　四、电视动画的国际传播 ……………………………… (73)
　　　五、漫画的国际传播 …………………………………… (76)
　　　六、电子游戏的国际传播 ……………………………… (79)
　第二节　日本现代流行文化国际传播的态势分析 ………… (80)
　　　一、传播主体 …………………………………………… (81)
　　　二、传播渠道 …………………………………………… (86)
　　　三、国外受众 …………………………………………… (89)
　　　四、传播的内容 ………………………………………… (91)
　第三节　日本现代流行文化国际传播的总体特征及效果 … (93)
　　　一、总体特征 …………………………………………… (93)
　　　二、传播效果 …………………………………………… (95)
　第四节　从受众角度分析日本现代流行文化的软实力 …… (103)
　　　一、日本现代流行文化中的软实力资源 ……………… (103)
　　　二、日本现代流行文化的软实力分析 ………………… (107)

第四章　日本现代流行文化国际传播的推动因素 ……… (111)
　第一节　市场需求引导 ……………………………………… (111)
　　　一、国际市场需求 ……………………………………… (111)
　　　二、日本国内企业发展需求 …………………………… (123)
　第二节　科技因素 …………………………………………… (130)
　　　一、国外的科技进步 …………………………………… (130)
　　　二、日本国内的科技进步 ……………………………… (133)
　第三节　政治因素 …………………………………………… (135)

一、国外政治因素 …………………………………………… (135)
　　二、日本国内政治因素 ……………………………………… (137)

第五章　日本现代流行文化的国际传播对提升国家形象的贡献 …… (162)
　第一节　日本现代流行文化自身形象的改变 ………………… (162)
　　一、日本动画形象的转变 …………………………………… (163)
　　二、日本漫画形象的转变 …………………………………… (165)
　　三、国际传播对日本现代流行文化形象转变所起的作用 … (167)
　第二节　对日本负面形象影响的抵消 ………………………… (171)
　　一、战后日本的负面形象与文化外交 ……………………… (171)
　　二、日本利用流行文化搞外交的举措 ……………………… (174)
　第三节　日本国家新形象的确立 ……………………………… (182)
　　一、国际社会对日本印象的改变 …………………………… (182)
　　二、助力日本构建国家新形象 ……………………………… (187)

第六章　日本现代流行文化国际传播趋势 ……………………… (194)
　第一节　面临的问题 …………………………………………… (194)
　　一、发展后劲不足 …………………………………………… (194)
　　二、传播内容、渠道等瓶颈 ………………………………… (197)
　　三、国际环境风险 …………………………………………… (199)
　第二节　日本现代流行文化国际传播的趋势 ………………… (202)
　　一、近年发展动向 …………………………………………… (202)
　　二、国内外市场趋向 ………………………………………… (206)
　第三节　对中国的启示 ………………………………………… (209)
　　一、对流行文化资源建设的启示 …………………………… (209)
　　二、对提高国际传播能力的启示 …………………………… (214)
　　三、对政府作用的启示 ……………………………………… (215)

参考文献 ……………………………………………………………… (218)

第一章 绪 论

第一节 研究流行文化"走出去"的重要意义

增强文化软实力是中国21世纪文化发展战略的重要命题。中国共产党十九大报告明确提出中国当前建设文化软实力的目标与要求：到2035年基本实现社会主义现代化，"国家文化软实力显著增强，中华文化影响更加广泛深入"；[1] 在坚定文化自信、推动社会主义文化繁荣兴盛的举措方面，要"加强中外人文交流，以我为主、兼收并蓄。推进国际传播能力建设，讲好中国故事，展现真实、立体、全面的中国，提高国家文化软实力"。[2] 现阶段如何将这些目标与要求具体落到实处并取得成效，需要以问题为导向，深入研究，探索切实可行的解题路径，为国家制定战略与政策提供参考。

21世纪初，中国提出并实施"走出去"战略，文化"走出去"是该战略的重要组成部分。如今，十多年已经过去，关于该战略的实施效果，美国南加州大学公共外交研究中心联合英国波特兰公关公司发表的《2018年全球软实力研究报告》指出："迄今为止，中国的'走出去'战略获得了巨大成功，体现了中国的发展成果和独特的文化魅力。然而，尽管取得了进步，但中国公众普遍认为，中国的文化影响力在全球经济中所占比重低于其他经济影响力。这是中国面临的现实挑战。"[3] 近年来，研究中华文

---

[1] 习近平：《决胜全面建成小康社会 夺取新时代中国特色社会主义伟大胜利——在中国共产党第十九次全国代表大会上的报告》，人民出版社2017年版，第28页。

[2] 同上书，第44页。

[3] "The Soft Power 30: A Global Ranking of Soft Power Report 2018," https://softpower30.com/wp-content/uploads/2018/07/The-Soft-Power-30-Report-2018.pdf. （上网时间：2018年8月10日）

化"走出去"战略的学者不在少数。在肯定该战略的实施取得成效的同时，他们还指出文化"走出去"战略在实践层面的问题，主要集中在"走出去"的内容选择和对外传播能力（包括渠道、方式等）这两个方面。内容选择不当会导致"走出去"的文化因缺乏吸引力而无法转化为软实力资源；而传播渠道偏少或选择不当则直接影响文化国际传播的效果。可见，中国文化要想"走出去"，就需要在文化内容和国际传播渠道的选择等方面突破瓶颈、开辟新途径。

调查发现，近年来国内已经有一些学者论述过流行文化对于文化软实力建设的重要性。孙卫华、刘卫东认为，"中国文化软实力的打造与提升中，流行文化发挥着非常重要的作用"；[1] "流行文化有利于促成一个良性互补的文化生态圈，中国要成为真正意义上的文化大国，必须要重视流行文化产业的潜力"；[2] "鉴于流行文化在国家形象推广上的'事半功倍'的典范效应，对于亟需文化崛起的中国来说，如何借鉴成功国家的经验，精确定位，从流行文化上找到一个突破口，这应当成为政府和学界下一个阶段共同努力的方向"。[3] 贾磊磊认为，"提升国家文化软实力并不是一件单靠行政命令就能落实的工作，而是一个涉及各种行业专业、科学的系统工程，不过我们可以肯定的是，流行文化在这项系统工程中具有不可替代的前沿地位"。[4]《2018 年全球软实力研究报告》中国部分的撰稿人张维迎指出："在向海外受众传播文化方面，中国需要采取更多的灵活性。在内容创作方面，需要'两条腿走路'，即在我们把古典和精英文化放在首位的同时，更应该强调流行文化。"[5] 他还强烈建议"现在必须把流行文化的作

---

[1] 孙卫华、刘卫东：《流行文化中的文化软实力较量》，《新闻知识》2012 年第 2 期，第 6 页。
[2] 同上书，第 8 页。
[3] 同上书，第 8 页。
[4] 贾磊磊主编：《提高国家文化软实力研究》，中国文联出版社 2016 年版，第 34 页。
[5] "The Soft Power 30: A Global Ranking of Soft Power Report 2018," https://soft-power30.com/wp-content/uploads/2018/07/The-Soft-Power-30-Report-2018.pdf. （上网时间：2018 年 8 月 10 日）

用放在中国软实力发展议程的优先位置"。① 上述观点中的"典范效应""前沿地位""优先位置"等关键词显示出流行文化在国家文化软实力建设中的重要地位，同时也启发思考：可以尝试将流行文化设定为研究文化软实力建设和文化"走出去"的切入点，探索流行文化发展与国际传播的有效路径。在当前中国流行文化尚显薄弱的情况下，有必要研究文化软实力较强的国家在流行文化自身发展与国际传播等方面的实践经验和教训，为中国流行文化软实力建设以及"走出去"实践提供参考与借鉴。

从提升国家文化软实力的视角出发，研究流行文化对国家文化软实力资源建设、文化国际传播能力的推动、文化相关战略政策的制定等均具有重要意义。具体理由概括为以下三点：首先，流行文化通俗易懂、容易获得民众理解与认同，是重要的潜在的软实力资源。《2018年全球软实力研究报告》提到："流行文化因受到文化特性方面的约束较少而更容易为世界各地的普通民众所接受。"② 贾磊磊指出："事实证明，流行文化对不同阶层、不同民族、不同信仰和不同利益群体的人都具有普遍的吸引力。"③ 其次，流行文化受众广泛的特点有利于流行文化所含价值理念的国际传播。学者曲慧敏指出："当今世界各国的国家地位和国家政策不仅受到所谓国家精英的影响，而且受到公民社会诸力量的左右。影响国际关系行为的因素和力量比以前更为广泛复杂，更为直接和个人化。"④ 因此，在民众力量日益受到重视的当代，流行文化无疑是讲好中国故事、传播核心价值理念恰当的文化载体。最后，流行文化对于国家文化软实力的提升作用已经被流行文化发达的国家所证实。贾磊磊指出："美国、日本、韩国的经

---

① "The Soft Power 30：A Global Ranking of Soft Power Report 2018，" https：//softpower30.com/wp-content/uploads/2018/07/The-Soft-Power-30-Report-2018.pdf.（上网时间：2018年8月10日）

② "The Soft Power 30：A Global Ranking of Soft Power Report 2018，" https：//softpower30.com/wp-content/uploads/2018/07/The-Soft-Power-30-Report-2018.pdf.（上网时间：2018年8月10日）

③ 贾磊磊主编：《提高国家文化软实力研究》，中国文联出版社2016年版，第8页。

④ 曲慧敏：《中华文化走出去战略》，清华大学出版社2017年版，第156页。

验都证明，流行文化是提升国家文化软实力的一种战略力量。"① 例如，美国"从伍德罗·威尔逊时代到乔治·W. 布什执政时期，白宫一直深知流行文化向全世界有效地传播美国价值观和理想的重要战略意义。在20世纪的绝大部分时间里，美国一直在引导软实力为美国的国家利益服务"②。韩国自1998年提出"文化立国"战略起，重点扶持文化产业，致力于打造具有国际竞争力的高质量的流行文化产品，在亚洲广泛传播，形成"韩流"。进入21世纪以来，日本政府也积极将流行文化用于文化外交，通过实施"酷日本"战略来达到提振日本经济、助力海外市场开拓、提高日本在外国民众心中的存在感和好感度的目的。

第二节 研究日本流行文化的必要性

《2018年全球软实力研究报告》的数据显示，日本的软实力位居第五，"自2015年至2018年，日本是唯一每年排名都有所上升的国家，还是唯一进入前五名的亚洲国家"③。2019世界最佳国家排名的数据显示，日本位居第二，也是唯一进入前五名的亚洲国家，而中国位居第十六。其中，在文化影响力指数方面，日本位居第五，中国位居第十一。2022世界最佳国家排名的数据显示，日本的整体排名降至第六，文化影响力的排名则上升至第四。中国的整体排名降至第十七，文化影响力的排名则保持原状。④

由图1-1和图1-2可知，日本的大部分指标均高于中国。这反映出中国在文化整体的影响力以及文化的娱乐性、现代性、流行性、时尚性等方面与日本还存在一定差距，因此，现代日本文化有值得中国分析研究之处。

---

① 贾磊磊主编：《提高国家文化软实力研究》，中国文联出版社2016年版，第32页。
② [加] 马修·弗雷泽著：《软实力：美国电影、流行乐、电视和快餐的全球统治》，刘满贵等译，新华出版社2006年版，第298页。
③ "The Soft Power 30: A Global Ranking of Soft Power Report 2018," https://softpower30.com/wp-content/uploads/2018/07/The-Soft-Power-30-Report-2018.pdf. （上网时间：2018年8月10日）
④ "U.S. News Best Countries," https://www.usnews.com/news/best-countries/overall-rankings. （上网时间：2021年6月20日）

文化影响力		^
#11 排名	属性	得分
	具有娱乐文化意义	45.6
57.2	流行	29.5
	幸福	7.9
得分	文化具有影响力	93.8
	具有知名消费品牌	92.5
各个最佳国家的	现代	62.4
文化影响力	威望	34
	时尚	51.3

图 1-1 中国的文化影响力指数

资料来源："China #11 in Overall Rankings," https：//www.usnews.com/news/best-countries/china。（上网时间：2023 年 6 月 10 日）

文件影响力		^
#4 排名	属性	得分
	具体娱乐文化意义	77.2
81.2	流行	54.3
	幸福	30.4
得分	文化具有影响力	88.7
	具有知名消费品牌	89.7
各个最佳国家的	现代	100
文化影响力	威望	71.9
	时尚	73.4

图 1-2 日本的文化影响力指数

资料来源："Japan #6 in Overall Rankings," https：//www.usnews.com/news/best-countries/japan。（上网时间：2023 年 6 月 10 日）

事实上，自 20 世纪末以来，日本的动画、漫画、电子游戏、卡通形象等尽显创新实力和全球影响力。《2018 年全球软实力研究报告》提到，"日本料理和流行文化在世界范围内受欢迎程度继续增加，尤其在年轻人当中"①。有日本学者指出:"现在的日本流行文化所显示的传播力、渗透力、影响力远远大于促进印象派诞生的浮世绘于19世纪后半期带给年轻艺术家的启迪。"② 日本流行文化还获得了美国知名学者的肯定。"软实力"概念的提出者约瑟夫·奈指出:"日本的流行文化即便在日本经济衰退后仍在制造潜在的软力量资源。"③ 彼得·卡赞斯坦认为,"在一个由多孔化地区构成的世界中,流行文化使日本成为了引领生活方式的超级大国,这样的超级大国不一定非要依赖军事或经济强权"④。由此可见,日本流行文化对日本软实力的提升作用不可小觑。

从大众娱乐商品发展成为世界级的流行文化,从弱势文化发展成令好莱坞著名导演争相效仿的特色文化,日本现代流行文化经历了一个漫长的成长过程,其间的成败得失为研究提供了丰富的分析样本。研究日本现代流行文化,在文化创新、文化的国际传播、文化产业建设发展、文化相关战略的制定与实践等方面均能获得一定的启迪。

在文化内容创新方面,闻名世界的日本流行文化产品当中,既有在学习吸收外来文化基础上产生创意、创新的产品(如漫画、电视动画等),又有完全是日本独创的文化产品(如电视游戏等)。这些产品都体现出明显的创新特征,并成为欧美国家同行学习效仿的对象。而聚焦那些传播到世界并获得认可、成为软实力资源的文化产品,剖析艺术家杰出的创造力以及创意、创新的形成原因,可以为中国创新研发体现出主流文化价值理念、具有国际竞争力的流行文化产品提供一定的参考。

在文化国际传播方面,日本流行文化风靡全球,足以证明其强劲的国际传播态势。与美国流行文化的强势传播截然不同,日本大多数的流行文化产品是在没有获得日本政府扶持的情况下走向世界并在年轻人中获得广

---

① "The Soft Power 30: A Global Ranking of Soft Power Report 2018," https://softpower30.com/wp – content/uploads/2018/07/The – Soft – Power – 30 – Report – 2018.pdf. (上网时间:2018年8月10日)

② 中村伊知哉、小野打惠编著:『日本のポップパワー——世界を変えるコンテンツの実像』,日本経済新聞社2006年版,第17页。

③ [美]约瑟夫·奈著:《软力量——世界政坛成功之道》,吴晓辉、钱程译,东方出版社2005年版,第93页。

④ [美]彼得·卡赞斯坦著:《地区构成的世界:美国帝权中的亚洲和欧洲》,秦亚青、魏玲译,北京大学出版社2007年版,第174页。

泛认同的。因此，研究日本流行文化的国际传播之路，探究其中文化传播力强大之根源，无疑是对以往流行文化国际传播研究的有益补充，同时也会为中国提升文化国际传播能力的研究提供新的思路。

在流行文化产业发展方面，日本流行文化与文化产业发展紧密结合，日本企业成功的商业运作是日本流行文化得以成功"走出去"的重要原因。有学者指出："日本公司出口大众文化的能力比日本国家出口精英文化的能力更强。"① 因此，梳理日本流行文化产业化道路，总结其可持续发展的经验，也有助于研究如何搭建利用产业化的交流平台来加强国家文化软实力资源建设，同时也为中国制定适合国情的国家文化产业战略提供参考。此外，日本流行文化产品在拓展国际市场时也遭遇到过诸如被误读、篡改、盗版、抵制等问题。而日本应对这些问题的经验与教训，可以为中国在文化"走出去"过程中从容应对并有效解决问题提供参考与警示。

在文化相关战略的制定与实践方面，流行文化成为21世纪日本政府制定并践行新的文化外交理念、文化产业战略的重要抓手。日本积极利用流行文化的影响力来扩大对外文化交流、提高存在感、提升国际形象，并继续开拓国际市场，提振日本经济。日本在实践过程中获得的经验与教训也会为中国相关政策的制定与实施提供一定的参考与警示。同时，考察日本政府与流行文化之间的关系，也便于中国更加精准地把握政府在流行文化资源的建设与国际传播中所扮演的角色以及应起的作用。

调查发现，古往今来，西方学者对流行文化的定义可谓五花八门，且非常灵活，不同时期、不同国家、不同学科领域的学者对流行文化的定义有显著差异。甚至有英国学者称，"寻求流行文化的准确定义是毫无用处的，因为它总是导致一个非常含糊甚至混乱的概念，以致有可能得出一个类似大杂拌儿的概念，引起更大的误会"②。《流行文化社会学》一书的作者、著名社会学家高宣扬提到了"流行文化"的总概念，即"流行文化是时装、时尚、消费文化、休闲文化、奢侈文化、物质文化、流行生活方式、流行品味、都市文化、次文化、大众文化以及群众文化等概念所组成

---

① ［美］彼得·卡赞斯坦著、［日］白石隆编：《东亚大局势：日本的角色与东亚走势》，王星宇译，中国人民大学出版社2015年版，第169页。
② 高宣扬：《流行文化社会学》（第2版），中国人民大学出版社2015年版，第66页。

的一个内容丰富、成分复杂的总概念"①。可见流行文化的复杂性,给它下定义的难度可想而知。但可以肯定的是,流行文化是在一定时期广泛传播于社会中的多元文化。从这一点来看,中国与日本两国学者提到流行文化的概念是指同一种事物,只是范围和种类有所不同。关于流行文化的种类,高宣扬谈到狭义的流行文化的范围包括"流行文学作品、流行音乐及其他流行艺术"。②贾磊磊指出:"我们指的流行文化主要包括电影、电视剧、通俗音乐、歌舞晚会这些通过大众传播媒介进行的文化艺术形式。"③"中国的主流电影、电视剧作为流行文化的主导产品,作为大众消费的时尚性艺术,其文化软实力的潜在力量不可忽略。"④ 由此可知,中日两国流行文化的种类也有所不同。两国流行文化的种类均包括电影和电视剧,但它们在流行文化中的地位却有差异。中国将电影和电视剧视为主导产品,而日本的流行文化则以动画、漫画、电子游戏为主。由此可见,流行文化的概念界定以及分类并非易事。对于日本流行文化,中方学者并未明确定义,大多只说明日本流行文化的种类,并且表述均有所不同。另外,日本官方及学者对日本流行文化的概念表述也是笼统宽泛且五花八门,范围有大有小,分类也不尽相同。这就显示出研究的必要性,并且在研究时还要顾及中日两国对日本流行文化的不同分类,从中挑选出具有典型性并符合中国实际现实需要、对中国有所参考警示的内容。

本研究在确定日本流行文化的研究范围时,主要对日本流行文化的定义、种类以及时间范围进行考察,并结合中国国情、根据现实需要来界定研究范围。

首先,关于日本流行文化的定义,辞典与文献中主要有以下五种描述:其一,《超级大辞林(第3版)》对流行文化仅简单地解释为"大众文

---

① 高宣扬:《流行文化社会学》(第2版),中国人民大学出版社2015年版,第65页。
② 高宣扬:《流行文化社会学》(第2版),中国人民大学出版社2015年版,第63页。
③ 贾磊磊主编:《提高国家文化软实力研究》,中国文联出版社2016年版,第6—7页。
④ 同上书,第37页。

化"。其二，竹田恒泰在著作中记载了两种定义，其中提到："通常所说的'流行文化'是指漫画、动画、日本流行音乐、时装等近期日本年轻人的文化。"① 其三，竹田恒泰在著作中还引用了日本外务省"流行文化专门部门"对流行文化的定义。该部门"把'普通市民日常生活中的文化'当作流行文化来考察，具体定义是：流行文化是由平民阶层购买、在用于生活的过程中凝练而成的文化，日本人以此来表达日本人的感性、心性等，展现原汁原味的日本"②。竹田恒泰还指出，"现实情况是，以漫画、动画为代表的日本流行文化被称为'御宅族文化'，在日本评价很低"③。其四，渡边启贵在著作中提到，日本外务省英语版宣传页面将日本流行文化定义为广义的内容，即相当于大众文化。④ 其五，研究日本流行文化的专家中村伊知哉指出给流行文化下一个明确定义的难度，并在著作中将流行文化视作与古典文化、传统文化相对的一个概念。⑤ 由此可见，日本流行文化的定义既有非常简单的解释，也有较为具体的表述。从这些表述中，可以用几个关键词来概括日本流行文化的大致特征，即"年轻人的文化""消费文化""生成新文化""表达感性、心性"。

其次，关于日本流行文化的种类，除了竹田恒泰在定义中表述的内容之外，还有以下三种表述：一是在前面提到的"推进文化外交恳谈会"提交的报告中两次提到流行文化的种类，即"漫画、动画、游戏、音乐、电影、电视剧等"⑥。二是中村伊知哉认为："（流行文化的）种类既包括漫画、动画、电子游戏等日本擅长的领域，也包括电影、轻音乐等美国擅长的领域，还包括网站、手机等数字新领域、时装、玩具、体育运动、风俗

---

① ［日］竹田恒泰著：『日本人はなぜ世界で一番人気があるのか』，PHP 研究所 2010 年版，第 20 页。
② 同上书，第 20 页。
③ 同上书，第 21 页。
④ ［日］渡邊啓貴著：「フランスの『文化外交』戦略に学ぶ——『文化の時代』の日本文化発信」，大修館書店 2013 年版，第 177 页。
⑤ ［日］中村伊知哉、小野打恵编著：『日本のポップパワー——世界を変えるコンテンツの実像』、日本経済新聞社 2006 年版，第 22 页。
⑥ 日本"推进文化外交恳谈会"：《创造"文化外交的和平国家"：日本》，霍建岗译，载王敏著：《生活中的日本——解读中日文化之差异》，王秀文等译，吉林大学出版社 2009 年版，第 140 页。

等媒体内容以外的内容。"① 三是渡边启贵在著作中提到，日本外务省英语版宣传页面上的分类有："以年轻人为对象的漫画、动画、电子游戏、年轻人时装、日本流行音乐，以年长者为对象的日本料理、武道、日本的电视剧、高科技产品、折纸、插花、茶道、围棋、大相扑等传统文化也归在其中。"② 由此可见，日本流行文化种类繁多，对覆盖范围的解释也是因人而异，其中最具代表性的是漫画、动画和电子游戏。

最后，关于历史时代的划分标准，"现代"一词"在中国历史分期上多指五四运动到现在的时期"③。而日本历史上通常将第二次世界大战结束后称为"现代"。尽管在时间起点上与日本的"现代"有所差异，但与第二次世界大战结束至今的这段时间是重合的。中国的"当代"一词在不同领域有不同的划分标准，因此，鉴于该词本身具有一定的复杂性，本研究在界定时间范围时不选用该词，而是将研究对象确定为第二次世界大战结束后日本的流行文化，将名称确定为"日本现代流行文化"。另外，为使本研究更加符合现实需要并有利于解决实际课题，确定以下三项依据作为甄选日本现代流行文化种类的标准：一是在世界广泛传播；二是该种类在中国也非常知名，且中国也有同类流行文化；三是中国同类流行文化在文化"走出去"方面存在亟需解决的问题。经慎重考虑，最终确定将电影、电视剧、漫画、电视动画、动画电影、电子游戏这六种日本现代流行文化作为具体研究对象。

第三节 日本现代流行文化国际传播的研究现状

中国国内已有研究成果中，从整体角度来研究日本流行文化的国际传播的成果呈现出以下四个特点：第一，与流行文化传播直接相关的成果不

---

① ［日］中村伊知哉、小野打恵编著：『日本のポップパワー——世界を変えるコンテンツの実像』、日本経済新聞社 2006 年版，第 22 页。

② ［日］渡邊啓貴著：「フランスの『文化外交』戦略に学ぶ——『文化の時代』の日本文化発信」，大修館書店 2013 年版，第 177 页。

③ 中国社会科学院语言研究所词典编辑室编：《现代汉语词典（第 5 版）》，商务印书馆 2005 年版，第 1479 页。

多。王庚年在《文化国际传播的国外经验——以美、法、日、韩为例》中提到，日本开展文化国际传播的经验主要是利用广泛流行的动漫画的文化输出来培养外国青少年对日本和日本人的好感，改善国际形象。① 孙承在《日本软实力研究》一书中阐述了"当代流行文化传播的两大特点，以市场为导向的商业化运作以及大众传媒的紧密结合"② 程永明发表《日本文化资源的传承与海外传播路径》一文，具体阐述了日本文化资源的三个共性特征，即"表现形式'仪式化'、仪式'精神化'以及重视内心的直接体验与结果的'唯美化'";③ 并指出这也是"日本文化易于被民众接受并被持续继承的主要原因"④。魏然在《2020 奥运会背景下日本文化形象传播路径及启示》一文中指出，日本文化形象的传播主要有扩大文化传播主体、整合文化资源、夯实文化形象传播载体、扩大海外民众的文化体验等路径，在进一步凝练文化传播的精神内核、扩大文化传播主体、凝聚各方合力、整合文化资源、增加面向海外民众的文化体验服务等方面对中国具有启发意义。⑤ 第二，现有研究成果中，阐述日本流行文化对中国产生影响的较为多见。例如，李文在《日本文化在中国的传播与影响（1972—2002）》一书中阐述了日本文化在中国传播历程以及给中国企业经营发展、技术进步、人文交流等都带来了积极的影响。⑥ 书中专门运用一个章节来阐述 20 世纪 80 年代日本电影、电视剧、电视动画、动漫等影视作品在中国放映、播出引起巨大轰动。但作者较少关注 20 世纪 90 年代末产生的日本流行文化浪潮。吴咏梅在《"哆啦 A 梦"让世界亲近日本？》一文中指出，日本将动漫形象积极运用于文化外交，借助流行文化打造国家品牌，

---

① 王庚年：《文化国际传播的国外经验——以美、法、日、韩为例》，《中国党政干部论坛》2011 年第 12 期，第 47—48 页。
② 孙承主编：《日本软实力研究》，中国政法大学出版社 2013 年版，第 102 页。
③ 程永明：《日本文化资源的传承与海外传播路径》，《日本问题研究》2016 年第 3 期，第 67 页。
④ 同上书，第 67 页。
⑤ 魏然：《2020 奥运会背景下日本文化形象传播路径及启示》，《体育文化导刊》2019 年第 5 期，第 23—27 页。
⑥ 李文：《日本文化在中国的传播与影响（1972—2002）》，中国社会科学出版社 2004 年版。

增进他国民众对日本的亲近感，从而提升国家形象。① 吴伟明在著作《日本流行文化与香港》中梳理了漫画、动画、游戏、电影、电视剧、小说等日本流行文化传到中国香港后的历史，对当地商业、文化发展以及青少年带来的影响。② 曹海林、任贵州在《日本动漫文化对我国文化发展的影响与启示》一文中称，日本动漫经历了萌芽、探索与发展、成熟、细化四个发展阶段，指出动漫文化的传播对于在改革开放初期和21世纪的中国产生了不同影响。③ 以上研究对中国在提升文化软实力方面具有一定的启发意义。第三，国内研究日本流行文化时，论述对外传播战略、文化外交、"酷日本"战略相关的论文较为多见。例如，赵敬发表的《冷战后日本的文化对外传播战略》一文，具体阐述了冷战后日本政府根据国际、国内形势等对国家文化战略做出调整与全面规划，并实施多项具体措施，"逐步将文化战略的重心从文化的普及与振兴，转向文化传播、文化辐射"④。归泳涛在《日本的动漫外交——从文化商品到战略资源》一文中指出，日本动漫在21世纪成为日本产业振兴政策的重点领域的同时，也必然成为日本政府推行文化外交的重要工具，对拓展外交的广度有重要意义。他同时还指出，"如何在好感与政策之间建立联系，恐怕不是仅仅通过文化传播就能实现的，而是需要从根本上改革国内的政治和社会模式，将国内的价值观与对外文化交流相结合，才能找到政策上的契合点"⑤。师艳荣在《日本文化外交战略中的青年国际交流——以内阁府青年国际交流事业为中心》一文中指出，青年国际交流活动是文化外交的重要组成部分，具有重大的战略意义。日本内阁府青年交流事业取得了显著成效，不仅促进了文化及价值观的海外传播，还增强了外国民众对日本的好感度，提升了国家形象

---

① 吴咏梅：《"哆啦A梦"让世界亲近日本?》，《世界知识》2008年第16期，第61页。
② 吴伟明：《日本流行文化与香港》，商务印书馆（香港）有限公司2015年版。
③ 曹海林、任贵州：《日本动漫文化对我国文化发展的影响与启示》，《东疆学刊》2016年第3期，第14—19页。
④ 赵敬：《冷战后日本的文化对外传播战略》，《中国社会科学院研究生院学报》2011年第4期，第132页。
⑤ 归泳涛：《日本的动漫外交——从文化商品到战略资源》，《外交评论》2012年第6期，第140页。

和软实力。① 白如纯、唐永亮在《试析"酷日本"战略及其影响》一文中指出,"'酷日本'战略包括三个组成部分,即夯实基盘是'酷日本'战略的基础,产业充实是'酷日本'战略的核心,海外开拓是'酷日本'战略的关键。发展'酷日本'产业对拉动长期低迷的日本国民经济、促进国家权力的整合、维护国家安全、增加国家影响力都具有重要意义"②。高希敏、喜君发表《日本文化对外传播的战略与启示》一文,以 21 世纪以来日本出台的几个提高文化竞争力、强化日本文化对外传播的政策性文件为考察对象,探讨了日本文化对外传播的战略要点,并阐述日本文化对外传播的战略设计与行动落实对中国的借鉴意义。③ 赵蓉、于朔在《日本对华文化外交及其国家形象的构建》一文中称,以动漫为代表的流行文化是日本对华文化外交的实施途径之一,进入 21 世纪以来,日本的流行文化在文化外交中的地位得到迅速提升的同时,日本还在驻华使馆通过多样的交流活动来大力推广日本流行文化,进而塑造"酷日本"的国家形象,在年轻人中培养"知日派""亲日派"。④ 姜瑛在《"酷日本"战略的推行模式、现实困境及原因分析》一文中指出,"酷日本"战略实施的是"依靠相关产品在海外创造'酷日本'热潮、推进海外'酷日本'贸易的发展、吸引海外游客入境消费"⑤ 三步推广模式。在经济上取得一定成效的同时,也遭遇到诸如战略目标和考核基准设定模糊、海外推广事业遭遇"水土不服"、巨额投资莫名蒸发等困境,在战略制定、执行、监管等层面出现问题是原因所在。⑥ 第四,国内研究具体某个类型的日本流行文化的国际传播的成果颇多。例如,陈仲伟在著作《日本动漫画的全球化与迷的文化》

---

① 师艳荣:《日本文化外交战略中的青年国际交流——以内阁府青年国际交流事业为中心》,《日本问题研究》2015 年第 1 期,第 63—71 页。

② 白如纯、唐永亮:《试析"酷日本"战略及其影响》,《国际论坛》2015 年第 1 期,第 62 页。

③ 高希敏、喜君:《日本文化对外传播的战略与启示》,《传媒》2017 年第 18 期,第 54—55 页。

④ 赵蓉、于朔:《日本对华文化外交及其国家形象的构建》,《日本学刊》2019 年第 2 期,第 69—86 页。

⑤ 姜瑛:《"酷日本"战略的推行模式、现实困境及原因分析》,《现代日本经济》2019 年第 6 期,第 1 页。

⑥ 同上书,第 1—12 页。

中阐述了日本动漫的全球化现象，并指出"迷的文化"是日本动漫画的特色，也是其全球化的主要支柱。① 这本著作的亮点在于聚焦动漫迷的文化，考察这个群体在日本动漫全球化过程中的重要作用，为国际传播研究提供了新的角度和思路。吴咏梅等编著的《越境的日本流行文化》中多篇论文阐释了流行音乐、动漫、电视剧等日本流行文化在韩国和中国的受容情况及对民众的影响，这就为从受众视角分析日本流行文化国际传播的效果提供了参考。② 盛夏在《电视剧〈深夜食堂〉中日本文化的传播》一文中提到，美食电视剧善于通过视听觉的组合引导观众发现普通生活的庄严和深刻，思考社会生活普遍命题，剧中人物的自然观、职业观、文化观等价值理念也随着电视这一大众传播工具来发挥传播作用。③ 殷乐在《日本电视模式输出的文化政策脉络与发展态势》一文中梳理了日本电视模式输出的政策背景和四个重点倾向，同时也指出其在监管、市场竞争、创新方面所面临的挑战。④ 张梅在《日本对外文化输出战略探析——多元实施主体与国家建构路径》一文中指出，"酷日本"战略是日本对外文化输出战略的代表性战略，它在国家建构、官民合作、外国中介者的"文化转码"以及媒体外宣保障等合力作用下，实施至今颇有成效，对中国打造全方位文化交流平台、讲好中国故事、塑造良好国际形象等提供借鉴。⑤

关于国外学者对日本流行文化国际传播的研究特点，可以归纳为以下四点：

第一，把日本流行文化当作整体来研究的并不多见，但内容涉及广泛，既有从商业、文化、历史角度阐述日本流行文化，也有阐述日本流行文化与文化外交的关系、日本文化政策相关内容。具体而言，目前收集到

---

① 陈仲伟：《日本动漫画的全球化与迷的文化》，唐山（正港）出版社2004年版，前言第ix页。
② 吴咏梅、王向华、[日]谷川建司编著：《越境的日本流行文化》，山东人民出版社2010年版。
③ 盛夏：《电视剧〈深夜食堂〉中日本文化的传播》，《青年记者》2016年第2期，第58—59页。
④ 殷乐：《日本电视模式输出的文化政策脉络与发展态势》，《中国广播电视学刊》2019年第7期，第86—90页。
⑤ 张梅：《日本对外文化输出战略探析——多元实施主体与国家建构路径》，《日本问题研究》2020年第2期。

的代表性文章、著作有：《中央公论》刊登的美国记者道格拉斯·麦克格雷的《日本国民酷总值》①，岩渊功一的《越境的文化、交错的境界：横贯亚洲的媒体文化》②，中村伊知哉、小野打惠编著的《日本流行文化的力量》，杉山知之的《酷日本——世界民众都想去购物》③，外交编辑委员会编辑的《外交 Vol. 3》特集④，Max Ziang 的《酷日本》⑤，渡边启贵的《学习法国的"文化外交"战略——"文化时代"的日本文化传播》等。⑥ 其中，麦克格雷提出了"国民酷总值"的概念，并称赞当今日本正在成为"新的（文化）超级大国"，"掌握了巧妙传播其独特的大众文化的方法"⑦。岩渊功一在论述日本流行文化的"无臭""无国籍"等特征，东亚、东南亚的市场战略，亚洲的流行文化消费等内容时指出："日本的媒体产业、流行文化的越境，如果没有多个层面的合作伙伴是无法想象的"；⑧"电视节目、音乐等当今日本流行文化的'商业'价值在亚洲地区获得了当地媒体产业的认可。"⑨ 中村伊知哉、小野打惠从产业、社会、历史、政策等多个层面考察分析以"动画、漫画、游戏"为代表的日本流行文化，并指出："能够成为日本软实力的并不是流行文化的力量，整个日本文化、日本人的价值观等通过流行文化的表达形式所传达的信息才是

---

① ［美］道格拉斯·麦克格雷：《日本国民酷总值》，《外交政策》2002 年 6 月；［日］神山京子訳，『世界を闊歩する日本のカッコよさ』，中央公論編集部：『中央公論』2003 年 5 月号，第 130—140 頁。
② ［日］岩渕功一編：『超える文化、交錯する境界：トランス·アジアを翔るメディア文化』，山川出版社 2004 年版。
③ ［日］杉山知之著：『クール・ジャパン 世界が買いたがる日本』，祥伝社平成 2018 年版。
④ ［日］外交編集委員会編：『外交 Vol. 3』，時事通信社 2010 年版。
⑤ ［加］Max Ziang 著：《酷日本》，生活·读书·新知三联书店 2011 年版。
⑥ ［日］渡邊啓貴著：「フランスの『文化外交』戦略に学ぶ——『文化の時代』の日本文化発信」，大修館書店 2013 年版。
⑦ ［美］道格拉斯·麦克格雷：《日本国民酷总值》，《外交政策》2002 年 6 月；［日］神山京子訳，《世界を闊歩する日本のカッコよさ》，中央公論編集部：『中央公論』2003 年 5 月号，第 134—135 頁。
⑧ ［日］岩渕功一編：『超える文化、交錯する境界：トランス·アジアを翔るメディア文化』，山川出版社 2004 年版，第 186 頁。
⑨ 同上书，第 187 頁。

日本的软实力。"① 杉山知之以"酷日本"为主题展开研究,论述了日本流行文化相关产业的商业、原创优势,分析了创造出"酷日本"的人才以及被称为"御宅族"的日本动漫迷,阐述了发展新文化产业的世界战略等。②《外交 Vol. 3》特集收录了日本多位知名专家围绕文化外交与软实力进行的论述。其中,具备丰富外交经验的日本文化厅前长官近藤诚一认为:"日本流行文化的根基是日本传统的精神文化和美意识,它应当作为对日本尚不熟知的外国人亲近日本的切入点,加以充分利用。"③ 近藤诚一还指出,开展文化外交需要战略方法,其中要数"人与人的交流最为有效"④,而"将外国年轻的艺术家邀请到日本,使其感受日本的气候风土、日本的魅力,从长远来看,是发挥日本魅力的最有效的方法"⑤。庆应义塾大学中村伊知哉指出:"如果不能集结相关产业的综合力量进入海外市场,那么就无法形成大的产业群。因此,需要横向促成各领域的结合,从这个意义上讲,外务省将起到非常大的作用"⑥;"有必要利用互联网等新兴手段向那些认为日本'有趣''酷'的年轻人高效传播信息,花时间来培养日本的粉丝。"⑦ Max Ziang 分析了"可爱"经济学、漫画成功的特色、动漫产业的全球攻略、产官学携手创造软实力等内容,并阐述创意和人才培养的重要性。渡边启贵认为,"对日本流行文化感兴趣的年轻人,很有可能会提高对日本的关注度"⑧;"毋庸置疑,日本流行文化的普及,会增加日本的存在感,会切实缩短彼此的距离"⑨。

---

① [日]中村伊知哉、小野打恵編著:『日本のポップパワー——世界を変えるコンテンツの実像』,日本経済新聞社 2006 年版,第 244 頁。

② [日]杉山知之著:『クール・ジャパン 世界が買いたがる日本』,祥伝社平成 2018 年版。

③ [日]近藤誠一:『文化の力で日本と外交をもっと元気にしよう』,外交編集委員会編:『外交 Vol. 3』,時事通信社 2010 年版,第 18 頁。

④ 同上书,第 19 页。

⑤ 同上书,第 19 页。

⑥ [日]中村伊知哉:『クール・ジャパンを外交・産業政策にいかに生かすか』,外交編集委員会編:『外交 Vol. 3』,時事通信社 2010 年版,第 47 頁。

⑦ 同上书,第 47 页。

⑧ [日]渡邊啓貴著:「フランスの『文化外交』戦略に学ぶ——『文化の時代』の日本文化発信」,大修館書店 2013 年版,第 179 頁。

⑨ 同上书,第 180 页。

第一章　绪　论

　　第二，多数研究者是以研究流行文化某个具体类型为主。例如，山口康男的《日本动画全史》、保罗·格拉维特的《日本漫画60年》、小山昌宏的《流行文化会拯救世界吗——漫画和动画的角色化和商品价值》①、津坚信之的《日本漫画的厉害之处在哪里？——吸引世界的理由》② 等。这些著作从历史角度阐述了日本动画、漫画等流行文化的发展历程，在海外受到关注的原因等。而且，多数研究将重点放在日本流行文化产业的发展上，其中阐述了各类流行文化通过商业渠道进入国际市场的具体情况。此类成果有：日经BP社技术研究部的《进化的动画商业》③、增田弘道的《动画商业一点通》④、河岛伸子和生稻史彦的《变化的日本内容产业——对创造性和多样性的摸索》⑤、增田弘道的《进一步解析日本动画商业》⑥、冈田美弥子的《漫画商业的形成与发展》⑦、板越乔治的《日本动漫最终赚钱了吗？》⑧、岩本宪儿的《日本电影输出海外——文化战略的历史》等。⑨

　　第三，部分研究还关注日本流行文化传播到欧美、东亚、东南亚国家后国外受众的接受状况。例如：弗雷德·拉德等的《动画如何成为"ANIME"——"铁臂阿童木"前往美国》⑩、洛朗德的《日美融合：源自

---

　　① ［日］小山昌宏编著：『ポップカルチャーは世界を救うか——漫画・アニメのキャラクター化と商品価値』，蒼天社2004年版。
　　② ［日］津堅信之著：『日本のアニメは何がすごいのか——世界が惹かれた理由』，祥伝社2014年版。
　　③ ［日］日経BP社技術研究部編：『進化するアニメ・ビジネス』，日経BP社2003年版。
　　④ ［日］増田弘道著：『アニメビジネスがわかる』，NTT出版2007年版。
　　⑤ ［日］河島伸子、生稲史彦著編：『変貌する日本のコンテンツ産業——創造性と多様性の模索』，ミネルヴァ書房2009年版。
　　⑥ ［日］増田弘道著：『もっとわかるアニメビジネス』，NTT出版2011年版。
　　⑦ ［日］岡田美弥子著：『マンガビジネスの生成と発展』，中央経済社2017年版。
　　⑧ ［日］板越ジョージ著：『結局、日本のアニメ、漫画は儲かっているのか』，ディスカヴァー・トゥエンティワン2013年版。
　　⑨ ［日］岩本憲児編著：『日本映画の海外進出——文化戦略の歴史』，森話社2015年版。
　　⑩ ［美］フレッド・ラッド、ハーヴィー・デネロフ著：「アニメが『ANIME』になるまで——『鉄腕アトム』、アメリカを行く」，［日］久美薫訳，NTT出版2010年版。

日本的流行文化革命》①、草薙聪志的《美国如何看待日本动画?》②、岩渊功一的《越境的文化、交错的境界：横贯亚洲的媒体文化》、堤和彦的《NHK COOL JAPAN 再次发现酷日本》③、鸿上尚史的《酷日本?! 外国人眼中的日本》等。④

第四，从文学文化的角度分析日本流行文化的成果主要有：加藤佐和子等编著的论文集《动漫中的日本文化（国际共同研究）》⑤、樱井孝昌的《动画文化外交》⑥ 和《日本是世界上最独特的国家，所以我们能行——我们的文化外交宣言》等。⑦

综上所述，中国国内对日本流行文化国际传播的研究主要集中在它对日本的作用、对中国的影响、对外传播的战略、文化外交、"酷日本"等方面，通过对日本电影、电视、动画、漫画以及"迷之文化"等进行研究，阐述日本流行文化国际传播的重要作用和现实意义，为本研究提供了一定的参考价值。一方面，国外关于日本流行文化国际传播的研究成果大致勾勒出动画、漫画、电影等日本流行文化的商业发展历程、部分反映出日本流行文化在传播对象国的接受情况，分析了日本流行文化的特点、获国外受众青睐的原因、日本相关政策等内容，为从软实力视角来研究日本流行文化的国际传播提供了丰富的信息。同时，有两点值得注意：一是以上研究成果多为片断性内容，往往侧重于某个方面的考察，因而难以从整体角度把握日本流行文化国际传播的全貌；二是国外受众对日本流行文化

---

① ［美］ローランド・ケルツ著：『ジャパナメリカ：日本発ポップカルチャー革命』，［日］永田医訳，ランダムアウンス、講談社2007年版。

② ［日］草薙聡志著：『アメリカで日本のアニメは、どう見られてきたか?』，徳間書店2003年版。

③ ［日］堤和彦著：『NHK COOL JAPAN かっこいいニッポン再発見』，講談社2013年版。

④ ［日］鴻上尚史著：『クールジャパン!? 外国人が見たニッポン』，講談社2015年版。

⑤ ［日］加藤佐和子/アイシェヌール・テキメン/マグダレナ・ヴァシレヴァ編：「漫画・アニメに見る日本文化『国際共同研究』」，冨山山房インターナショナル2016年版。

⑥ ［日］桜井孝昌著：『アニメ文化外交』，筑摩書房2009年版。

⑦ ［日］桜井孝昌著：『世界で一番ユニークな日本だからできること 僕らの文化外交宣言』，同友館2013年版。

的接受状况的研究，能够从受众视角来考察日本流行文化国际传播后的状况，这为进一步分析文化软实力资源的形成、具体内容的特征、文化软实力的发挥等提供了重要的参考价值。

另一方面，前期研究成果仍存在以下三点不足：

第一，有一些疑问未能在目前研究成果中找到相应答案。例如，关于日本流行文化国际传播的动力，在20世纪80—90年代，日本政府极少参与传播，日本商家仅专注国内市场、动画迷这一小众群体尚不足以震撼整个国际商业市场的情况下，是什么样的力量推动了日本流行文化的广泛传播？日本流行文化的国际传播之路并非一帆风顺，而是坎坷不断。例如，在20世纪70年代后期，日本电视动画片在美国市场进入了寒冬；欧洲部分国家在20世纪90年代前，对日本流行文化也一直持蔑视态度，20世纪80年代还一度盛行文化"异质论"。但到20世纪90年代末，他们的态度却出现了180度转变。这又是什么原因导致的呢？日本流行文化"无国籍"的特征是怎样形成的？它是否真的是国外受众认可的关键因素？

第二，作为软实力资源的日本流行文化的特征研究尚显不足。不仅缺乏对备受国外受众瞩目的日本流行文化的总体特征的阐述，还缺乏对日本流行文化中获得国外受众认同的各类文化产品特征的分析。要分析这些特征，就必须对日本流行文化在国际上受到关注的文化产品进行较为细致的梳理，考察这些流行文化产品内含的价值理念、讲好故事的方法、对受众的吸引力等问题。如果无法准确地把握这些特征，那么对流行文化软实力资源建设提供参考也就流于空话，难以落到实处。

第三，目前日本流行文化国际传播的相关研究多以传播主体视角为主，基于受众视角的研究尚显不足。传播主体与受众的视角不同，对同一流行文化产品的认知与感受就有差别，而且国内受众与国外受众对流行文化产品的感受也会有所不同。"只有那些能够满足他国受众需要的文化资源才具有国际性的传播力、感召力和影响力，而成为国家文化软实力中的文化资源。"[1] 可见从受众视角考察日本流行文化特征的必要性和重要性。此外，国外受众在对日本流行文化的内容选择与国际传播等方面均采取积

---

[1] 何洪兵：《国家文化软实力中的文化资源研究——基于他国受众需要视角》，《四川大学学报（哲学社会科学版）》2013年第2期，第62页。

极主动的态度，受众积极参与传播也是国际上掀起日本流行文化热的重要因素。因此，也有必要考察传播过程中国外受众接受认可日本流行文化的状况，以便更加准确地把握作为文化软实力资源的日本流行文化得以广泛传播的深层次原因。

  本研究将在前期研究的基础上，以问题为导向，从软实力和受众视角出发，采用历史研究法、比较研究法、案例分析法、定性分析法等研究方法，围绕电影、电视节目、动画、漫画、电子游戏等日本现代流行文化的国际传播展开论述。主要研究思路：一是阐述流行文化对于国家软实力、文化外交的重要意义，在此基础上梳理现代日本流行文化的国内发展轨迹并对其主要特征加以概括，阐明日本现代流行文化成为潜在的软实力资源的发展历程及特点。二是阐述日本现代流行文化国际传播的历史演进，分析它成为世界级流行文化的过程，运用传播学理论具体分析国际传播中的各个要素及其作用，把握国际传播态势，以受众视角分析国际传播的特征。三是详细分析推动现代日本流行文化国际传播的国内因素和国外因素，阐述日本流行文化得以跨越国境和文化障碍获得广泛传播的原因。四是通过梳理日本政府转变态度并积极作为的过程来阐明日本政府在流行文化国际传播中所起的作用。五是剖析日本现代流行文化国际传播对提升国家形象的贡献。六是在梳理日本现代流行文化国际传播面临问题的基础上，结合当前日本流行文化拓展海外市场的实际数据来分析发展趋势，并阐述本研究对流行文化软实力资源的聚集及投入、国际传播能力的提高、政府的作用、文化外交等方面的启迪与警示。

第二章 作为软实力资源的日本现代流行文化

流行文化是文化领域中非常活跃的重要存在，也是国家文化软实力的重要资源。流行文化的发展壮大和广泛传播有利于提升国家文化软实力、提高国际传播能力、搞好文化外交。第二次世界大战后，日本的传统电影、动画电影、电视剧、电视动画、漫画、电子游戏经历了较大发展，形成了各自的特色。日本现代流行文化的总体特征及其文化魅力、产业竞争力均受到人们的普遍关注。

第一节 流行文化与国家软实力

流行文化是国家文化软实力的重要资源，它的发展壮大对提升国家文化软实力起到重要作用，它的广泛传播是国家文化软实力有效传播与实现的重要前提。同时，流行文化对于文化外交的意义也不容忽视，它自身的特点也证明了它是文化外交中不可或缺的重要手段。研究日本流行文化的发展与国际传播对中国文化软实力资源的建设，以及国际传播能力的提升等具有重要价值。

一、流行文化对国家软实力的意义

众所周知，"软力量"（soft power）（也有"软权力""软实力"的译法，现在普遍使用"软实力"）是美国著名学者约瑟夫·奈提出的理论。"软力量通过吸引而非强迫或收买的手段来达己所愿的能力。它源自于一个国家的文化、政治观念和政策的吸引力。"[1] 由此可见，"软力量"是一

---

[1] [美] 约瑟夫·奈著：《软力量——世界政坛成功之道》，吴晓辉、钱程译，东方出版社2005年版，第2页。

种既非强迫也非收买的吸引力，文化吸引力是其中一种。约瑟夫·奈提出"软力量"理论之后，世界各国学者在此基础上根据本国国情与自己的理解对此概念做出新的诠释，使其更加具体化。学者贾磊磊强调，"国家文化软实力主要是指那些在社会文化领域中具有精神感召力、社会凝聚力、市场吸引力、思想影响力与心理驱动力的文化资源"。① 接着，他还指出中国强调的国家文化软实力与约瑟夫·奈的文化理念有着本质上的区别，即中国的着眼点落在文化的基本层面上，并更加注重自身文化的积极建构，还带有鲜明的意识形态属性。② 对于流行文化，约瑟夫·奈肯定流行文化是软实力的资源，并举例说明流行文化的吸引力对美国外交政策的贡献。在国内，有学者也认识到流行文化对文化软实力的重要性。贾磊磊认为："美国、日本、韩国的经验都证明，流行文化是提升国家文化软实力的一种战略力量。"③ 孙卫华、刘卫东指出："中国文化软实力的打造与提升中，流行文化发挥着非常重要的作用。"④ 当前在国家明确了提升国家文化软实力这一目标背景下，充分发挥流行文化的作用就显得尤为紧迫。在这个"流行文化占主导的时代"⑤，明确流行文化对国家文化软实力的重要意义是当务之急。

　　首先，流行文化是国家文化软实力的重要资源。流行文化与民众生活密切相关。相较于高雅文化，它的表现形式丰富多彩，内容通俗易懂、异彩纷呈，民众喜闻乐见。这些特点使它"对不同阶层、不同民族、不同信仰和不同群体的人都具有普遍的吸引力"⑥。而这种吸引力既非强迫也非收买，因此，"流行文化是最具文化软实力特质的文化形态"⑦。流行文化兼

---

① 贾磊磊主编：《提高国家文化软实力研究》，中国文联出版社2016年版，第15页。
② 贾磊磊主编：《提高国家文化软实力研究》，中国文联出版社2016年版，第15页。
③ 同上书，第32页。
④ 孙卫华、刘卫东：《流行文化中的文化软实力较量》，《新闻知识》2012年第2期，第6页。
⑤ 贾磊磊主编：《提高国家文化软实力研究》，中国文联出版社2016年版，第36页。
⑥ 同上书，第33页。
⑦ 贾磊磊：《用流行文化传播国家软实力》，《大众电影》2008年第11期，第1页。

具文化和产品两种属性的特征,也使其成为能够承担文化软实力核心价值载体这一功能的最佳选项。当然,并非所有的流行文化都是国家文化软实力的资源。学者贾磊磊指出,作为中国文化软实力资源的流行文化是指"流行文化领域具有普遍社会反响和市场效应的娱乐性、大众性文化产品"①。

其次,流行文化的发展壮大对提升国家文化软实力起到重要作用。流行文化的产品属性意味着它必须通过激烈竞争来获得市场的认可。市场就是流行文化产品的角力场。激烈竞争势必会促进优胜劣汰,产品品质的提高必然增加流行文化的吸引力。在科技进步、网络发达的今天,流行文化产品在国内市场的繁荣发展必然引起国外同行与商家的关注,在国内大受欢迎并在国内外文化竞赛中获奖的文化产品,通常是他们在引进外国文化产品时关注的重点对象。

最后,流行文化的广泛传播有利于国家文化软实力的有效传播与实现。"文化软实力并不是一个自我确认、自我命名的文化属性,而是一种通过广泛传播之后才能够兑现的文化力量。"②而"一个国家的文化传播越广,其潜在的'软权力'就可能越大"③。不同于高雅文化,流行文化的产品可以通过商业渠道大大拓展市场空间。同时,流行文化多以大众传播媒介为载体,这一特性也使流行文化能够通过多种渠道进行国际传播,而且远比其他文化传播迅速和广泛。

由此可见,文化软实力的资源建设及提升均离不开流行文化的发展壮大和国际传播。考察流行文化的国际传播不能仅仅停留在流行文化如何传播、传到何处等表面问题,而是要透过表面看本质,研究流行文化中蕴含的软实力核心价值的国际流动和效果。唯其如此,才能使流行文化国际传播的研究更具现实意义。

---

① 贾磊磊主编:《提高国家文化软实力研究》,中国文联出版社2016年版,第17页。

② 贾磊磊主编:《提高国家文化软实力研究》,中国文联出版社2016年版,第5页。

③ 王沪宁:《作为国家实力的文化:软权力》,《复旦学报(社会科学版)》1993年第3期,第91页。

二、流行文化与文化外交

当今世界,尽管和平与发展的时代主题面临着严峻挑战,但和平是人们永远的期盼这一点不会改变。20世纪的惨烈战争使人们清醒地认识到战争带给世界的只有毁灭与痛苦,因此,在处理国际政治与国际关系时,军事愈发成为尽可能避免运用的手段,而外交手段在国际政治、国际关系中的作用显得愈发重要。周恩来总理曾经强调,外交就是要争取造成一个和平、稳定、内外交流、互通有无的良好的国际环境,以利于国内的社会主义建设。① 同时,发展永远是硬道理。唯有自我复兴、做大做强,才能从容应对各种外来压力与问题挑战。然而,在国际社会,仅靠单个国家无法解决的全球性课题不断增多,合作共赢成为上选之策。而要做到这些,国与国之间和平共处成为必然选择。唯其如此,才能确保稳定良好的国际环境,才能确保自身的发展以及与友邦的共同发展。信任是国与国和平共处的基础。与政治交流、经济交流相比,文化交流与传播无疑是加深国与国之间、国民之间的相互理解、相互信任的恰当手段。文化交流与优质文化的传播还有利于提高本国的对外形象,给外国民众留下良好的印象。"在信息时代,对某国的良好印象,对于培养信任至关重要。"② 同时,"良好的国家形象是国家'软实力'的核心组成部分,是提升国家国际竞争力的推动力"③。

长期以来,在对外文化交流过程中,中国优秀的高雅文化为文化外交作出了重要贡献。但相对而言,流行文化尚未获得有效利用。如前所述,随着时代的发展,流行文化在社会上已经占据了重要地位,因此它对于文化外交的意义也不容忽视。而且,流行文化自身的特点也证明它是文化外交中不可或缺的重要手段。首先,流行文化本身就是塑造国家形象的重要力量。与高雅文化相比,流行文化通俗易懂的内容与喜闻乐见的表达方式

---

① 裴默农:《周恩来外交学》,中共中央党校出版社1997年版,第313页。
② 日本"推进文化外交恳谈会":《创造"文化外交的和平国家":日本》,霍建岗译,载王敏著:《生活中的日本——解读中日文化之差异》,王秀文等译,吉林大学出版社2009年版,第135页。
③ 胡智锋等主编:《中国影视文化软实力理念与路径》,中国传媒大学出版社2016年版,第3页。

更容易激发外国民众的好奇心,其塑造的国家与民众的形象更容易获得外国民众的认可。其次,流行文化对民众具有普遍吸引力的特点使其更容易在外国民众中树立国家形象,但良好的国际形象需要依靠国际传播来树立。流行文化中大部分都是大众传播媒体,如电影、电视、动画等是国际传播的重要形式,在传播的广度和深度上,其他文化无法与之相提并论。

经常有人质疑文化用于外交的效果。例如,与政治、经济、军事等相比,文化外交所产生的效果无法立竿见影,很难确定文化外交是否有效,无法准确评估文化外交影响国际关系的程度等等。这些均属客观事实,但也不能否认文化外交的重要意义。关于这一点,日本的"推进文化外交恳谈会"于2005年提交的报告中有重要阐述:"当前的文化交流,其外交意义与过去截然不同。文化交流比任何其他手段都能更有效地提高国家与民众的对外形象,从而提升国际社会对日本的好感。"① 该报告还举例证明"文化外交看似迂回绕远,实际上却是非常直接有效的手段。文化外交可以促使未来一代更加了解日本,同时,从中长期看,对方国家普通民众对日本的理解正是影响其政府及政策执行者态度的最大因素"②。此外,由日本流行文化国际交流的实践者,在亲身感受流行文化用于国际文化交流后得出的结论也具有参考价值。参与现代日本动画文化国际交流的实践者、曾任日本外务省文化交流课顾问的樱井孝昌在其著作中将动画运用于日本外交的意义总结成五点:"一是对日本的理解;二是对日本经济的贡献;三是创作者的相互交流;四是日语的普及;五是社会道德的形成。"③ 可见日本对文化外交的重视程度。

第二节 日本现代流行文化的国内发展轨迹

本节主要梳理第二次世界大战后日本的传统电影、动画电影、电视剧、电视动画、漫画、电子游戏的发展简史,并总结各自的特点。

---

① 日本"推进文化外交恳谈会":《创造"文化外交的和平国家":日本》,霍建岗译,载王敏著:《生活中的日本——解读中日文化之差异》,王秀文等译,吉林大学出版社2009年版,第137页。

② 同上书,第137页。

③ [日] 樱井孝昌著:『アニメ文化外交』,筑摩书房2009年版,第167—168页。

一、传统电影

(一) 日本战后传统电影的发展

第二次世界大战后,日本电影迎来曙光。但由于美国盟军司令部实行严格的电影审查制度,日本电影的制作和播放均受到管制。1952年,美国结束对日本的占领,日本电影界因而重新活跃起来。

20世纪50年代,是日本电影发展的辉煌时期,具体体现在:一是国内电影界重整旗鼓、各显其能,呈现出百花齐放的盛景。各大电影公司生产的电影各具特色,例如,东宝的怪兽电影、武士片,东映的古装戏,松竹的言情片,大映的慈母戏,日活的动作片等。二是古装戏在国内大受欢迎,电影公司的古装戏拍摄比重大增,除了延续以前的古装戏拍摄以外,还出现了刀剑戏等。三是日本电影在国际频频获奖,黑泽明、沟口健二、小津安二郎等日本导演名扬世界,被誉为"电影巨匠"。其中,黑泽明导演的《罗生门》是第二次世界大战后日本获得的第一个国际电影大奖,为日本电影恢复文化自尊、提振信心起到重要作用。四是日本观影人数创空前纪录。"1958年日本的电影观众人数达到11.27亿人次。"[1]

20世纪60年代初期,日本电影产量达到顶峰,之后迅速出现颓势,不仅产量下降,甚至有的公司出现停产。1963年,"观影人数跌破高峰的一半"。有人将电影变为夕阳产业归因为电视的兴起与发展,但黑泽明否定了这一点。他指出,"把电视当作电影的大敌,只是脆弱的电影观的产物罢了"[2]。他还提到,"电影是与科学密切结合的艺术","电影公司不仅怠于培养新人,连制作电影所需的器材以及新的科学技术手段也没有考虑引进"[3]。由此可见,日本电影日渐颓废成为必然。

20世纪70年代,制片厂体制濒临崩溃,明星制度几近消亡。到20世纪80年代,制片厂体系彻底崩溃。进入20世纪90年代,日本电影逐渐出现复兴迹象,到20世纪90年代后期,周防正行、今村昌平、河濑直美、

---

[1] [日]四方田犬彦著:《日本电影110年》,王众一译,新星出版社2018年版,第154页。

[2] [日]黑泽明著:《蛤蟆的油》,李正伦译,南海出版公司2006年版,第247页。

[3] [日]黑泽明著:《蛤蟆的油》,李正伦译,南海出版公司2006年版,第247页。

第二章　作为软实力资源的日本现代流行文化

北野武等新一代电影独立制片人导演的影片获奖，掀起日本电影斩获国际大奖的第二次高潮。日本电影在国际电影节相继获奖，成为20世纪90年代日本电影的光辉标志，也充分显示出日本电影高超的艺术水准。

21世纪初的日本真人电影出现了几个新现象。首先是日本电影出现新的商业化制作模式并得到普及。它就是"制作委员会模式"。"这一模式的主体是电视台和广告公司，出版原著小说的出版社也加盟其中。"① 日本东宝电影公司采用此模式制作的电影收获了高票房，其他公司也纷纷效仿这种做法。其次是涌现出大量女性导演。20世纪90年代女导演获得国际奖项后，不少日本女性拿起摄像机想要实现自我表达的愿望。再次是恐怖片发展成熟并自成一派。它不同于其他国家的恐怖片，主要通过重点拍摄剧中人物受到惊吓后的动作姿态、渲染音效等方式来描绘恐怖，因而被称为"日式恐怖片"。

（二）日本战后传统电影的特点

战后日本电影在发展过程中呈现出以下四个特点：

第一，对文学名著的改编。将文学作品拍成电影是日本电影的明显特征，尤其在20世纪50年代的日本电影界，《西鹤一代女》《雨月物语》等日本著名古装戏就是取材于古典文学名著。近现代文学名著也是导演们取材时的重要参考。例如，电影《罗生门》就是将芥川龙之介的小说《竹林中》和《罗生门》中的元素整合而成的作品。日活电影公司出品的《太阳的季节》取材于石原慎太郎获奖的同名小说。不仅是本国文学作品，诸如莎士比亚、陀思妥耶夫斯基、加西亚·马尔克斯等外国著名作家的文学作品也成为导演们改编的素材。

第二，对西方技术的利用。"电影是通过摄影器材来表现的艺术，其中导演才能与摄影器材同等重要。"② 日本的行业专家深知利用最新电影设备的重要性。1955年《地狱门》就是采用了当时最新的伊斯曼彩色胶片进行拍摄，最终斩获国际大奖。日本最大的动画公司东映动画公司就引进过

---

① ［日］四方田犬彦著：《日本电影110年》，王众一译，新星出版社2018年版，第277页。
② ［日］岩本宪儿编：『日本映画の海外進出——文化戦略の歴史』，森話社2015年版，第185页。

迪士尼的复制印刷系统等。不仅如此，日本对西方技术的利用还体现在电影的表现手法上。例如，日活电影公司在20世纪60年代拍摄的"无国籍动作片"，就是将"好莱坞的西部片、意大利的新现实主义、法国的新浪潮都信手拈来加以日本化处理"①，这类电影的模仿痕迹十分明显。

第三，创新。这里所指的创新，既包括在理解国外相同类型电影的基础上加以改进并逐渐形成自己的特色，也包括日本独创的电影类型。例如，恐怖片并非日本原创电影类型，但日本艺术家努力创造出与欧美、东南亚国家的恐怖电影截然不同的独特的惊悚效果，因而被称作"日式恐怖片"。又如，日本东宝电影公司的怪兽电影是"怪兽片的鼻祖"②，其中的特技摄影技术成为日本电影技术的一大特色。影片《哥斯拉》一经面世，给人强烈震撼，随即引发怪兽热潮经久不衰。此外，日本电影中诸如动作设计、拍摄理念等方面的创新也并不少见。例如，黑泽明电影中独特的动作设计就引来国外电影导演的纷纷效仿。

第四，女性。日本电影的发展过程绕不开"女性观众""女性主题""女性导演"等词。首先，有的电影公司在拍摄和宣传时，就将女性观众纳入目标观众群。例如，松竹电影公司在战后将"摄制面向女性观众的情节剧"③纳入基本方针。铃木敏夫在介绍吉卜力的电影宣传战略时指出："日本电影除非争取到年轻的女性观众，否则不可能大卖。"④ 21世纪初，《娜娜》等多部"为女性观众量身定做的纯爱题材、少女题材的电影风靡一时"⑤。由此可见，女性观众已经成为电影消费主力，因此拍摄电影和宣传电影时都不能不考虑到这一点。在电影内容方面，以女性为题材的电影也并不少见。日活电影公司在20世纪70—80年代就将电影题材改为以女性为中心，继20世纪末日本女性导演获得国际奖项后，21世纪初，大批女性也纷纷拿起摄像机拍摄电影，表达自我，崭露头角，完成梦想。

---

① ［日］四方田犬彦著：《日本电影110年》，王众一译，新星出版社2018年版，第205页。
② 同上书，第166页。
③ 同上书，第171页。
④ ［日］铃木敏夫著：『ジブリの哲学——変わるものと変わらないもの』，岩波书店2011年8月版，第18頁。
⑤ ［日］四方田犬彦著：《日本电影110年》，王众一译，新星出版社2018年版，第281页。

第二章 作为软实力资源的日本现代流行文化

二、动画电影

(一) 日本战后动画电影的发展

第二次世界大战后,日本动画电影公司如雨后春笋般成立,展现出蓬勃生机的景象。当时,动画电影公司主要针对儿童制作短篇电影,影片多用于教育和宣传。也有个人独立制作动画电影的情况,村田安司、大藤信郎等便是典型代表。他们多采用剪纸、彩色玻璃纸等制作动画电影短片,极具特色,受到国际社会高度评价。1953 年,大藤信郎凭借《鲸》获得戛纳国际电影节奖项。1956 年,日本东映动画公司成立,开启了商业长篇动画电影的发展历程。1958 年,日本第一部长篇动画电影《白蛇传》在国内广受好评,并在戛纳国际电影节上荣获第二名,日本动画电影的实力可见一斑。此后,日本东映动画公司每年都会创作一部长篇动画。

进入 20 世纪 60 年代,东映动画继续制作动画电影。通过实践摸索,逐渐形成独具特色的创作模式,即"复杂的故事情节、面向青年的内容、能够实现情感转移的人物形象"[1]。东映动画公司的动画电影与以往简单的故事情节、面向儿童的早期的动画电影明显不同,值得关注。当时动画电影的题材多来源于国内外的民间故事传说、文学作品等。例如,日本动画电影《白蛇传》和《西游记》就是利用中国家喻户晓的文学作品改编的。

至 20 世纪 70 年代,由人气电视动画改编而成的日本动画电影开始流行。1974 年的《宇宙战舰大和号》、1979 年的《银河铁道 999》等均为典型代表。值得注意的是,这些电影获得了青年群体的鼎力支持,甚至出现了许多年轻人熬夜排队购票的现象。日本动画和动画电影的铁杆粉丝群——御宅族逐渐形成。他们既是日本动画和动画电影的消费主力,也是日本动画潜在的创作群体,其力量不可小觑。

进入 20 世纪 80 年代,日本当代最著名的动画电影天才导演悉数登场,他们是宫崎骏、押井守和大友克洋,是他们的努力改变了动画电影在日本电影界的地位。1984 年,宫崎骏的《风之谷》引发强烈关注,获得高度评价,给日本动画界带来深远影响。"以《风之谷》的出现为标志,动画片

---

[1] [日] 津坚信之著:《日本动画的力量——手冢治虫与宫崎骏的历史纵贯线》,秦刚、赵峻译,社会科学文献出版社 2011 年版,第 81 页。

在日本电影中的地位发生了根本性的变化"①之后，宫崎骏以每两年创作一部动画电影的速度，在国内获奖无数。值得关注的是，他对每部作品的目标观众的定位都是覆盖各个年龄段的，电影《龙猫》就是如此。押井守是一位个性独特的天才导演。20世纪80年代，除拍摄常规动画电影外，他还做出新尝试，导演了日本第一部原创动画录像带作品（OVA），这是针对当时的录像机这一新生媒体设备而创作的动画电影，以录像带形式发售。另一位天才导演大友克洋也是一位漫画家，他的动画电影《阿基拉》就是由他自己的漫画作品改编而成。该片故事精彩，制作精美，新颖独特，具有很强的艺术感染力。此外，20世纪80年代后期，一群年轻的业余爱好者组队创建了动画制作所GAINAX，它为日本动画电影的发展注入了新鲜血液，带来了新鲜而独特的动画作品。

进入20世纪90年代，前面提到的日本动画电影的三位天才导演继续发力，为日本动画电影带来更多惊喜。1995年，押井守的《攻壳机动队》获得高度认可。宫崎骏的作品在国内外频频获奖，票房也一路飙升，《幽灵公主》成为20世纪日本电影史上票房冠军。通过《幽灵公主》，日本动画不再只是铁杆粉丝的小众嗜好，而是进入了主流。②由此，我们可以清楚地看到日本动画电影由边缘走到电影发展主流的全过程以及天才导演们所作的贡献。这一时期，以GAINAX的作品《新世纪福音战士》为标志，在日本又出现了一次动画热潮。20世纪90年代，科技进步和网络的兴起为日本动画电影带来了新发展，3D等数字技术开始运用到动画电影的制作中，因此出现了数字化作品。

进入21世纪，日本动画电影获得更大发展。动画电影不但在电影票房排行榜上名列前茅，也因宫崎骏及其电影获奥斯卡奖而得到世界高度认可，并成为日本流行文化的代表。除宫崎骏外，年轻导演新海诚也备受关注。他于2002年基于低成本个人制作的动画电影《星之声》获奖。之后，他的作品便频频获奖，票房也直线飙升。宫崎骏和新海诚的动画电影在日本电影票房排行榜上名列前茅。另一位才华横溢的动画电影导演今敏也值

---

① ［日］津坚信之著：《日本动画的力量——手冢治虫与宫崎骏的历史纵贯线》，秦刚、赵峻译，社会科学文献出版社2011年版，第21页。

② ［日］山口康男编著：《日本动画全史——日本动画领先世界的奇迹》，于素秋译，中国科学技术出版社2008年版，第125页。

第二章　作为软实力资源的日本现代流行文化

得关注。他执导的《千年女优》《东京教父》等动画影片在多个国际电影节获奖或提名。2020年，由外崎春雄导演的动画电影《鬼灭之刃》延续了传统漫画作品多元媒体发展的思路，将原作漫画拍成电视动画后，再改编拍摄成动画电影。截至2020年末，该片成为日本电影史上票房最高的影片。而在日本电影票房排行榜前十名的影片（包含国外电影）中，日本动画电影占了六部之多，其中五部都是进入21世纪后拍摄的日本动画。日本动画电影已经成为日本电影史上最耀眼的明珠。

（二）日本动画电影"叫好又叫座"的原因

票房通常是衡量动画电影产业实力的重要指标。观察日本电影票房排行榜，就会发现排名前十的电影中，有六部日本电影榜上有名，其中有五部日本动画电影，分别是《鬼灭之刃》《千与千寻》《你的名字》《哈尔的移动城堡》和《幽灵公主》，可见日本动画电影在日本电影中的强势地位。而在70年前的日本，动画电影仅仅是电影的一个小小分支，甚至并未被当做电影来看待。20世纪50年代，虽然有大藤信郎的《鲸》和东映动画公司的《白蛇传》在国际上获奖，其艺术性获得认可，但20世纪60年代以来，随着电影的日渐衰落，动画电影也受到冲击。日本最大的动画电影公司曾经甚至被视作"集团之癌"①。那么，日本动画电影为何能够实现辉煌的成就呢？

动画电影作为商业电影，唯有"叫好又叫座"，即实现影片质量与票房双丰收，才能赢得口碑、树立品牌，获得更多发展机会。日本电影票房排行名列前茅的那五部动画电影堪称这方面的典范。日本动画电影"叫好又叫座"的主要原因如下：

首先，在质量把控方面，日本动画电影做到了以下五点：其一，在策划作品时将目标观众群设定为各年龄段。在这个前提下，创作时就会充分考虑观众的需求，以便吸引观众的广泛关注。其二，坚持原创、保持独特性。原创作品能够保证作品的独一无二、与众不同，带给观众新鲜感并产生好奇心。吉卜力动画公司的制作人铃木敏夫指出，"吉卜力作品最大的

---

① ［日］山口康男编著：《日本动画全史——日本动画领先世界的奇迹》，于素秋译，中国科学技术出版社2008年版，第87页。

魅力在于，其发表的作品常常令人感到新鲜并且情节出乎意料"①。其三，创作时做到画面尽善尽美。例如，大友克洋导演的动画电影《阿基拉》中，"一个镜头一张插图似的构图描绘，让观众感受到艺术的感染力，这对传说般的成功是一个十分重要的要素"②。其四，注重情感表达。王敏教授提到，"宫崎骏的作品里没有沉闷的理论说教，只突出感性的情绪抒发"③。情感的流露更能引发观众的共鸣，容易使观众产生代入感，形成更好的观影体验。其五，追求高超技术。电影与高科技密切相关，高超的技术能够实现高品质的影像。例如，宫崎骏、高畑勋在动画电影中突破了纵向跳跃等高难度技术，成为好莱坞电影导演学习的榜样。

其次，在争取票房方面，日本动画电影逐渐形成庞大的宣传造势体系，达到"众人拾柴火焰高"的效果。通过比较吉卜力公司的电影宣传战略，以及2020年动画电影《鬼灭之刃》的宣传发行思路可以发现，它们在宣传手法上具有不少相似之处。例如，运用电视台网络进行大范围的广告宣传；委托广告代理商进行电影的宣传；借用赞助商的力量为自己宣传等。不同之处是，吉卜力公司还利用报刊等进行宣传活动。在网络飞速、信息瞬间到达的当今时代，《鬼灭之刃》的制作公司还利用了网络媒体的宣传来造势。另外，日本多家合作企业也通过网络平台发布信息进行宣传，推出数量种类繁多的相关衍生商品促销。而这些商品恰恰又成为电影的广告，走进千家万户的生活，这同样也会产生巨大的广告效应。如此这般，电影制作方、电视台、广告代理商、合作企业均参与到影片的宣传之中，共同造势，多渠道宣传，吸引大批观众走进影院。事实证明，这种宣传效果好得出奇，《鬼灭之刃》就创造了日本电影票房的奇迹。

最后，观众的口碑也是绝对不能忽略的因素。口碑是观众对电影的口头评价。这种评价累积起来，会成为观众是否观看下一部新片的重要判断

---

① ［日］铃木敏夫著：『ジブリの哲学——変わるものと変わらないもの』，岩波書店2018.年版，第53页。

② ［日］山口康男编著：《日本动画全史——日本动画领先世界的奇迹》，于素秋译，中国科学技术出版社2008年版，第113页。

③ 王敏：《汉魂与和魂——中日文化比较》，世界知识出版社2014年版，第120页。

标准，会成为观众与电影公司之间建立信赖关系的重要因素。一旦这种信赖关系得以建立，就意味着下一部影片的票房有了一定的保障。吉卜力公司的制片人铃木敏夫就把吉卜力电影的高票房归结为作品完成度高、过去积累的业绩以及明确的大规模宣传。① 最初几部影片获得好口碑之后，口碑的红利随之而来，成为《魔女宅急便》等电影获得高票房的重要因素。另外，好口碑通过人际间传播和网络传播，会迅速传达给更多人，从而吸引更多观众。

三、电视剧

（一）日本电视剧的发展

第二次世界大战后，日本电视剧在发展初期深受美国电视剧的影响。直到20世纪50年代末，日本才创作出独具特色的电视剧。日本广播协会是一家半官半民的媒体机构，打造了两档长寿的经典电视剧节目。一是晨间小说连续剧。由日本广播协会电视台于1961年开播，是一档长寿节目，至今已有60余年历史，主要讲述女性在逆境中奋斗成长的故事。《阿信》就是其中的一部长篇剧集。二是大河剧。它主要以日本古代，尤其是战国时代为叙事背景，围绕一个主角来呈现复杂的人际关系和故事情节。日本政府希望能以此来唤醒国民对日本古代英雄烈士的回忆，以便达到提振重建日本信心的目的②。日本的富士、日本东京放送（TBS）、朝日等民营电视台于20世纪50年代成立以来，在电视剧制作方面也是加大投入，竞相制作时代剧和家庭剧。时代剧是以日本历史为背景的戏剧③，前面提到的大河剧就是时代剧的一种。21世纪初风靡一时的《大奥》系列就是时代剧。家庭剧主要指描述以现实社会为背景的电视剧，是电视剧的主流。它题材丰富，主题多样，主要有体育剧、爱情剧、青春校园剧、励志剧、动作片、武士剧等。年代不同，每个主题的内容都不尽相同，并有细微差异。例如，爱情剧的"恋爱"主题，由20世纪80年代的自由恋爱发

---

① ［日］铃木敏夫著：『ジブリの哲学——変わるものと変わらないもの』，岩波書店2018年版，第16页。
② 苏静等编著：《知日·奈良美智》，北方妇女儿童出版社2011年版，第129页。
③ 同上书，第130页。

展到20世纪90年代对纯爱的追求。即便是纯爱，有时也会通过增加小细节设定来显示差异。20世纪90年代，日本掀起了都市爱情剧热潮。该剧种将年轻女性设定为目标观众，描绘俊男靓女在现代都市中的独立生活。其中，主角经历磨练、在逆境中自强不息的故事令人动容。进入21世纪后，偶像剧的热度逐渐递减，围绕家庭、职场、社会问题等展开故事的电视剧增多。近几年人气爆棚的《半泽直树1》及《半泽直树2》讲述的是银行职员在职场与邪恶做斗争的故事，一经播出便引发日本民众广泛议论。

值得一提的是，日本电视剧的发展与科技进步密切相关。这不仅是指科技进步给日本电视剧带来最新的制作技术并推动电视剧的高品质制作，它还改变了电视剧的观看方式，甚至左右了电视剧的流行趋势。电视原本是供家庭成员共同欣赏节目、享受快乐的媒介，因此，诸如爱情剧等内容并不适合家庭成员共同观看。随着经济的发展、生活变得富足，每个家庭拥有电视机的台数增多，使得独自在家选择自己喜欢的节目成为可能。20世纪80年代又兴起了录像机，这就为观看电视节目突破了时间和空间的限制，人们可以随时随地、随心所欲地观看节目，也为都市爱情剧在20世纪90年代的大流行提供了物质基础。此外，科技进步还导致电视剧的载体不断增多。录像带、光盘、计算机、互联网流媒体、智能手机等均成为电视剧可以依托的播放媒介，这大大提高了电视剧的传播速度，扩大了传播范围，必然会推动电视剧的流行。

（二）日本电视剧的特点

日本电视剧的特点大致可以归纳为以下四点：

第一，制作精良。故事情节引人入胜、人物形象丰满典型、心理描写细致入微、拍摄技术高超独特……这些特色就是日本电视剧的品质保证。

第二，积极向上。无论是什么题材的电视剧，不管其中角色经历了怎样的坎坷和情感纠葛，主人公不屈不挠、自立自强的积极心态与言行总能引起观众共鸣。

第三，关注女性。以女性为主要观众群、描写女性顽强成长的故事在日本电视剧中十分常见。如日本广播协会电视台的晨间小说连续剧就是典型。经过多年摸索，大河剧成功的方程式被归纳出来，即"偶像派+女人戏"①。可以说，日本女性既是收视率的保证，也是日本电视剧讴歌的对象。

第四，大众传媒相互影响。漫画、电影、游戏等兄弟门类与电视发生关联，相辅相成。其中，由漫画改编成电视剧的情况较为突出。中国观众熟悉的《排球女将》《GTO 麻辣教师》《花样美男》等电视剧均属此类。可见，这种现象从 20 世纪 60 年代就已存在，至 20 世纪 90 年代末，数量不断增多，有的电视台甚至专门设置了诸如《周六电视》《晚间连续剧》等栏目播放此类电视剧。

四、电视动画

（一）日本电视动画的诞生

1961 年，日本电视上就已经出现动画短片，但时长仅为 1 分钟。通常所说的电视动画，指的是由手冢治虫创建的虫制作公司研发的长篇故事动画。手冢治虫年少时立志制作动画电影，他在东映动画电影公司积累了一定的经验。在预感到今后将是电视的时代之后，他产生了将长篇漫画故事制作成电视动画的想法。于是，他成立了虫制作公司，招兵买马，寻找志同道合的伙伴共同实现这一愿景。他们通过研究美国有线动画特点的方法，发现技术上不如美国，于是决定另辟蹊径，实行差异化发展，做别人没有做过的事情，即把"生动有趣、复杂而有深度的长篇故事"② 视为自己动画的独特魅力。为落实愿景，手冢治虫团队想方设法在资金来源、商业模式、制作方法等方面创新实践。由于制作电视动画需要庞大的资金投入，手冢治虫决定创立新的商业模式，即动画制作公司、电视台和赞助商之间形成合作伙伴关系，共担风险，各尽其能，合作共赢，从而实现电视动画的商业化运作。其中的"商品化计划"就是通过出售动画中角色形象的使用权来填补制作动画产生的亏空，因此，动画角色形象就显得尤为重要。于是，手冢治虫把自己的人气漫画《铁臂阿童木》作为首选。在创作

---

① 苏静等编著：《知日·奈良美智》，北方妇女儿童出版社 2011 年版，第 140 页。
② ［日］山口康男编著：《日本动画全史——日本动画领先世界的奇迹》，于素秋译，中国科学技术出版社 2008 年版，第 164 页。

手法上，考虑到时间和精力有限，为了节省制作费用，手冢治虫团队采用省力化做法，即把原本1秒24帧的动画减少至1秒8帧，减少绘图工作量。另外，他们还在制作过程中摸索出一套有限动画片的制作规则，终于克服了技术难题。

1963年，电视动画片《铁臂阿童木》在富士电视台开播。尽管在技术方面的缺陷十分明显，但它将原本静止的角色形象生动地呈现出来，变得会活动、会说话，这在当时就是一项创举，给漫画爱好者带来耳目一新的感觉，因而获得空前好评。此后，手冢治虫在电视动画的商业化运作模式、商品化计划、有限动画制作方法等方面所做的创新得以确立，成为日本电视动画发展的基础。

（二）日本电视动画产业的发展

1963年出品的《铁臂阿童木》是日本第一部长篇连续电视动画片。它的空前成功引来其他动画制作公司纷纷效仿，制作出新颖的电视动画片，相继在电视台播出，形成了第一次动画热。自此，动画片成为电视台的一档固定节目，这便是日本电视动画产业的起点。这一时期，儿童电视动画片是主流，偶尔也会有诸如《仙人部落》那样面向成年人的动画片。从儿童电视动画片题材来看，主要有科幻、机器人、冒险、体育运动等类型。1965年以后，《妖怪Q太郎》《海螺小姐》等家庭生活类动画片也开始流行。

进入20世纪70年代，日本电视动画蓬勃发展，可谓百花齐放、热潮迭起。《铁甲万能侠》《魔神》等动画片的播映掀起了巨型机器人动画片热潮。魔法美少女动画也进入了黄金时期。《小甜甜》《凡尔赛的玫瑰》等动画片的热度甚至超越了科幻机器人动画。这一时期，动画片的取材不再只是专注于人气极高的同名漫画作品，而且出现了取材于国外文学名作、古代历史、童话故事的动画片，如《阿尔卑斯山少女》《三千里寻母记》《聪明的一休》等。此时还出现了剧场版动画电影。例如，《宇宙战舰大和号》动画片播出两年后，剧场版动画电影的放映引起年轻人极大的兴趣，从而迎来第二次动画热。值得关注的是：第一，日本动画产业延伸到动画电影这一媒体，取得进一步发展；第二，社会意识到年轻人对动画片的关注。他们是日本动画的狂热粉丝,并时常在漫画市场①等场所集会、交流、选购手办及其他衍生商品。

20世纪80年代,日本国内的电视动画市场繁荣昌盛,科技进步带来新媒体的产生。录像带在日本家庭很普及,日本动画片在电视台播放后,便以录像带为媒介进入到流通市场,这就形成了一个新市场——电视动画录像带的市场,并获得迅猛发展。动画的狂热粉丝是电视动画、动画电影录像带的消费主力。另外,另一个新媒体——家用电视游戏机也应运而生。游戏成为日本人新的娱乐方式。同时,日本动画产业又将发展延伸至游戏行业。例如,《铁臂阿童木》《北斗神拳》等动画就被制作成游戏。

20世纪90年代的日本动画产业出现了"小公司、大制作"的情况。GAINAX公司是一家由动画爱好者合作创业的公司。该公司出品了《新世纪福音战士》,成为年度爆款,并掀起又一次的动画热。另外,科技进步给日本动画产业带来了新的经济增长点。DVD的研发成功,成为影视节目的新型媒体。这一时期,日本增加了电视动画的播映时间,还推出以成年人为对象的深夜动画栏目。播放后不久,市面上便会出现该动画片的DVD版本,在粉丝中热销。可见,数字技术被应用到动画制作中,不仅省力高效,还提高了作品的表现力。东映动画公司出品的《鬼太郎》就是日本第一部真正意义上的数字化作品。

进入21世纪以后,互联网的发展给日本动画产业带来了新的发展机遇。网络媒体的发展以及平板电脑和智能手机的普及使得动画产品的销售和播放渠道得以拓宽,由此带来受众人数的增多。以《鬼灭之刃》的电视动画版为例,制作公司除了在电视台播放以外,还在一些网络电视和视频网站播放,原本不看电视的人也能成为受众。网络媒体可以随时反复观看的特点也有利于日本电视动画获得更多粉丝。

(三) 日本电视动画的特点

日本电视动画产业具有四个特点:一是日本电视动画生来就与商业绑

---

① comic market,是日本漫画爱好者于1975年开始定期举办的市场。最初只是销售由爱好漫画的业余作者创作的同人志,后来发展成为漫画、动画、游戏、小说、角色扮演等爱好者集会、交流、展销作品的大市场。爱好者具有惊人的购买力,商家从中觅得商机,也纷纷参展和销售专业制作的商业作品。

定。由于电视动画的制作成本与制作公司出售给电视台的价格可谓天壤之别，因此形成巨额赤字，日本电视动画根本无法独立生存。要想弥补这一亏空并使这一高投入、高风险的行业生存发展，就必须依靠商业运作，吸引赞助商加入到合作中来。制作公司通过将角色形象的版权授权给赞助商获得版税，将作品出售给电视台获得播映费用，以此来弥补巨额赤字。而赞助商则通过电视台的广告效应获得知名度以及产品宣传，将角色形象用在自家商品上来提高销售业绩。二是日本电视动画与人气漫画及文学名著等密不可分。人气漫画和文学名著等在社会上具有一定的认可度，选用它们作为电视动画的题材，可以在一定程度上降低制作的成本与风险，这也是制作公司、电视台和赞助商们的必然选择。据说有60%的日本电视动画取材于漫画原作，可以说，电视动画是在人气漫画、文学名著的基础上发展起来的。电视动画大获成功，反过来对漫画也会产生好的影响，这直接体现在漫画单行本的销量上。即便是根据文学名著创作的电视动画，在其成名后，有的出版社也会将该故事印刷成单行本出版。三是电视动画产业的发展与科技进步密切相关。电视动画也是科技与艺术相结合的产物，它本身就需要与时俱进，依靠科技进步来不断提高质量。同时，科技进步产生的新媒体层出不穷。日本电视动画借助诸如录像带、镭射影碟、DVD、蓝光、视频网站等媒体开拓发展空间，获得新的播映渠道，以满足更多消费需求。四是日本电视动画产业竞争激烈。这种竞争具体指的是收视率的竞争和商品化计划导致的竞争。收视率不高的电视动画会被电视台停播，甚至会被取消合作。"即便收视率很好，如果赞助商的衍生商品不畅销，作品的继续就会困难。"① 可见，日本电视动画的角色形象对于日本电视动画制作至关重要。它不再只是故事里的角色，"具有畅销的可能性"是它存在于电视动画的前提。因此，就不难理解日本电视动画为何要选择人气漫画等作为素材了。

　　日本电视动画的文化特点，主要有以下三点：

　　首先，日本电视动画在诞生之初，手冢治虫团队便创造出新规则。如，每周一次、一次30分钟左右的播映规则向来是日本电视动画的一个文

---

① ［日］山口康男编著：《日本动画全史——日本动画领先世界的奇迹》，于素秋译，中国科学技术出版社2008年版，第79页。

化标签。有限动画的制作规则在日后动画家们的总结积累下，日臻完善，形成日本有限动画独特的风格。

其次，在内容方面，日本电视动画大多继承人气漫画的特点，在题材、主题、故事情节、角色形象等方面均吸收日本精品漫画的精华。另外，电视动画也具有自己的特色。例如，动画故事通常采用将3集漫画改编成1集动画的模式，增加了故事的紧凑性、戏剧性和可看性。有的电视动画增加了色彩，强化了视觉效果，更能满足审美需求；有的电视动画增加了音效，电视动画更加逼真，代入感更强。

最后，电视动画的铁杆粉丝逐步形成了自己独特的文化。20世纪70年代，日本出现了一群狂热喜爱日本电视动画的人，他们被称为"动画御宅族"。他们多为20—30岁的年轻人，具有一定的经济实力，并且愿意为自己的爱好投资。其实，御宅族也因各自不同的爱好而被细分成多个种类。例如，动画御宅族、声优御宅族、手办御宅族等。即便同为动画御宅族，不同时代的人所喜爱的动画也有差异，体现出御宅族的丰富多样性。他们大量收集自己所喜爱的与电视动画有关的信息，乐于去漫画大会等场所寻找与自己志同道合的伙伴交流，购买手办等衍生商品。他们还在录像带、DVD等市场成为消费主力。

20世纪80年代，在动画御宅族中出现了角色扮演现象。它主要指动画爱好者把自己打扮成动画中的人物、穿着与他们相同的服饰拍照。[①] 至20世纪90年代，这种角色扮演扩展到制服秀，开始在固定的场所扮演展示。进入21世纪后，角色扮演越发丰富多样，不仅有了自己专门的活动，即角色扮演摄影会等，扮演者也有了固定的表演场所。日本每年还举办名古屋"世界COSPLAY峰会"，吸引来自世界各地的爱好者参赛交流。

五、漫画

（一）现代日本漫画产业的发展

第二次世界大战后，日本百业待兴，漫画也开始重新起步。当时的漫画常见于报纸的漫画栏目，多为连载四格漫画，内容既有新闻报道，也有

[①] [日] 榎本秋编著：『オタクのことが面白いほどわかる本』，中经出版2009年版，第20页、第218页。

幽默小故事。有的故事漫画还印刷成册，成为简易出版物。因多使用红色封面，故名为"赤本漫画"。赤本漫画是当时最为廉价通俗的儿童读物。被誉为"漫画之神"的手冢治虫当年就已经成为关西地区赤本漫画的人气漫画家。然而，他志向高远，渴望创作长篇故事漫画。机缘巧合之下，他与关西漫画界著名长老级人物酒井七马合作完成《新宝岛》，创作出前所未有的娱乐形式，成为当时最畅销漫画，声名远扬。手冢治虫漫画的独特之处在于"他给战后原本只是单纯快乐的漫画赋予了庞大主题和知性元素，将漫画革新成可以动情叙述的长篇故事，并且参考电影画面，将电影的分镜手法引入漫画创作，绘制出更具震撼效果的作品"①。手冢治虫由此开启了自由创作长篇故事的漫画之路。

进入20世纪50年代，日本大型出版社开始创刊漫画杂志。手冢治虫的漫画也不再是廉价粗陋的赤本漫画，已然成为出版社和书店的重要商品。长篇故事漫画成为儿童读物的主流。对于深受读者喜爱的漫画，在连载结束后，出版社也会制成单行本发行。另外，手冢治虫的漫画也影响了无数年轻人。例如，日后成名的藤子不二雄、石森章太郎等都是看了手冢治虫的漫画后才立志成为漫画家的。他们纷纷效仿手冢治虫的漫画，并将长篇故事漫画继承发展下去。"故事漫画の登场使日本漫画得以确立自己独特的形式。"②

进入20世纪60年代，电视动画应运而生。这就使漫画业迎来新的经济增长点。由于电视动画的素材多为原创的人气漫画，因此，作为漫画的版权所有者的漫画家个人以及出版社均将从动画制作公司、电视台、赞助商那里获得版权收入，作为版权授权的报酬。可见电视动画一旦成功，原作动画单行本的销量也会大增。对于出版社来说，只有单行本作为漫画的二次利用才会获得更大收益。另一个值得关注的点是，日本剧画的盛行。"剧画"是指那些"提高了读者群年龄层的漫画作品"③，原本漫画仅被视

---

① ［日］手冢真著：《我的父亲手冢治虫》，沈舒悦译，新星出版社2014年版，第4页。
② ［日］岡田美弥子著：『マンガビジネスの生成と発展』，中央経済社2017年版，第29页。
③ ［日］竹内オサム、西原麻里編著：『マンガ文化55のキーワード』，ミネルヴァ書房2016年版，第30页。

为儿童读物，而剧画的新读者群主要介于高中生和成年人之间。剧画兴起于20世纪50年代末，盛行于20世纪60年代，它与儿童漫画的区别不仅在于读者群与绘画手法的不同，其最重要的特征是"它否定了诸如'正义必胜''正义的一方也可以饶恕恶人'等思想，大人们认为这些都是孩子的乌托邦思想"[1]，"它的故事更加贴近现实社会"[2]。至20世纪60年代后半期，还有一个重要现象不容忽视。从小接受漫画熏陶的那一代人成为了大学生，他们仍旧延续欣赏漫画的习惯，少年漫画因此扩大了读者群。另外，剧画也成为其选择。精明的商家也从中看到商机，开始邀请剧画家加入到主流漫画杂志的创作中，开辟新兴市场。有的出版社还创办青年杂志刊登剧画。手冢治虫等也创办同人杂志《COM》，这种专业性较强的杂志，不但为漫画家提供机会表达自我，而且出现了大批铁杆粉丝。他们不仅欣赏作品愈发专业，还会向杂志社投稿原创作品。20世纪60年代，也是少女漫画兴起的年代。自此，漫画业扩大了读者群，新题材、新故事也相应出现，漫画业迎来新发展。

进入20世纪70年代，日本漫画呈现出多样化的趋势。少年漫画、少女漫画和青年漫画继续发展，不但销量增加，内容上也愈发细分化，不同年龄层有相应的漫画题材。至20世纪70年代末，读者群的最大年龄层已经提升至30多岁。另外，20世纪70年代中后期起，日本漫画呈现出"人气漫画的多种媒体展现"的状况，日本漫画产业的基本结构形成，通过漫画、电视动画、剧场版动画电影这几大媒体联动以及商品化战略，达到版权方、制作方和赞助方相互成就、合作共赢、共创辉煌的目的。这一时期，有一群人值得关注，即铁杆粉丝。1975年，他们创办了漫画市场并定期举办，以便与志同道合者更好地交流，还在市场上出售自己的作品。这个市场有别于出版社、书店等正规市场，但它不容小觑。因为，铁杆粉丝的购买力相当惊人，他们会收集所有他们喜欢的漫画相关商品，因此这个市场具有超强的吸金能力。人气漫画作品是出版社的制胜法宝，出版社会通过这个市场推介商品，物色才能出众并具市场价值的漫画作者，将之培养成漫画家。

---

[1] ［日］中野晴行著：『マンガ産業論』，筑摩書房2004年版，第46页。
[2] 同上书，第47页。

进入20世纪80年代，读者群不断扩大。至20世纪80年代中期，读者群最大年龄层已经提升至40岁左右。青年杂志、成人杂志不断增多，女性杂志也开始创刊，另外，漫画杂志成为重要的信息来源。1986年，石森章太郎用漫画创作了《漫画日本经济入门》，大获好评。人们不仅将漫画杂志当作消遣的娱乐手段，还乐意从漫画中获取历史、经济、法律、文化等各个领域的信息。由此，漫画又开拓了崭新题材，实现了大发展。

进入20世纪90年代，由于日本经济泡沫崩溃导致不景气，波及所有行业，日本漫画业也毫不例外，广告收入来源减少、少子化等现象的发生也导致日本漫画业出现衰退迹象。1995年，漫画产业的经营收入达到5000亿日元这一顶峰后，便逐年递减。此时，出版社纷纷将原来的漫画名作进行三次利用，制作成廉价版本，放在便利店销售。这样，原本不去书店买漫画书的读者在便利店就能随手买到物美价廉的漫画单行本，读者群的增加也带来了新一波高收益。这一时期，虽然日本国内的漫画业在衰退，但可喜的是，漫画在国外迎来了新的出版需求。出版社开始考虑拓展海外市场。此外，计算机时代的来临也给漫画业带来了新商机。电子版的漫画被刻录到磁盘上，可以通过计算机浏览。

进入21世纪，从年龄层的角度来增加读者的可能性不复存在。并且，随着第一代漫画读者逐渐步入退休年龄，漫画读者人数呈现下降趋势。再加上受少子老龄化、娱乐项目的多样化影响，漫画产业再也无法回到1995年的巅峰状态。然而，新的增长点又再度出现。科技的进步带来了网速的提升以及手机网络使用费的进一步降低，人们可以轻松地在手机上获取网络电子漫画而无需顾忌费用。2006年以后，智能手机、平板电脑开始普及，电子漫画杂志在网络免费公开，漫画应用软件也层出不穷。例如，2009年，日本东映动画公司"开始在法国通过手机发送日本动画情报，使日本动漫触角更加深入欧洲"①，由此产生了一批新读者。他们原本并不了解漫画，但通过智能手机、平板电脑等移动设备轻而易举地获取了漫画信息。从数据上看，纸质版漫画的销量似乎并未因为网络漫画的发展而受到影响。②

---

① ［加］Max Ziang 著：《酷日本》，生活·读书·新知三联书店2011年版，第102页。

② ［日］竹内オサム、西原麻里编著：『マンガ文化55のキーワード』，ミネルヴァ書房2016年版，第174页。

（二）漫画中的日本文化

2000年，日本在教育白皮书中提到漫画时，将其视作日本文化。这是日本首次在政府文件中提到这一点。现代日本漫画最初的承载媒体是廉价且带有恶俗气息的赤本漫画。手冢治虫竭力推动长篇故事漫画登上了出版社、书店等大雅之堂，并成为出版社炙手可热的商品。在手冢治虫及无数漫画家、出版社编辑的不懈努力下，现代日本漫画形成了一个极为丰富的原创故事宝库。扣人心弦的故事情节、个性突出的角色形象、独具特色的绘画风格等内容成为取之不尽、用之不竭的文化要素。部分优质的原创作品还被改编成电视动画和剧场版动画电影，有的甚至还改编成真人版影视作品。例如，电视剧《排球女将》就是由漫画改编而成。现代日本漫画在文学性方面并不亚于文学作品。手冢治虫曾经把漫画称作"绘文字文学"①，认为漫画是运用特殊的绘画语言来创作的类似文学类型的作品。② 1983年，大友克洋的漫画《童梦》曾荣获日本科幻小说大奖。③

当然，现代日本漫画也并非没有缺陷。"色情"和"暴力"这两个关键词是现代日本漫画受到诟病的主要原因。1955年，由关爱儿童的市民团体、家长教师协会、儿童文学家等组织了驱逐坏书运动，漫画也被列为其中。家长们抱怨漫画影响教育，导致孩子不好好学习，色情和暴力画面太多会误导孩子误入歧途等；儿童文学家则以"劣币驱逐良币"为由，将儿童文学杂志的停刊归咎于漫画。漫画家们因此受到攻击，手冢治虫也不例外，被称为"社会的敌人"④。无论漫画家们如何解释均无济于事。1956年，"儿童文学家当中也出现了想要了解漫画的动向，特别是评论家菅忠道，他的发言'漫画是孩子们不可缺少的一种文化'，成了驱逐坏书运动

---

① ［日］白石さや著：『グローバル化した日本の漫画とアニメ』，学術出版社2013年版，第214页。
② 同上书，第51页。
③ ［英］保罗·格拉维特著：《日本漫画60年》，周彦译，世界图书出版公司北京公司2013年版，第98页。
④ ［日］手冢真著：《我的父亲手冢治虫》，沈舒悦译，新星出版社2014年版，第236页。

· 43 ·

趋于结束的引线"①。长篇故事漫画作为儿童的文化终于获得社会认可。关于漫画涉及色情的事情不止这一件。20世纪70年代中后期，青年漫画杂志中出现了一些色情剧画，不久日本警方便采取行动加以取缔。② 1990年，和歌山县地方报纸上刊登了关于少年漫画充斥色情描写的投诉信，由此引发和歌山县居民驱逐有害漫画运动，并扩大至全国。这场运动导致有害漫画的审查范围由原来的成人杂志扩大到青少年漫画，政府要求出版界自我约束，停止刊登并召回被认定为有害的漫画杂志，杜绝将其投放市场，甚至还逮捕了书店老板。③

如前所述，在第二次世界大战后生育高峰出生的那一代人（日本称作"团块世代"）从小受漫画熏陶，他们即便成为大学生、社会人，仍然延续着看漫画的习惯。他们不仅阅读青年杂志，也阅读少年杂志并为之着迷，几近狂热，成为铁杆粉丝。他们会关注自己所喜爱的漫画的每一个细节，会思考、想象个中缘由，会收集所有相关资料等。他们还会尝试创作与投稿，拿着作品去漫画市场与具有相同爱好的人交流切磋。漫画市场不仅是交易场所，更是铁杆粉丝们文化集会的重要场所。久而久之，这也成为他们独特的生活方式，是现代日本漫画文化不可或缺的组成部分。当然，其中也有糟粕。例如，部分粉丝不修边幅、具有特殊变态嗜好的形象也给人留下糟糕印象；具有色情内容的同人杂志非法流传等。1989年发生的宫崎勤案件④更是导致日本社会对御宅族的印象一落千丈。上述情况也导致现代日本漫画在日本的地位不如想象中那么美好，这也是政府在评价漫画文化时谨言慎行的主要原因。

日本现代漫画文化的发展离不开手冢治虫的重要贡献。他不仅创立了日本现代漫画的基本形式，其绘画技法也成为争相效仿的榜样。例如，

---

① ［日］中尾明著：《手冢治虫——用漫画和卡通连接世界》，钱贺之译，学林出版社2008年版，第106页。
② ［日］中野晴行著：『マンガ産業論』，筑摩書房2004年版，第124页。
③ 同上书，第220页。
④ 宫崎勤案件，即东京·埼玉连续诱拐杀害女童案。罪犯名叫宫崎勤，诱拐4名女童并以残忍手段杀害，震惊日本社会。该罪犯家中有大量动画录像带，由此人们联想到他是动画爱好者，日本各大媒体便采用动画爱好者之间的称呼，称之为"御宅族"。由此，"御宅族"一词在日本社会得以普及。［日］榎本秋编著：『オタクのことが面白いほどわかる本』，中经出版2009年版，第56页。

日本漫画角色的大眼睛造型就是继承了手冢治虫的画法并发扬光大的典型代表。手冢治虫组建俱乐部，增加与漫画爱好者的交流，热心点拨指导新手，还创办同人杂志《COM》，为新手提供展示能力的舞台。日后成为著名导演的大友克洋也是受益者。为提高漫画的社会地位，手冢治虫不仅创作出大量不朽作品，还不遗余力地宣传现代漫画文化。作为"漫画大使"，他跨越国界参加各种活动，不辞辛劳地向外国人介绍日本的漫画文化，用实际行动来提高现代日本漫画文化的地位和国际知名度。对此，他的儿子手冢真自豪地表示，"今时今日，日本的漫画和动画终于可以作为一种文化被大众所接受了，这无论如何都应该归功于父亲。没有别的理由了"①。

（三）日本漫画的魅力

在故事方面，首先，新奇有趣是日本漫画的首要魅力。新颖奇特、扣人心弦的故事情节足以引发好奇心，而漫画存在的最大前提是"愉快地阅读"②。为此，日本的漫画家努力尝试将类似小说的复杂故事引入漫画，用充满动感的绘画来体现故事的现代感、表达情感和心理，用社会流行的话题和词语吸引读者。他们还不断创造出新题材，根据不同年龄层来选用恰当的主题进行创作，使得各个年龄层的读者都能挑选到心仪的漫画作品。其次，接地气。无论是青年读者还是儿童读者，漫画故事中出现的课题大多与他们在现实生活中遇到的情况相同或相似，这就很容易引发读者共鸣。漫画不但成为爱好者交流的话题，而且成为他们宣泄烦恼的重要渠道。"现实中产生的不满和不安，在漫画世界可以化解掉，这理应是漫画获得人气的根源所在。"③ 再次，励志、成长是绝大多数故事漫画的主题。主人公应对挑战、历经磨难、最终胜利并获得成长是这些故事的惯用模式，也是追求卓越的普遍过程。外国人常常对日本人在电车里看漫画杂志困惑不解，对此，日本学者夏目房之介解释道："日本漫画中有值得成年

---

① ［日］手冢真著：《我的父亲手冢治虫》，沈舒悦译，新星出版社2014年版，第237页。
② 同上书，第164页。
③ ［日］中野晴行著：『マンガ産業論』，筑摩书房2004年版，第227页。

人阅读的东西"，①"漫画杂志中有能够让上班族产生情感代入的成功故事和喜怒哀乐，估计欧美人想象不到这一点。"② 可见，此类故事不仅适合教育儿童，同样也能启发那些承受巨大压力的成年人。

在角色形象方面，故事角色的多样性、独特性是日本故事漫画的一大魅力。可以说，角色形象是故事漫画的灵魂。日本漫画故事宝库中的角色多种多样，造型各异，并且随着时代的变化，角色设计思路也有明显不同。例如，对英雄形象的阐释可谓五花八门，既有男英雄，也有女英雄。男英雄，既有帅气、精英型的美男，也有可爱、平凡的"铁憨憨"。英雄形象既有个体形象，也有群体形象。尽管角色形象千差万别、性格迥异，但善良单纯、诚实坦荡、乐观勇敢是他们的共同点，在团队遇到危险挑战时，他们凭借强烈的责任心，带领团队鼓足勇气奋力拼搏，坚决守护友情亲情，最终赢得胜利。在此过程中，他们对友情、亲情、团队精神等有了更深的领悟，达到精神思想的成熟。"比起英俊的英雄主人公磨练技术、提高能力这样的简单情节，人们更喜欢同自己一样的主人公如何克服所面临的课题的作品。"③ 可见平凡人通过努力获得成功的故事更容易引起读者的共鸣，因而更具魅力。读者可以从中感受到积极向上、坚韧不拔、坚持不懈的榜样力量，并从榜样那里找到精神慰藉和心灵启迪。

此外，现代日本漫画还有两个基本特点颇具魅力。一是漫画入行门槛低，只需配备笔、纸张或是计算机及相关软件便可以作画。与其他传统文化入门不同，漫画学习甚至不需要教师传授，可以无师自通。日本有许多知名漫画家均是自学成才，手冢治虫便是典型。因此，榜样的力量给漫画爱好者带来新的希望，他们当中有不少人都把漫画家视为理想职业并为之努力。二是"漫画故事和人物的版权都归作者所有，或者是作者与出版社共有"④。自主拥有知识产权就意味着可以自行支配并多次利用漫画，从而带来丰厚的利益。因此，只要精进漫画技巧，努力创造出人气漫画，就可能

---

① ［日］夏目房之介著：『マンガはなぜ面白いのか』，日本放送出版协会1997年版，第13页。
② ［日］同上书，第14页。
③ ［日］山口康男编著：《日本动画全史——日本动画领先世界的奇迹》，于素秋译，中国科学技术出版社2008年版，第104页。
④ 同上书，第15页。

会像鸟山明等著名漫画家那样赚得犹如天文数字般的财富以及名扬天下。

六、电子游戏

（一）日本电子游戏的发展

电子游戏诞生于20世纪70年代初的美国。1972年，美国雅达利公司生产出第一款电子游戏机，并推出以乒乓球为主题的商业游戏，大获成功。自此，电子游戏产业便拉开了发展序幕，形成以主机为主、游戏为辅的发展态势。日本EPOCH公司于1975年发售了第一个家用电视游戏机和网球游戏。任天堂公司紧随其后，陆续开发出多款家用电视游戏机以及种类繁多的游戏。之后，学习研究社、卡西欧、世嘉、夏普等公司也纷纷加入家用电视游戏机与游戏的产业竞争之中。

20世纪80年代，日本的电子游戏产业实现大发展。在主机硬件方面，任天堂公司的红白机（FAMICOM）、世嘉公司的SG-1000成为当时具有代表性的家用电视游戏机，任天堂公司研发的掌上游戏机（GAME BOY）成为当时最畅销的掌机。在游戏软件方面，不仅日本各大游戏主机生产厂商积极研发软件，游戏软件公司也纷纷摩拳擦掌，竞相推出代表性游戏，如任天堂公司的《超级马里奥兄弟》《塞尔达传说》《魂斗罗》，南宫梦的街机游戏《吃豆人》，科乐美公司的《合金装备》等，均博得玩家好评。这一时期的游戏多为故事情节简单有趣、规则通俗易懂、角色可爱幽默、操作方便的单机游戏，主要分为动作类、冒险类、角色扮演类等，"冒险""解谜""战斗"是其主题词。

20世纪90年代，日本的任天堂公司、世嘉公司和索尼娱乐公司这三家厂商不仅在激烈竞争中脱颖而出，还雄霸世界电子游戏行业。在游戏主机方面，它们在家用电视游戏机和掌上游戏机方面不断升级换代，在主机的外观、屏幕、色彩等方面实现一次次突破，不断给玩家耳目一新的感觉。不仅如此，索尼公司和任天堂公司还研发出3D游戏机，实现了画面的立体化。在游戏方面，游戏制作公司在第一代游戏的基础上研发出系列作品，玩家也屡次收获新奇体验。其中，游戏画面中继续加入电影元素，画面令人震撼；剧情变得复杂曲折，戏剧性更强，思想深度也有所提高；玩法上也创新多变，使玩家感受到新颖独特。

进入21世纪后，日本电子游戏产业面临国内市场饱和、国外同行奋力赶超、玩家兴趣逐渐丧失的窘境，2008年还遭遇了世界性的金融危机等不利状况，导致日本游戏产业的业绩连年下滑。但是，凭借求新求变的思维与坚忍不拔的精神，游戏生产厂商突破自我，不断创新，使得日本游戏产业发生了翻天覆地的变化。这一时期，日本游戏产业除了依托最新科技研发出画面更精美、玩法更新奇、操作更易上手的传统电子游戏外，还出现了以下新动向。首先，游戏实现大众化。以任天堂公司为例，在"扩大游戏玩家"战略的指导下，任天堂公司降低电子游戏手柄的难度，开发出"触屏""体感系统"等操作方法，使没有游戏经验的人都能简单操作并获得前所未有的体验。在游戏软件方面，任天堂公司及时调整，将研发重心转到日常生活的领域。如任天堂公司DS平台的《脑锻炼》游戏、Wii平台的《Wii Sports》《Wii Fit》等启智类、保健类游戏的全新亮相，吸引大量原本不会游戏、不愿意玩游戏的人迅速成为轻度玩家。其次，科技进步和网络发展带来了崭新的游戏平台和创新的游戏玩法。计算机和手机，尤其是智能手机成为电子游戏的全新平台，大大拓展了电子游戏的发展空间，而游戏厂商依托高科技创造AR游戏、VR游戏，大大增强了游戏的真实感。例如，2016年由任天堂公司推出的AR游戏《精灵宝可梦Go》在全世界都掀起了游戏热潮。2017年，《生化危机7》成为第一款支持VR设备的高级别作品，并荣获VR游戏奖。最后，相较于主机，游戏软件的开发愈发重要。在原本以主机为主、游戏为辅的发展思路已经无法适应新时代、新潮流、游戏平台增多导致游戏软件行业竞争更加惨烈的实际情况下，老牌的游戏硬件生产商也不得不加入到游戏研发中。一些小公司纷纷在手游业界摩拳擦掌、大显身手，并取得辉煌的业绩。2018年研发出养成放置类游戏《旅行青蛙》的日本HIT-POINT公司便是典型代表。据统计，"2017年日本一举超越美国成为全世界手游收入第一的国家"①。

（二）日本电子游戏的特点

纵观日本电子游戏的发展历史，就不难发现它明显具有以下八大特征：

---

① 茶乌龙主编：《知日：日本游戏完全进化史》，中信出版集团2019年版，第145页。

第二章 作为软实力资源的日本现代流行文化

第一,趣味性。这不仅体现在故事引人入胜、角色可爱幽默等方面,还体现在冒险、解谜、通关、战斗等主题上。这些深深吸引着青少年玩家挑战自己的智商,去解决一个又一个的难题。玩家在体验成就感的同时,又会迎接更新更难的挑战。游戏的电影化制作、3D游戏的出现增强了画面的真实感,令人震撼。20世纪90年代多人在线联机的玩法使玩家体会到多人协战、组队对抗、共享胜利的快乐。21世纪出现的AR游戏、VR游戏的全新玩法给玩家带来了前所未有的新奇感受。

第二,独创性。这是日本电子游戏最重要的特征。电子游戏不是日本的发明,尽管日本在行业发展初期经历过短暂的模仿,但它很快就意识到创新是企业制胜的关键,于是将发展理念设定为创新。独创的故事情节、独创的角色形象、独创的玩法、独创的操作感受总能给玩家带来新奇的体验和回味无穷的乐趣,因而在国内,甚至是全世界掀起了一次又一次的游戏热潮,展现出日本电子游戏产业极强的竞争力。

第三,与高科技紧密结合。日本游戏行业在兴起之初,便与高科技结下不解之缘。每一个创意的实现,几乎都离不开高科技的支撑。与漫画不同,电子游戏无法仅仅利用画笔和纸张完成,它必须依靠动画技术、电视技术、计算机技术、数学建模等手段实现。时代的发展和玩家的需求日益高涨,不断对技术提出了更高要求。

第四,"无国籍"特征。"无国籍"这一日语词汇起源于20世纪60年代,最初用于评价日本日活电影公司拍摄的那些完全模仿国外多个国家电影风格的日本电影。学者岩渊功一指出,"'无国籍'具有两层含义,并且二者相互关联:一是将起源于不同文化的要素相混合、融合;二是隐去或消除民族的文化的特征"[①]。观察20世纪80年代以来日本知名的电子游戏,就可以发现绝大多数游戏中的日本元素少之又少。例如,故事背景设定在一个非现实的世界或是未来世界,游戏中的角色形象绝大多数设定也并非日本人等,因此很难使接触它的玩家立刻联想到日本。

第五,普及程度高。在日本,玩游戏的不只是青少年玩家,还有成年人和老年人。无论哪个年龄层的人都能找到适合自己的游戏。游戏产业是

---

① [日]岩渊功一著:『トランスナショナル・ジャパン——アジアをつなぐポピュラー文化』,岩波书店2000年版,第94頁。

否发展得好是靠玩家数量决定的。① 清楚认识到这一点的日本生产厂商在调研市场的基础上实行"扩大玩家队伍"战略,加大力度吸引那些原本根本不接触游戏的成年人、老年人参与其中。例如,任天堂公司研发出诸如《脑锻炼》《Wii Sports》《Wii Fit》等能够融入日常生活的游戏,最大限度地扩大玩家的年龄层范围,使玩家轻松上手并获得全新的快乐体验。

第六,商品化特征。电子游戏不仅是科技与艺术紧密结合的产物,还是一种高投入、高风险的商品。它的研发离不开高额的商业资本,它能够迅速与玩家产生亲密接触,得益于商家成功的营销策略。

第七,多元媒介的发展。一些日本电子游戏融入了其他娱乐媒介的元素,强化了制作效果。例如,游戏在制作时采用了电影表现手法,增强了游戏的观赏效果。例如,光荣公司在制作游戏《信长之野望》的人物形象时,就参考了日本知名电视节目大河剧中的服装造型等。有些游戏还参考了动漫人物形象来设计角色。此外,游戏的跨界发展也并不少见。例如,游戏《精灵宝可梦》不仅在游戏界大受欢迎,成名后还被制作成电视动画、动画电影等。2018年,世嘉公司与美国派拉蒙影业合作制作其代表性角色形象索尼克的电影。

第八,角色模型的三次元穿越。在游戏二次元的虚拟世界,玩家不仅能感受到游戏带来的乐趣,还能体验在日常生活中无法实现的事情。游戏中还有玩家喜爱的角色形象或是崇拜的对象。当角色形象作为模型从二次元穿越到三次元的现实世界时,它也成为玩家的精神寄托,似乎梦想也部分地变成了现实。正是出于这个原因,角色模型成为游戏粉丝的精神文化,形成粉丝自己的文化特色。同时,粉丝们在角色模型方面的大量消费助力角色模型成为文化产业的最重要的利润来源。

(三) 日本电子游戏产业做大做强的背景原因

如前所述,游戏产业的发展取决于玩家数量。日本游戏不仅通过动作、冒险、角色扮演等游戏来吸引大量的青少年玩家,还通过以日常生活

---

① 茶乌龙主编:《知日:日本游戏完全进化史》,中信出版集团2019年版,第170页。

为主题的游戏等吸引大量成年人、中老年人成为游戏玩家。因此,日本游戏产业自然会获得大发展。同时,高品质、趣味性、独创性、高科技含量等特点又使日本游戏获得强大的竞争力。那么,日本游戏产业为何能够做大做强呢?

首先,这要归功于日本游戏生产厂商。强调创新的经营理念成为它们的行动指南。在仔细分析竞争对手的基础上,它们充分发挥想象力和创造力,利用最新技术创造出大量新奇有趣、与众不同的游戏,掀起一次次的游戏热潮。当面临事业滑坡的窘境时,它们不改创新初衷,及时调查分析时代潮流,找准事业的瓶颈所在,在准确预测潜在需求基础上,依靠创新设计出全新产品,出奇制胜、扭转颓势,重新走到世界前列。另外,在竞争中提高品质是日本游戏企业获得大发展的重要途径。游戏行业在国内外的竞争均十分残酷惨烈。游戏厂商通过分析对手发现别人难以做到或是尚未想到的事情,并将其作为下一个经济增长点。此外,强烈的服务精神也是游戏厂商的一大"杀手锏"。例如,任天堂公司认为,必须排除一切消极因素,要花200%的心思来提高用户的满意度。① 事实上,它们也是这么做的。它们创造独特的方式与玩家互动,在满足玩家需求的同时也获得大量有价值的一手资料,用作研发游戏机和游戏的重要依据。除了不断发现玩家需求之外,它们还创造需求,开发新的客户群,吸引更广泛的年龄层玩家来参与游戏,体验前所未有的乐趣。同时,在它们的努力下,游戏不再只是用于缓解压力、放松心情,而是已经升级为更宽泛的娱乐产品,不但增加了信息传播交流等功能,还被运用到诸如学校教育、健康保健等更为广泛的领域。

其次,游戏玩家的作用不容小觑。游戏成为玩家交流、交友的新手段,玩家从游戏中获取乐趣、新奇和震撼体验的同时,还从其他玩家那里获得新的信息。而且,随着科技进步与互联网的发展,玩家还借助计算机、互联网、手机等手段在网络上发声,良好的口碑更加有利于游戏的迅速传播。此外,部分热心玩家还会通过网络等方式为游戏生产厂商免费提供大量有价值的好点子、市场分析的第一手资料,为厂家实际调研、分析潜在需求、发掘潜在客户、扩宽发展空间提供重要的信息参考。

---

① [日]井上理著:《任天堂哲学》,郑敏译,南海出版公司2018年版,第141页。

最后，科技进步为游戏产业带来更为广阔的发展空间。进入21世纪，网络、智能手机等新媒体为游戏的发布和播放提供了全新的平台。适用于新平台的游戏软件的需求大大增加，成为游戏产业重要的经济增长点。在游戏研发方面，部分玩家还通过网络成为自媒体，为游戏发声，形成口碑。玩家的口碑既是评价游戏成功与否的重要指标，对游戏的研发也具有重要意义。游戏制作人和生产厂商依靠通信技术可以很快获取来自玩家的反馈，以便更好地把握市场、升级产品性能，并根据玩家不同的需求设计新游戏。此外，在拓展新领域方面，有了高科技的支撑，游戏的跨界发展不再是一件难事。游戏中的故事与角色形象在电视动画、动画电影等领域实现了新发展，既促进游戏与动画、电影的融合，也提升了游戏的生命力，延续其寿命。

第三节 日本现代流行文化的主要特征

流行文化是构成国家文化软实力的主要资源之一，深刻认识和把握其特点，对于国家文化软实力的构建具有重要意义。在半个多世纪的发展过程中，日本流行文化产品涌现出大量获得国内受众亲睐的精品，形成极为丰富的流行文化资源宝库。本节将阐述日本现代流行文化的创新性、成长性、大众性、现代性等主要特征及其强大的竞争力。

一、创新性

无论是文化还是商品，创新都是生存发展的必要条件，是竞争中立于不败之地的有力武器。可以说，日本流行文化的创新无处不在，主要体现在内容、技术和制作模式三个层面。

在内容层面，艺术家的创新有目共睹。多如牛毛的原创故事便是其创新的最佳体现。而且，日本漫画、动画、电子游戏等原本只是面向少儿的娱乐，也不断扩大受众范围，直至覆盖各个年龄段，如果做不到在题材、主题、类型等方面的创新，那就绝对无法满足受众不同的需求和喜好。不仅如此，艺术家还在作品中融入其他艺术门类的元素，甚至将作品拓展到其他领域，大大拓宽了发展空间。这些创新在漫画、游戏方面表现得较为突出。另外，受众也在创新，尤其是青年中的铁杆粉丝。他们不满足于欣

第二章　作为软实力资源的日本现代流行文化

赏作品，也尝试创作，并将作品拿到漫画市场、漫画博览会以及互联网上展开交流，有些人甚至因爱好而集结并取得辉煌成绩。GAINAX 公司便是典型案例，由它原创的电视动画系列《新世纪福音战士》成为日本动画第三次热潮的起点。又如，在电子游戏领域，已经不满足于传统游戏的玩家也开始参与游戏的创作。"玩家自主游戏取代《脑锻炼》等传统游戏，成为任天堂掌上游戏机 NDSi 的主角。"①

在技术层面，电影、电视、电子游戏等日本流行文化产品本身就是高科技产物。日本艺术家通过对比研究找到与众不同的研发方向并独辟蹊径不断研发。日本懂得灵活变通，通过对外来的先进技术进行"适应性调整"，解决实际问题，创造出全新的艺术。② 例如，手冢治虫用漫画的方式讲述长篇故事、借鉴电影分镜头等表现手法来增强漫画的表现力。宫崎骏在动画电影中运用的高超技术令好莱坞著名导演约翰·拉塞特十分敬佩。当然，日本也并非"唯技术论"，它善于在技术与受众的实际需求之间寻找平衡点，进一步明确创新的目标。例如，任天堂公司认为，"重要的不是次世代的技术，而是革命性的崭新的游戏体验。技术力量并不是最重要的东西"③。

在制作模式层面，手冢治虫的创新最为典型。首先，他奠定了现代日本漫画的基础，即充满动感的长篇漫画故事。其次，他创立了日本电视动画的制作模式，即省力化制作规则，播放方式为每周播放 1 集、每集 30 分钟左右。最后，他还完成了电视动画商业运作模式的创新，即创建商品化战略，通过出售卡通形象使用权来填补制作赤字。④ 这样，制作公司、电视台和赞助商之间就形成合作关系，三方各司其职，合作共赢。后来在拍摄电影、动画等采用的制作委员会体系也与此类似。这些模式规则沿用至今，成为日本流行文化的底色。

---

① ［日］井上理著：《任天堂哲学》，郑敏译，南海出版公司 2018 年版，第 219 页。
② ［美］彼得·卡赞斯坦著：《地区构成的世界：美国帝权中的亚洲和欧洲》，秦亚青、魏玲译，北京大学出版社 2007 年版，第 170 页。
③ ［日］井上理著：《任天堂哲学》，郑敏译，南海出版公司 2018 年版，第 35 页。
④ ［日］山口康男编著：《日本动画全史——日本动画领先世界的奇迹》，于素秋译，中国科学技术出版社 2008 年版，第 74 页。

二、成长性

日本现代流行文化的成长性主要体现在两个方面，即内容的成长与产业的成长，这两个方面的成长均源自受众的成长。

在内容成长方面，以漫画的发展为例。在日本，出生于第二次世界大战后婴儿潮的一代人被称作"团块世代"。他们从小受到漫画的熏陶，长大后也无意改变阅读漫画的习惯。于是，他们纷纷脱离儿童漫画，开始从剧画①中寻求新的阅读体验。出版社发现这一潜在需求后，便在杂志上陆续推出适合不同年龄层的漫画作品，还出版女性漫画等专为特定人群设计的漫画杂志。从儿童、少年、青年、成年人、中年人，甚至到老年人。随着受众的不断成长，日本流行文化制作单位能够随需应变，开辟新的发展空间，使得流行文化也不断扩大新领域、实现大发展。除日本以外，没有哪个国家会出现以下现象：几乎全民都看漫画；动画不是青少年的专属娱乐，面向成年人的动画也比比皆是；电子游戏玩家中，不仅有青少年，也有成年人、老年人。可见日本流行文化在民众中的普及程度。试分析产生这些现象的原因，不难发现有两点最为关键：一是日本流行文化始终与国内受众的需求紧密挂钩。日本善于收集分析受众的实际需求，并结合实际情况来开拓创新，生产出符合需求的文化产品。日本艺术家还善于从日常生活中发现人们的潜在需求，通过创作全新的文化产品来满足民众。二是日本流行文化不仅是大众的娱乐消遣，更是信息的重要来源和排解烦恼缓解压力的能量源泉。尽管在日本流行文化产品中不乏糟粕的存在，但大量信息在一定程度上满足了民众的渴求，向上向善、百折不挠、珍惜友情等价值理念，以及故事中平民英雄的榜样力量也为民众提供了精神支撑。

在产业成长方面，电影、漫画、动画、电子游戏等流行文化就是在不断发掘并满足受众需求的过程中实现了产业的大发展。以电子游戏的产业发展为例，电子游戏领域同样面临玩家逐渐长大的情况。"为了公司长久发展，必须开发新的客户群，这才是最重要的。"② 深刻意识到这一点的任

---

① 剧画，不同于一般漫画，它的读者群介于高中生与成年人之间。
② ［日］井上理著：《任天堂哲学》，郑敏译，南海出版公司2018年版，第160页。

第二章　作为软实力资源的日本现代流行文化

天堂公司通过调查研究发现，少女、成年人也具有潜在需求，于是将他们设定为目标人群并开始研发新产品。当游戏玩家出现减少趋势时，任天堂公司践行"扩大玩家队伍战略"①，将事业领域扩大到日常生活的领域，并用新奇的产品成功吸引到大量原本不玩或不愿意玩游戏的人，在销售上再创奇迹。如今，漫画、动画、电子游戏等流行文化已经发展成为重要的支柱产业，并形成自己的特色。日本企业在行业领域实现的"商品化计划""形象联盟""媒介融合"等创新战略使得日本流行文化产品制作企业不再单打独斗，而是与出版社、电视台、赞助商等结成"形象联盟"，为推出质量上乘的文化产品而齐心协力，并联合多种大众传播媒体，围绕同一个故事共同打造出漫画、电视动画、动画电影、电子游戏的产业链，延长文化产品的营销周期。尽管这是利益驱使的结果，但在客观上促进了流行文化在日本国内的广泛传播，扩大了它的影响力。

当然，在发展过程中，日本流行文化也遭遇过不少瓶颈。例如，第二次世界大战后，面对蜂拥而入的欧美国家的流行文化，发展初期的现代日本漫画和动画只能模仿。儿童漫画在发展到一个周期结束时，不可避免会遭遇发展瓶颈。日本电子游戏在21世纪初也面临玩家大量流失等困境，在残酷激烈的国内外市场竞争环境中，优胜劣汰成为必然。唯有那些能够着力市场调研、挖掘潜在需求、注重差异化发展、想方设法出奇制胜的流行文化产品才能最终脱颖而出。正是日本艺术家和"形象联盟"的共同努力，日本流行文化才得以获得国内受众的认可，文化产业的发展才得以持续下去。

三、大众性

流行文化属于大众文化的一种，就是大众娱乐。因此，可以说，大众性是流行文化与生俱来的特征。传统影视作品通常受众面较广，其大众性的特征显而易见。此处重点阐述漫画、动画、电子游戏等日本流行文化的大众性。这也是日本流行文化有别于世界其他国家流行文化的一个重要特征。

一般认为，漫画、动画、电子游戏等娱乐只是少年儿童的成长伙伴。

---

① ［日］井上理著：《任天堂哲学》，郑敏译，南海出版公司2018年版，第108页。

然而，在日本，不光是面向少年儿童，还有专为成年人、中年人，甚至老年人创作的漫画、动画以及电子游戏。日本的动画电影早在策划时期就将目标观众设定为各个年龄段，可见日本流行文化在国内的普及程度。漫画、动画、电子游戏等日本流行文化产品覆盖各个年龄段，这一现象只有在日本才能看到，充分体现出日本流行文化的独特性。受众人数的不断增多使得日本现代流行文化的大众性特征更加突出。

值得注意的是，大众性特征的形成经历了一个漫长的过程，离不开出版社、电影公司、游戏厂商等文化商品生产者、提供者对社会的敏锐观察以及对潜在需求的精心发掘。对它们而言，受众的成长带来的不仅是发展瓶颈，也有发展契机，只要高度重视受众的需求和反馈，就有可能发现新的商机，从危机中看到希望。漫画的发展便是典型案例。20世纪50年代，还是以少儿漫画为主。至20世纪60年代，少女漫画兴起。进入20世纪70年代，漫画内容得到进一步细分，青年漫画应运而生。至20世纪70年代末，读者群的最大年龄已经提升至30岁左右。至20世纪80年代中期，读者群的最大年龄已经提升至40岁左右。读者群的不断扩大，反映出日本漫画行业的蓬勃发展以及漫画市场的繁荣兴盛。再以电子游戏为例。21世纪初，电子游戏市场面临着游戏玩家减少的挑战，玩家数量的多少直接影响到游戏产业的发展。因此，对游戏生产厂商而言，这次危机无疑是非常严重的。经过深入调研、查找问题后，任天堂公司果断实施"扩大游戏玩家"战略。在该战略的指导下，任天堂公司研发出"触屏""体感系统"等新型游戏操作方法，降低电子游戏手柄的难度，并将游戏软件的研发重心转移到日常生活领域，开发出以日常生活为主题的启智类游戏、保健类游戏，吸引大量原本不会游戏、不愿意玩游戏的成年人、中老年人迅速成为轻度玩家。任天堂公司又一次出奇制胜、大获成功。

四、现代性

电影、电视、动画、电子游戏等流行文化本身就是文化与现代科技紧密结合的产物，因此该文化体现出强烈的现代感、时尚感。同时，它们本身又是大众传播媒介，与现代日常生活密切相关，成为人们消遣娱乐、寻求精神慰藉与启迪的工具。

日本流行文化在内容方面的现代性主要体现在两个方面：一是大多数

流行文化的内容都符合时代潮流。例如,手冢治虫创作科幻漫画就与当时欧美国家和日本盛行科幻小说有关;在创作电视动画《铁臂阿童木》时,他就已经预见到此后是电视的时代;他在故事中添加了大量当时的社会信息,以便引起受众的兴趣并产生共鸣。宫崎骏的动画电影有许多体现世界性主题的故事。大友克洋和押井守的科幻动画电影中对未来世界的描绘、富于刺激性的表现技巧等,均与20世纪80年代席卷世界的后现代主义思潮影响下,影视作品所体现的风格相吻合。二是日本流行文化内容并未与传统文化隔绝,漫画、动画、电影中均有传统文化的影子。日本艺术家从传统文化中获得灵感,内容取材于传统文化,并运用现代高科技,通过传播媒介创作出新故事。例如,宫崎骏的"《千与千寻》处处表征着创作者从日本民俗与民间传统神话中搜寻素材,汲取日本文学和艺术中的优良传统,展示出复杂多样的、神秘莫测的日本文化"①。这体现出宫崎骏对日本传统文化现代转化的思考与行动。

第四节 日本现代流行文化传播力的基础

日本现代流行文化绝大多数是首先满足国内市场的需求,而国内市场的竞争又异常激烈。例如,电影票房、电视收视率以及漫画的人气排名都是重要的竞争指标。那些优秀的日本现代流行文化作品正是在残酷的竞争中脱颖而出并显示出强大的竞争力。同时,有学者指出,国家文化软实力是"一个国家或地区的文化所具有的对内的凝聚力、生命力、创新力,对外的传播力、感召力和影响力"②,而"对内的凝聚力、生命力、创新力是文化传播力的基础和内容"③。事实证明,日本现代流行文化已经具备了上述实力。

一、竞争力

与传统高雅文化不同,日本流行文化面向大众市场,它的生存与发展

---

① 杨晓林:《动画大师宫崎骏》,复旦大学出版社2012年版,第96页。
② 何洪兵:《国家文化软实力中的文化资源研究——基于他国受众需要视角》,《四川大学学报》2013年第2期,第62页。
③ 同上书,第56页。

完全取决于受众的认可度。因此，可以想见日本国内流行文化市场竞争之激烈。流行文化产品唯有以与众不同、符合受众需求、质量上乘为目标，才能在实力角逐中脱颖而出。在日本国内市场激烈竞争的反复锤炼下，其质量得以飞速提升。"在长期致力于满足国内需求的过程中，企业规模日益扩大，成本降低，产品就会具备国际竞争力。"[①] 由此可见，立足国内市场是日本流行文化发展的重要前提，也会间接提高国际竞争力。这种竞争力包含两个方面，即流行文化的魅力和流行文化产业的竞争力。

（一）日本现代流行文化的魅力

研究发现，日本现代流行文化的魅力源自于艺术家所创造的故事以及被称作"御宅族"的铁杆粉丝形成的文化。

故事方面的魅力主要体现在趣味性、多样性和独创性上。首先，不管成年人还是少儿，趣味性是阅读、观赏或游戏的前提。虚构的世界里，故事情节引人入胜、角色造型可爱、形象幽默风趣，在给受众带来欢笑的同时，也足以激发受众的好奇心与想象力。其次，故事的多样性显而易见。题材、主题、类型、形象等多种多样，组合成日本现代流行文化的故事宝库，成为取之不尽、用之不竭的宝贵财富。再次，在独创性方面，日本的漫画、动画、游戏突破了仅针对少儿进行创作的传统，根据不同年龄层的受众来设计不同题材、主题的故事，老少咸宜。这种情况在其他国家是没有的，而且其中绝大多数漫画、动画都是成长物语。人物形象在历经磨难、迎接挑战的过程中不仅能力得到提高，精神上也获得成长，有日本学者称之为"成长的浪漫"。[②]"日本著名的漫画杂志《周刊少年JUMP》总结的'畅销方程式'中的要素就有'努力、友情、胜利'等主题。"[③] 对于正值青春期的青少年而言，这些充满正能量的价值观正是他们应对成长烦恼的重要参考、获得勇气和力量的重要源泉。不仅如此，少年漫画杂志

---

① 韩骏伟：《国际电影与电视节目贸易》，中国传媒大学出版社2008年版，第129页。

② ［日］杉山知之著：『クール・ジャパン世界が買いたがる日本』，祥伝社平成2018年版，第44页。

③ ［日］遠藤英樹著：『現代文化論——社会理論で読み解くポップカルチャー』，ミネルヴァ書房2011年版，第64页。

第二章　作为软实力资源的日本现代流行文化

还吸引了日本成年男性。《周刊少年 JUMP》编辑后藤广喜曾经提到，漫画杂志"给人们展示了这样的信念：只要你努力工作，你就能有所成就。这正是我们的故事想要告诉人们的，这样的哲理既吸引儿童又吸引成人"①。由此可见，积极的价值观无论对少儿还是对成人均具有重要意义。动画、漫画作品所传递的"正义、和平、友情、团结、协作、努力、希望、胜利"等放之四海而皆准的价值理念支撑起人们的精气神，促使人们迸发正能量并勇敢面对困难与挑战。以这样的价值观作为故事的内涵，是讲好故事、吸引受众的重要因素。贾磊磊指出，"文化的核心价值观是指一种文化体系中处于主导地位、起支配作用的基本理念。它是衡量与判断事物的终极文化标准。这其中包括历史（是非）观、道德（善恶）观、社会（正邪）观、伦理（荣辱）观、审美（美丑）观等"②。将其与前面提到的日本流行文化中的主要价值理念进行比较之后可以发现，它们之间尽管用词不一，但大多数内涵都是相同的。日本流行文化中的主要价值理念也是文化核心价值观的重要组成部分，后者完全可以被纳入流行文化产品的价值内涵当中，也完全可以通过浅显易懂的视觉符号表达出来。而且，这些内容才是真正超越国界的，才能真正引发世界民众共鸣的。

御宅族，是指那些"完全沉浸在某种兴趣爱好当中的现代人"③。这是相对而言较为客观的定义。然而，1989 年发生的宫崎勤事件导致御宅族的形象大打折扣。享誉世界的日本艺术家村上隆与御宅族接触一段时间后发现，"所谓的'御宅族'，果然是如同世间所说的那样的文化。从逃避现实开始，然后逼迫到欲望的灰暗表现"④。可见御宅族的负面形象并非无中生有。但是，御宅族分为漫画御宅族、动画御宅族、配音御宅族、手办御宅族、角色扮演御宅族等多种类型。他们执着于对流行文化作品的深入研究，这份执着与坚持最终使他们与志同道合的人集结起来，形成有别于流行文化

---

①　[英] 保罗·格拉维特著：《日本漫画 60 年》，周彦译，世界图书出版公司北京公司 2013 年版，第 59 页。

②　贾磊磊主编：《提高国家文化软实力研究》，中国文联出版社 2016 年版，第 20 页。

③　[日] 榎本秋编著：『オタクのことが面白いほどわかる本』，中经出版 2009 年版，第 20 页。

④　[日] 村上隆著：《艺术创业论》，江明玉译，中信出版社 2011 年版，第 196 页。

产品正规销售市场的另一重要市场。在这个市场中,可以自由交流,可以展示销售自己的原创作品,可以购买心仪的文化产品,还可以装扮成自己喜爱的角色造型来一场角色装扮秀。这就形成了御宅族文化。"不知何时,御宅族文化变成了日本原创的表现",① 御宅族成为日本流行文化创新的生力军。精明的商家也利用御宅族集会交流的机会推销新出的杂志和单行本,甚至为培养出色的漫画家而去那里找寻较有潜力的作者和作品,就连村上隆也认为"御宅族文化真的具有成为美好艺术的可能"②。

(二) 日本现代流行文化产业的竞争力

日本现代流行文化本身就是在残酷激烈的竞争环境中生存和发展起来的。日本现代流行文化竞争力的提升不仅来自于国内相同领域文化产品相互间的竞争,还来自于日本国内与其他国家的文化产品的竞争。

流行文化兼具文化和商品两大属性,其商业意义上的竞争力也是流行文化核心竞争力的重要组成部分,因此不容小觑。在日本,流行文化作为创意文化产业(它属于日本"内容产业"的一部分)已经成为重要的支柱产业。纵观日本现代流行文化的发展史,就会发现日本流行文化产业领域竞争之激烈。漫画方面,出版社通过问卷调查来收集读者的意见建议,考察漫画的受欢迎程度,并依据这些信息制定人气排行榜。人气名列前茅的漫画会被编辑成单行本销售,人气排名垫底的漫画则很难再获得继续连载的机会。动画方面,则是收视率的比拼。"收视率不高的作品会毫不留情地停播。"③ 电影方面,票房数据通常是主要的评价标准。公开的数据对创作者造成了巨大压力,其残酷性可想而知。由此,受众亲睐的优秀作品脱颖而出。优胜劣汰的竞争环境带来的结果就是文化商品质量的迅速提升,也加速了日本流行文化的发展壮大。

日本流行文化产业的竞争力还体现在不同媒体之间的相互关联上。在日本,漫画、动画、影视剧、游戏等媒体艺术之间的关联性显而易见。一方面,作品吸收其他媒体艺术的元素。例如,漫画故事里常见电影的叙述

---

① [日] 村上隆著:《艺术创业论》,江明玉译,中信出版社 2011 年版,第 196 页。
② 同上书,第 196 页。
③ [日] 山口康男编著:《日本动画全史——日本动画领先世界的奇迹》,于素秋译,中国科学技术出版社 2008 年版,第 127 页。

第二章　作为软实力资源的日本现代流行文化

方式和表现手法。一些游戏在制作时融入了动画和电影的元素。与单纯的游戏相比，加入了电影元素的游戏带来的效果就像是观看大片，全新的视觉体验给人耳目一新的震撼。另一方面，作品又实现了媒介多元化发展。在策划阶段，漫画、动画、游戏等媒体一并纳入创作范围，之后形成一个创作过程，完成后便陆续推出，这种机制被称作"媒介融合"。① 有日本学者指出，"日本内容产业的特征就是通过角色形象把漫画、电视动画、电影、游戏、广告等媒体串联起来形成产业"②。这不仅形成了强大的文化产业群，还创造并延长了文化产品的流行周期，其威力之大，不言自明。2020 年成为日本社会现象的《鬼灭之刃》就是典型案例。漫画《鬼灭之刃》于 2016 年在漫画杂志上开始连载，2019 年制作成电视动画播出并获得超高人气，2020 年公映的剧场版动画电影《鬼灭之刃》成为日本电影史上票房最高的影片。《鬼灭之刃》的游戏也已经推出两部。另一部扬名世界的《精灵宝可梦》③ 则是从游戏起步的。在游戏人气爆棚后，接踵而至的是电视动画版、剧场电影版的《精灵宝可梦》。此外，由漫画改编成电影、电视连续剧的作品也数不胜数。如此这般，一个原创精品故事就能形成一条产业链。在产业链中，媒体之间相互借力、成就彼此，同时也形成合力，不但推动了流行文化产业的整体发展，还延长了故事的寿命，进一步扩大了文化影响力。关于"媒介融合"，也存在反对的声音。国际日本文化研究中心大冢英志教授认为，"诚然，媒介融合或许会在短期内带来巨额收益，但是从长远来看，为实现包括动画、漫画、游戏在内的媒体多元化发展并形成产业，在特定的企业群强有力地管理版权的情况下进行创作，这种体系是错误的"④。他提到的主要理由是：创作者无法实现自主版

---

①［日］白石さや著：『グローバル化した日本の漫画とアニメ』，学术出版会 2013 年版，第 247 頁。

②［日］杉山知之著：『クール・ジャパン 世界が買いたがる日本』，祥伝社平成 2018 年版，第 84 頁。

③ 又译作《神奇宝贝》。译法因时期与行业不同而有所差异。本书统一采用英译名：《精灵宝可梦》。

④［日］（公财）渥美国际交流财団関口グローバル研究会（SGRA）編集・発行：『SGRAレポート No. 0092 第 13 回 SGRAチャイナ・フォーラム　国際日本学としてのアニメ研究——メディアミックスとキャラクター　共有の歴史的展開』，2021 年版，第 53 頁。

权管理，会影响创作者保障权益。大冢英志教授指出了"媒介融合"的不利一面，也有一定道理。这也提醒我们，凡事都有正反两面，需要冷静全面地分析问题。尽管如此，从日本现代流行文化的发展历程看，"媒介融合"对于流行文化产业链的形成、产业的繁荣的确起到非常重要的作用。可以说，日本现代流行文化中，尤其是电影、动画的发展离不开"媒介融合"，并成为其发展特色之一。

  在日本流行文化产业发展过程中，经营衍生商品的商家的作用不容忽视。它们与文化商品制作单位、出版社、电视台等不同行业组成"形象联盟"，共同创造特定的角色形象，直接将其商品化；或是将角色形象用于自家营销的商品广告活动中，借此扩大产品收益。① 具体而言，首先，在生产环节，它们是参与文化商品制作的协作单位，是高投入高风险的文化商品制作必不可少的资金来源。它们的加盟不仅使制作单位获得充足的资金支持，还有助于角色形象更加符合市场需求。这就在一定程度上为文化商品制作公司降低风险，从而对文化商品的成功制作起到保障作用。其次，在销售环节，它们会利用自己的渠道来为文化商品发声，起到一定的宣传作用。再次，它们行动的最终目的当然不仅是为了文化商品，而是为了销售它们经营的印有人气文化商品中角色形象的衍生产品。事实证明，深受大众喜爱的角色形象会为衍生产品带来非常可观的销售业绩。有的衍生品的收益要远超文化产品本身的收益。例如，2019年公布的世界卡通形象在全世界总收益排行榜中，排名世界第一的是《精灵宝可梦》。在其高达921.2亿美元的总收益中，衍生品的收益为611亿美元，占到总收益的66.3%。② 衍生品生产厂家和商家正是看中了这一点才与文化商品制作公司协作。一方面，人气爆棚的文化商品的广告效应可以大大促进衍生产品的销售；另一方面，衍生品又成为文化商品的广告，融入民众日常生活的衍生品的畅销又直接推高了文化商品的人气。由此可见，日本流行文化的产业发展呈现出"众人拾柴火焰高"的态势，真正达到了文化商品制作

---

  ① ［日］白石さや著：『グローバル化した日本の漫画とアニメ』，学术出版会2013年版，第84页。
  ② 「1位はポケモン！キャラクター『メディアミックス』総収益の世界ランキングに日本の底力を見た」，https://finders.me/articles.php?id=1492.（上网时间：2020年8月12日）

第二章 作为软实力资源的日本现代流行文化

方、出版社、发行商、电视台、赞助商等协作单位合作共赢、共创辉煌的效果。而文化商品的人气爆棚、文化产业的繁荣发展,不仅给日本带来自信与前进的动力,还使日本文化受到世界关注。同时,也由此开启了日本文化的国际传播之路。

此外,值得一提的是,日本现代流行文化竞争力的提升不仅来自于国内相同领域文化产品相互间的竞争,还来自于和被引进的其他国家文化产品的竞争。第二次世界大战后,欧美国家的流行文化大肆涌入日本,外国电影的上映远远高于国产电影,外国的电视节目也成为电视的主角。当时日本的影视节目也仅仅处于模仿阶段。然而,自20世纪60年代末起,日本电视节目的收视率开始渐渐高于外国节目。"日本随着电视制作能力的提高,国产节目的收视率开始超过进口节目而居首位,外国节目渐渐从日本电视台消失。"① 由此可见,日本国内也存在流行文化的国际竞争。从在日本国内市场的较量结果看,日本流行文化产品已经具备一定的国际竞争力,为日本流行文化产品走向世界、参与国际竞争奠定了基础。

二、凝聚力

日本现代流行文化具有的凝聚力主要体现在两个方面:一是日本现代流行文化在国内民众中的普及程度之高实属罕见。漫画便是最典型的案例。没有哪个国家能像日本那样几乎达到全民皆看漫画的程度。从儿童、少年、青年、成年、中年,甚至到老年,均能找到适合自己年龄段的漫画。可以说,漫画伴随着一代又一代日本人的成长,是最为普及的流行文化。乘坐电车的成年人津津有味地翻阅漫画杂志的现象常常令外国人感到莫名其妙。实际上,漫画杂志除供人们娱乐消遣外,还提供了大量的信息。自20世纪80年代起,日本漫画开始拓展新题材,将历史、经济、法律、文化等多个领域的基础知识通过漫画这一传播媒介介绍给读者,人们也乐意从漫画中获取这些通俗易懂的信息。此外,少年漫画杂志吸引日本成年男性的另一个重要原因是积极的价值观。《周刊少年JUMP》编辑后藤广喜曾经提到,漫画杂志"给人们展示了这样的信念:只要你努力工作,

---

① [日]伊滕阳一:《国际传播与一国的文化一致性》,胡正荣译,《现代传播》1991年第2期,第17页。

你就能有所成就。这正是我们的故事想要告诉人们的,这样的哲理既吸引儿童又吸引成人"①。漫画故事中平民英雄的榜样力量为民众提供了精神支撑,作品所传递的"正义、和平、友情、团结、协作、努力、希望、胜利"等放之四海而皆准的价值理念有助于人们恢复精气神、勇敢迎接新的挑战。二是流行文化的产业集群以及"形象联盟"的通力合作使得日本流行文化以整体形式出现在受众面前,大大提高了日本流行文化整体的竞争力。一个精彩的高人气漫画故事能带动漫画、电视动画、动画电影、电子游戏等产业形成一个完整的产业链,这是日本流行文化产业的独特风景。同时,日本流行文化产品制作企业并非单打独斗,而是与出版社、电视台、赞助商等成立制作委员会,结成"形象联盟",为推出质量上乘的文化产品而齐心协力,打造精品。尽管制作委员会中各个单位本质上都是为了自身利益而行事,但这种形式也将各家单位凝聚成一体,形成"众人拾柴火焰高"之势,最终实现共赢。

三、生命力

日本现代流行文化从较为低俗的大众娱乐发展成普遍受到广大民众青睐的流行文化,从面向少儿的廉价读物发展为成熟的文化产业链,从弱势文化发展为能够与欧美相提并论的优势文化,其所经历的这些成长本身就说明它具有蓬勃向上的生命力,也体现出日本流行文化产品制作者的周到用心。他们在充分了解受众需求的基础上,找准目标定位、精确市场分析,竭力满足受众感受,最终迎来一次又一次流行文化热潮。

但是,日本现代流行文化自身的发展也并非一帆风顺。例如,部分日本流行文化产品中具有色情、暴力等内容,加上受众花费时间过多,导致儿童、青少年的家长纷纷投诉,甚至掀起抵制运动。尽管日本流行文化中存在一些低俗、恶俗的内容,但它们无法掩盖优秀作品的光芒。从激烈的市场竞争中胜出的流行文化作品经得起社会大众的检验。又如,日本流行文化遭遇发展瓶颈也难以避免。这方面,漫画较为典型。3—4年通常是漫画的一个周期,读者因长大而逐渐追求新的漫画类型、新的故事内容等,

---

① [英]保罗·格拉维特著:《日本漫画60年》,周彦译,世界图书出版公司2013年版,第59页。

因此，漫画家必须为适应新一批读者而改变风格。这就导致部分漫画家被淘汰或转型。只有那些以"读者和观众至上"为理念，及时调整自身的制作者能最终挺过这一难关。再如，有的流行文化在海外惨烈的竞争中遭受打击、节节败退。日本电子游戏便是典型。受国内市场萎缩、欧美国家游戏产业赶超、金融危机等因素的影响，日本游戏生产厂商凭借细致的市场调研、潜在需求的深入挖掘、差异化发展等方法最终出奇制胜并获得可持续发展。日本任天堂公司践行"扩大玩家队伍战略"[1]，不断扩大玩家群体的年龄层，以新奇的产品成功吸引到大量原本不玩或不愿意玩游戏的人，在销售上再创奇迹。上述案例再度证明，经历风雨后就会见到彩虹，只要方法得当，危机也会变为转机，成为实现新辉煌的起点。

四、创新力

日本现代流行文化的创新力之强大有目共睹。它的创新可谓无处不在，也并非空穴来风，而是有迹可循。它建立在对优秀流行文化产品的模仿和改编的基础上，也源自于对日常生活的敏锐观察并从中获得灵感和启发，还通过与他国同类文化进行比较研究后找到具体的创新方法并落实到行动中。具体而言，日本艺术家善于利用世界文学名著、神话故事等进行创新改编。例如，中国古典文学名著《西游记》《白蛇传》《水浒传》等被改编成漫画、电视剧、动画电影等。手冢治虫创造的最著名的角色形象铁臂阿童木就是在意大利著名童话故事主角匹诺曹的基础上进行的创新。鸟山明最初在创作漫画《龙珠》时就借用了《西游记》中的某些元素。宫崎骏的多部电影均取材于世界知名文学作品。显然，他们的意图是通过利用已获社会认可的作品中的某些元素来达到降低风险、保证一定的票房和收视率的目的。但在与受众拉近距离之后，文化作品最终还是凭借创新特色给受众带来的新奇感受、情感共鸣等脱颖而出。任天堂公司正是出于对日常生活的敏锐观察，果断实施"扩大玩家队伍战略"，将游戏软件的研发重心转到日常生活领域，开发出以日常生活为主题的启智类游戏、保健类游戏，吸引大量原本不会游戏、不愿意玩游戏的成年人、中老年人迅速成为轻度玩家。任天堂公司又一次出奇制胜、大获成功。

---

[1] ［日］井上理著：《任天堂哲学》，郑敏译，南海出版公司2018年版，第108页。

在电视动画方面，最初创作电视动画时，手冢治虫团队通过研究美国有线动画的特点并对照找差距，发现差异之后，决定另辟蹊径，实行差异化发展，做别人没有做过的事情，即把"生动有趣、复杂而有深度的长篇故事"① 视为自己动画的独特魅力。

日本流行文化资源的创新力既体现在涉及题材、主题、类型等文化内容方面的创新，也体现在技术运用、表现手法、产品运作模式等方面。例如，日本电影中的特摄片、漫画动画中的人型机器人故事、游戏中贴近生活的启智类游戏和保健类游戏等均为日本独创的特色作品。为落实制作电视动画这一愿景，手冢治虫团队想方设法在资金来源、商业模式、制作方法等方面创新实践。由于制作电视动画需要庞大的资金投入，手冢治虫决定创立新的商业模式，即动画制作公司、电视台和赞助商之间形成合作伙伴关系，共担风险，各尽其能，合作共赢，从而实现电视动画的商业化运作。其中的"商品化计划"就是通过出售动画中角色形象的使用权来填补制作动画产生的亏空。为了节省制作费用，手冢治虫团队采用省力化做法，即把原本1秒24帧的动画减少至1秒8帧以减少绘图工作量。另外，他们还在制作过程中摸索出一套有限动画片的制作规则，终于克服了技术难题。事到如今，这种原本为了节约成本和时间精力而想出来的省力化做法，已经逐渐成为电视动画业界的规则，引来欧美国家的文化产品制作者纷纷效仿。

---

① [日]山口康男编著：《日本动画全史——日本动画领先世界的奇迹》，于素秋译，中国科学技术出版社2008年版，第164页。

第三章 日本现代流行文化的国际传播

本章首先阐述日本现代流行文化，即传统电影、动画电影、电视剧、电视动画、漫画、电子游戏这几种媒介文化跨越国境、实现国际传播的历程，然后根据传播学理论详细分析传播过程中的要素，重点论述日本流行文化如何跨越文化障碍、实现语言转换和文化对接。

第一节 日本现代流行文化国际传播的历史演进

本节从历史角度来简要梳理日本现代流行文化中的主要门类跨越国境、实现国际传播的历程，并阐述日本流行文化成为世界流行文化的经过。

一、传统电影的国际传播

第二次世界大战后，欧美国家开始恢复举办国际电影节，以促进世界电影文化的振兴。1951年，黑泽明导演的《罗生门》获得威尼斯国际电影节金狮奖。该片的获奖"在提高日本电影的地位乃至日本文化价值的同时，也为国际社会重新认识日本电影以及日本文化作出很大贡献"[1]。国际电影节不仅是世界电影一决高下的赛场，还是电影交易的国际大市场。《罗生门》由此走向世界，获得来自多个国家的电影发行公司的订单，赚得大量外汇。以此为契机，日本电影频频亮相各大国际电影节，成为提高日本电影的国际存在感和获取外汇的重要手段。20世纪50年代，日本电

---

[1] ［日］松村正義著：『新版国際交流史——近現代日本の広報文化外交と民間交流』，有限会社地人館2002年版，第344頁。

影在国际电影节多次获奖,大大提振了日本电影以及日本民众的自信。日本电影业界不仅积极参加著名的国际电影节,还于1953年联合中国香港邵氏电影公司结成东南亚电影制作者联盟,于1954年在东京举办了第一届东南亚电影节,以振兴日本电影出口产业。① 此外,日本大映电影公司还与中国香港、中国台湾、泰国、法国的电影公司合作拍片,通过这种方式来赚取更多外汇。自20世纪50年代起,一些实力雄厚的日本电影公司在美国设立电影院,专门放映日本电影。还有一些日本人经营的电影院也为日本电影的出口与传播尽心尽力。至20世纪80年代,这些电影院相继关闭,取而代之的是艺术影院。黑泽明、宫崎骏、大友克洋、押井守等日本电影史上重量级导演拍摄的影片都曾在那里上映过。

日本电影还是国家间文化交流的重要手段。以中日两国为例,中国于1956年和1957年分别举办"日本电影周""亚洲电影周",日中友好协会和日中文化交流协会提供全面协助,赠送、交换多部日本电影。中日两国缔结《中日和平友好条约》后,中国自1978年起恢复举办"日本电影周"和实现两国电影人互访,重启中日电影交流。此类友好交流活动一直持续到1991年。1972年,日本外务省管辖的机构国际交流基金成立后,使日本电影巡回展、回顾展在世界各地成为一项常规活动。1985年,日本电影回顾展首次在中国举办。此外,中日两国电影人还将合作拍片作为增进中日友好的手段。例如,《一盘没有下完的棋》《敦煌》等均为经典佳作。之后,中日合拍片的良好势头一直延续下来。2018年5月,李克强总理访问日本期间,中日双方签署了一系列合作协议,其中就有《中华人民共和国政府与日本国政府关于合作摄制电影的协议》。

20世纪90年代后期,日本电影在国际电影节接连获奖,再次提高了日本电影在世界电影之林的存在感。与20世纪50年代不同,这一时期获奖的多为独立制片人导演的影片。另外,随着科技的进步,日本著名导演的经典作品以VCD、DVD等新媒介形式出现在国外的影像市场。日本电影也时常在国外的电视台播映。例如,中国中央电视台电影频道于1996年1月正式开播,陆续推出外国经典电影,日本电影也在其中。

---

① [日]岩本宪儿编:『日本映画の海外進出——文化戦略の歴史』,森話社2015年版,第186頁。

进入21世纪,大量年轻的独立制片人崭露头角,并在多个国际电影节上获奖,成为21世纪日本电影的一大亮点。此外,发达的网络为日本电影的国际传播提供了时间和空间的便利,视频网站成为电影播映的另一主要平台;平板电脑、智能手机等智能移动终端成为人们观赏电影的全新重要载体。这不但改变了电影的观赏手段,还吸引了大量不愿前往影院观看电影的网友成为观众。其中有些网友不满足于自己欣赏电影,还自发成为新的传播者,利用网络空间发表影评、观影感受等信息。

综上所述,参展国际电影节打开了日本电影通向世界的大门,并成为日本电影国际传播的主要渠道。黑泽明、小津安二郎、北野武等日本导演也因在国际电影节上获奖而蜚声海外。与国际电影节相关联的电影交易市场是日本电影开拓国际市场、赚取外汇的主要途径。日本电影还被用作文化交流的手段,为促进国际理解、加强友好关系作出一定贡献。科技进步导致电影载体、传播方式以及传播渠道的多样化,为日本电影开辟了更为广阔的市场,提升了日本电影国际传播的速度与广度。

二、动画电影的国际传播

日本动画电影最初也是通过参展国际电影节走向世界并获奖的。在短篇动画领域,1953年,独立制作人大藤信郎的动画片《鲸》获得国际奖项,在艺术创作方面得到国际社会的肯定,同时也拉开了日本动画电影国际传播的帷幕。之后,国际动画电影节相继设立,日本的实验性动画作品时常参赛。例如,手冢治虫的《跳》(1984年)、《老胶片》(1985年)分别在萨格勒布和广岛的国际电影节获得大奖,充分展现出日本动画电影的实力。另外,在长篇动画领域,东映动画公司摄制的第一部国产长篇动画《白蛇传》(1958年)获得欧洲国际电影节大奖。自20世纪90年代起,宫崎骏的电影备受世界瞩目。《红猪》(1993年)获得法国安纳西国际动画电影节最佳长篇作品奖,《千与千寻》更是先后荣获柏林电影节金熊奖(2000年)、美国奥斯卡金像奖(2002年),为动画电影赢得前所未有的赞誉,"意味着日本动画片开始成为当代日本文化的代表"①。此后,日本动

---

① [日]津坚信之著:《日本动画的力量——手冢治虫与宫崎骏的历史纵贯线》,秦刚、赵峻译,社会科学文献出版社2011年版,第42页。

画成为亮相国际动画电影节的常客,导演山村浩二、新海诚、今敏等均凭借出色的作品获得国际动画电影节大奖。在国际电影节获奖,不仅是为国家赢得荣誉,更是为商业电影打开了销售渠道。日本电影在国际上获得好评常常成为国外电影发行商决定是否引进日本电影的一个重要参考。

除了参展国际电影节这一途径外,日本动画电影大多通过商业渠道进入欧美电影市场。与国际电影节联动的电影交易市场是电影公司打开世界销路的突破口。此后,经过多年的经验累积,电影公司便摸索出自己的销售渠道。例如,日本最大的动画公司东映动画公司在20世纪60年代初就有《西游记》等几部动画电影进入美国市场。之后,由于电影市场整体衰弱,日本动画电影的出口也随之减少。大友克洋的《阿基拉》于1989年和1990年分别在美国、英国的艺术影院公映,彻底颠覆欧美公众对动画电影的认知,获得欧美电影专业人士的高度评价,同时成为日本动画进入欧美市场的重要契机,欧美国家的发行商陆续向日本动画电影发出订单。

录像带、VCD、DVD等新媒体的普及为电影的发行开辟了广阔天地。自20世纪80年代起,日本动画电影以录像带的方式行销海外。其中,1996年,押井守导演的《攻壳机动队》在美国《公告牌》杂志录像带销售排行榜上成为周销售冠军。[①] 此后,DVD也成为日本动画电影发行的主渠道之一。进入21世纪,网络技术带来崭新的商机和市场。通过视频网站可以随时随地反复观赏电影,这吸引了大量不愿去影院看电影的普通观众,大大拓宽了动画电影国际传播的范围。

综上所述,日本动画电影同样是通过参加国际电影节等方式走上世界舞台的。无论是实验性动画电影还是商业动画电影,日本都因频频获奖而声名远扬。宫崎骏、高畑勋、今敏等导演指导的商业动画电影便是典型。商业动画电影主要还是通过商业渠道来打开国际市场销路。国外发行商觅得商机后,也会主动引进日本动画电影并宣传造势。另外,录像带、VCD、DVD、网络等新媒介的涌现为日本动画电影的国际传播开辟了新渠道、提升了传播速度、扩大了传播范围。

---

① [日]山口康男编著:《日本动画全史——日本动画领先世界的奇迹》,于素秋译,中国科学技术出版社2008年版,第114页。

三、电视剧的国际传播

1961年,日本电视剧《我想成为贝》在联邦德国、瑞士、澳大利亚等地播映,由此开启日本电视剧的国际传播。20世纪60年代,日本电视节目成为促进国际友好、加强国际理解的重要手段,主要以节目交换等方式进行文化交流。尽管也有节目销售的情况,主要销往西欧、北欧、美国、澳大利亚等发达国家,但由于利润微薄,因此难以成为争创外汇的手段。此外,亮相国际电视节也是日本电视节目获得世界认可并进入国际市场的重要渠道,当时获奖的以纪录片为主。

20世纪70年代以来,日本电视节目的国内市场较为繁荣。同时,日本的电视台、电视节目制作公司也通过参加设在法国的戛纳电视节,为作品打开欧美国家的销路。电视台在获得电视节目的海外销售权后,便开始向亚洲市场销售电视剧,当时的主要市场是中国香港。通过影视节目中介公司,日本电视剧的人气作品大量进入中国香港,并且在黄金时段播放,引发第一波日剧热潮。此后,日剧成为香港电视台必不可少的节目。日剧种类繁多,有体育剧、青春励志剧、警匪剧、武士剧、少儿特摄剧等。值得注意的是,"日剧在香港的流行并非日本政府或企业在背后推动什么'文化外交'政策下的产物。长期以来都是香港电视台及观众采取主动,日本电视台反映并不热衷,价格偏高及诸多附加条件成为日剧出口障碍"[①]。

进入20世纪80年代,在1978年中国与日本缔结《中日和平友好条约》的背景下,大批日本电视剧和动画片出现在中国的电视荧屏。《姿三四郎》《排球女将》《血疑》《阿信》等电视连续剧反映主人公健康向上、坚韧不拔的拼搏精神,在中国引起轰动,掀起日本电视剧热潮。其中,电视剧《阿信》由日本国际交流基金会免费提供播映权,不仅在中国播映,还在新加坡、泰国、埃及、伊朗等国陆续播出,反响强烈。1983年6月和9月,国际交流基金会组织电视节目交流调查团先后两次考察南亚、东南亚的十个国家之后,得出结论并建议"研究尽快成立一个专门负责向发展中国家提供电视

---

① 吴伟明:《日本流行文化与香港》,商务印书馆(香港)有限公司2015年版,第39页。

节目的公共机构"①。此后，发展中国家便成为日本电视节目国际传播的重点对象。20世纪80年代，日本还积极展开国际合作，与国外同行合作拍片。例如，《丝绸之路》是中日合作的重要成果。据统计，日本广播协会在此10年间合作拍摄的电视节目接近100部。② 20世纪80年代，美国各地都设有播放日剧的电视频道，尤其在西海岸和夏威夷等日裔美国人集中居住的地区。因此，美国也成为日本电视节目输出的主要地区。

20世纪90年代，日本电视节目不断走向世界。1991年，放送节目国际交流中心（JAMCO）成立，助力发展中国家发展广电事业。它得到日本国内电视台的协助，制作电视节目的外语版本并无偿提供给亚洲、非洲、中南美洲的发展中国家。节目种类繁多，有动画片、电视剧、少儿节目、教育节目、纪录片等。卫星电视的开播使亚洲市场继续扩大。至20世纪90年代中后期，《东京爱情故事》《同一屋檐下》《悠长假期》等日本青春偶像剧在亚洲地区掀起第二次日剧热潮。另外，录像带、VCD等新型娱乐媒介迅速成为受众接触日剧的主要途径。同时，盗版也开始盛行。

进入21世纪以后，日本电视剧出口急转直下，难以再现往日辉煌。除了人口减少、国外同行竞争激烈、日剧性价比相对较低等外因，还有国外市场过小、电视剧自身存在问题等内因。另外，日本政府通过制定政策等措施支持日剧等内容产业的海外贸易。之后，盗版行为有所收敛，文化产品海外流通促进相关机构成立，主要致力于日本文化产业的发展、国外游客的增加、日本形象的改善以及日本品牌的树立等。此外，互联网和宽带等技术的发展导致视频网站等新型媒介的诞生。日剧登陆国外视频网站，为世界范围的受众提供了观看的机会，带来了新的经济增长点。"从2010—2015年，日本的电视节目出口额扩大了4倍以上。节目出口不仅可以向海外展示日本的魅力，还扩大了电视台的收入来源。"③

---

① ［日］松村正義著：『新版国際交流史——近現代日本の広報文化外交と民間交流』，有限会社地人館2002年版，第375頁。

② ［日］大場吾郎著：『テレビ番組海外展開60年史——文化交流とコンテンツビジネスの狭間で』，人文書院2017年版，第170頁。

③ 《日媒：日本想成亚洲最大电视节目出口国，但遇到依赖中国问题》，https://www.guancha.cn/Neighbors/2017_04_25_405231.shtml.（上网时间：2020年8月23日）

第三章　日本现代流行文化的国际传播

纵观日本电视节目国际传播的简要历史，可以发现日本电视节目的国际传播明显具有以下四个特点：其一，日本电视节目最初走上世界舞台也主要是通过国际电影电视节以及国际电视交易市场的方式。通过频繁参展、相互切磋，日本电视节目的存在感不断提高，制作精良的日本电视节目的信心也得到大大提振。其二，加强国际理解、友好交流是日本电视节目国际传播的一个主要目标。在日本，与发达国家进行节目交换、对发展中国家无偿援助电视节目以开展国际传播的主角是日本广播协会等电视台。在日本政府开发援助基金的支持下，向发展中国家国营电视台无偿提供电视节目，不仅可以提高对象国民众对日本电视节目、日本、日本人的认知与理解，援助行为还给对象国留下了美好印象，从而提升日本的国际好感度。其三，日本电视节目主要流向亚洲、南美洲等发展中国家。自20世纪50年代，日本经济的腾飞无疑吸引了国际社会众多目光。对当时的发展中国家而言，日本就是"先进"的代名词。日本流行文化自然也成为焦点备受关注。在日本电视节目的引进方面，亚洲等国家和地区显得更为积极。日本不必主动开拓亚洲等市场，订单也会"不请自来"。20世纪90年代日本电视节目盗版在亚洲的盛行也从另一个侧面证明了日本电视节目对亚洲发展中国家民众的吸引力。其四，从商业角度来看，尽管日本电视节目在亚洲等地的发展中国家需求旺盛，但由于发展中国家的消费水平较低，日本电视节目的收益不大、利润微薄，因此，日本电视节目制作单位和电视台的销售热情并不高，导致买方与卖方之间存在"温度差"。①

四、电视动画的国际传播

日本电视动画的国际传播始于1963年，手冢治虫的《铁臂阿童木》作为第一部长篇电视动画片通过商业渠道传到美国。同年，法国举办了第一届电视节目交易会（MIPTV），从此，电视动画有了走向世界的新途径。日本龙之子动画制作公司的《马赫GOGOGO》通过此途径进入美国市场，获得好评，之后美国市场的日本电视动画多以科幻题材为主。

日本东映动画公司开拓欧洲市场主要是在20世纪70年代。当时，意

---

①　[日]大場吾郎著：『テレビ番組海外展開60年史——文化交流とコンテンツビジネスの狭間で』，人文書院2017年版，第240页。

大利、法国、西班牙等因扩充电视频道导致片源短缺,于是从日本低价引进了大量日本动画片。其中,《阿尔卑斯山少女》《UFO 魔神古兰戴萨》《小甜甜》等电视动画进入了欧洲国家并引起极大轰动。

自 20 世纪 70 年代末,日本电视动画的精品陆续进入亚洲。以中国为例,1979 年,中央电视台开始播放《铁臂阿童木》。此后,多部优秀日本动画片接连在中国电视上播出,有《森林大帝雷欧》《尼尔斯骑鹅旅行记》《花仙子》《三千里寻母记》等。题材广泛,故事引人入胜,给中国儿童和青少年带来许多新奇感受,大受欢迎。值得注意的是,在这些片子中,有的是由购买了阿童木形象版权的日本企业以免费节目的形式给予电视台,以此换取广告播映机会;有的则是日本商家以极低价格出售给电视台的。①

自 20 世纪 80 年代,日本动画公司还将动画绘图等工作外包给东亚、东南亚的动画工作室并培训当地工作人员。例如,马来西亚的动画工作室还"负责输入和翻译日本动画系列"② 的工作。这样,《美少女战士》《龙珠》等日本流行动画片便通过这种方式顺利进入马来西亚市场。

日本电视动画的国际传播并非一帆风顺,可以说是挫折不断。20 世纪 60 年代末期,美国就以动画片中带有色情和暴力的画面、儿童不宜为由拒绝引进日本电视动画,导致日本电视动画此后很少有机会出口美国市场。1983 年,法国政府文化大臣贾·克朗公开指责日本电视动画在法国的播出是一种"文化侵略"行为,并通过制度减少日本动画在公营电视台的放映。③ 法国社会党议员塞格琳·罗雅尔女士曾于 1991 年著书批评日本动画,在当时成为热门话题。④ 此外,自 20 世纪 80 年代,录像机、录像带的普及也导致电视动画片盗版的出现,这种情况在亚洲地区较为普遍。

日本电视动画的国际传播离不开国外粉丝的活动。亚洲地区和美国的一些青少年在日本或短期停留或长期居住期间接触到日本电视动画之后,

---

① 关世杰:《国际传播学》,北京大学出版社 2006 年版,第 173 页。
② 王向华等编著:《泛亚洲动漫研究》,山东人民出版社 2012 年版,第 144 页。
③ [日]浜野保樹著:『模倣される日本——映画、アニメから料理、ファッションまで』,祥伝社 2005 年版,第 47 頁。
④ 同上书,第 47 页。

喜欢上了日本动画，成为粉丝。① 回国后，他们将日本动漫与同学、朋友分享，还想方设法组织集体观看。通过这种人际交流活动，日本电视动画开始在小范围传播。随着粉丝群体的壮大，有的粉丝从中觅得商机，在获得日本动画后自行翻译并制成字幕版出售，形成特定市场。即便是日本电视动画在欧美国家遇冷之际，国外粉丝的活动也未曾中断，甚至逐渐增多。它犹如星星之火，不但默默挺过寒冬，还暗自蓄积能量，逐步形成燎原之势。例如，1991年8月底至9月初，美国的日本动画粉丝在圣何塞组织了"日本动画大会91"活动。此后每年在美国各地都会举办各种类似的活动。2000年6月底至7月初，美国粉丝在美国举办的"日本动画·博览会2000"，成为美国最大、历史最悠久的粉丝集会，吸引来自日本、英国等多个国家的粉丝参加。② 自20世纪90年代，随着经济逐渐全球化，粉丝对日本电视动画，尤其是原版日本动画的需求与日俱增。搞到原版日本动画之后，粉丝自发组成字幕组进行翻译，并通过互联网将经过编辑的原版日本动画传播开来。通过网络观看带有字幕的原版动画逐渐成为21世纪国外受众欣赏日本流行文化的一个主要方式，这大大加速了日本原版动画的国际传播。

　　20世纪90年代初，大友克洋的动画电影《阿基拉》在欧美国家的艺术剧院公映，并获得欧美电影专业人士的一致好评。一般认为，这是日本动画在欧美国家传播的转机。当然，没有之前欧美国家粉丝群体活动形成的基础，就不会迎来这次转机。自此，欧美国家的发行商才开始关注并引进日本的动画电影和电视动画，意图在这个新兴市场掘金。《美少女战士》等也是在这一时期被引进美国，吸引父母和孩子共同观看。20世纪90年代末期，电视动画《精灵宝可梦》在美国广受青睐，带动了电子游戏和卡牌游戏的火爆销售。该动画片不仅在美国的地方电视台播映，美国迪士尼的子公司获得版权后也在其主流电视网播映并大获成功。1999年，剧场版动画电影《精灵宝可梦》在美国主流院线大规模公映，在全球掀起了"精灵宝可梦热"。至此，日本电视动画和动画电影为国外受众所熟知。

---

　　① ［日］白石さや著：『グローバル化した日本の漫画とアニメ』，学術出版会2013年版，第210页。

　　② 同上书，第305页。

21世纪，日本动画电影风靡世界，屡屡获奖，也带动了日本电视动画的海外发行。另外，DVD等新兴媒介的出现又加速了日本电视动画的国际传播。发达的国际互联网也使得电视动画瞬间传遍世界各地。电视台通过向国外视频网站销售电视动画，吸引了大批国外受众。人们可以通过手机、平板电脑等智能移动终端收看日本动画。这一时期的国外受众充分利用国际互联网带来的便利，大大加速了日本动画国际传播的速度、广度和深度。他们在网络上的交流平台，与志同道合者分享相关信息、共享相关影像，有的以自媒体形式发布信息、发表评论等，大大促进了日本电视动画的全球化。

综上所述，日本电视动画的国际传播具有以下六个显著特点：第一，日本的商业电视动画具有高成本、高风险的特性。制作单位为填补制作费的赤字，需要积极拓展海外市场。虫制作公司、东映动画公司便是典型代表。第二，国外需求是日本电视动画走向世界的一大前提条件。例如，20世纪60年代初的美国、20世纪70年代的欧洲国家均出现节目短缺的情况，日本电视动画因此走向海外。第三，日本电视动画国际传播的另一渠道是人际传播。国外粉丝因爱好将日本电视动画带入本国，与他人分享之后又发展出粉丝市场并逐渐形成规模。他们对日本原版电视动画的引进起到了重要作用。第四，尽管日本电视动画最先在欧美国家流传，但并未获得官方认可。传到欧美国家的电视动画多以科幻机器人类动画、美少女类动画、奇幻类动画等为主。另外，在亚洲发展中国家也掀起了日本动画热。传播的题材、内容的丰富程度远超在欧美国家传播的内容。盗版对日本电视动画在亚洲等地区的传播起到一定作用。第五，日本电视动画开始获得欧美国家认可是在20世纪90年代。《龙珠》《美少女战士》《新世纪福音战士》《精灵宝可梦》等精品电视动画博得欧美国家受众的好评。自此，日本电视动画在全球掀起日本动画热。第六，各种新型大众传播媒介的出现大大拓展了日本电视动画的商业发展空间，加速了其国际传播的速度。

五、漫画的国际传播

20世纪70年代，日本国内市场日趋繁荣兴旺，出版商根本无暇顾及国外市场。漫画要进入国外市场，需要根据对象国的需求与习惯修改大量内容，费时费力。再加上东亚、东南亚的物价水平低下，国内出版商由此预判出口海外也无法获得收益。① 因此，日本出版商向国外出口漫画的意愿并不强烈。日本漫画传到东亚、东南亚，最初还是草根民众的活动在起作用。这一点与日本电视动画国际传播的初期相似。一些具有日本居住经历的青少年，在研修、留学、寄宿期间喜欢上了现代日本漫画，他们回国后还渴望阅读日本漫画的续集，于是想方设法获得漫画单行本，并分享给朋友和家人。复印机的发明给漫画的国际传播带来了便利，由此，日本漫画便以盗版形式传播开来。另外，盗版的盛行也意味着日本漫画在东亚、东南亚国家具有很大的市场潜力。于是嗅觉敏锐的国外商家便与日本出版商洽谈引进正版事宜，由此可见，国外商家是日本漫画走向亚洲的一个重要推手。

与亚洲相比，日本漫画传播到欧美国家要晚一些，而且，欧美国家往往是先引进日本电视动画。除了前面提到的日本出版商方面的原因之外，也有欧美出版商方面的原因。因为引进日本漫画远比引进动漫麻烦，翻译、版面改动、内容修改等事情都需要投入大量人力物力。随着日本动画在欧洲开始盛行，青少年对日本漫画的需求增加，意大利出版商首先翻译出版《小甜甜》，西班牙立即引进该翻译版本，成为畅销漫画。② 在20世纪60年代，美国的一家出版商曾经出版发行过《铁臂阿童木》英文版，此外，1987年也就只出版了一部漫画的英文版。③ 由此可见，日本漫画在欧美国家的发行并非易事。

以大友克洋的漫画《阿基拉》为契机，现代日本漫画才真正开始大量传播到欧美国家。美国漫威漫画公司于1988年推出该漫画的英文版，引起轰动。"这部漫画从真正意义上俘虏了大批西方青年。"④ "《阿基拉》为日本漫画打开了欧洲的大门。"⑤ "1991年，《阿基拉》在德国翻译出版，带

---

① ［日］冈田美弥子著：『マンガビジネスの生成と発展』，中央経済社2017年版，第123页。

② ［英］保罗·格拉维特著：《日本漫画60年》，周彦译，世界图书出版公司北京公司2013年版，第154页。

③ 同上书，第155页。

④ 同上书，第155页。

⑤ ［日］寺澤行忠著：『ドイツに渡った日本文化』，明石書店2017年版，第32页。

来了很大的冲击。"① 此后，日本漫画在欧美国家的销量大增。另外，欧美漫画市场也在发生改变。出版商们在出版样式上做出改变，采用日本的版本——黑白色和右开本印刷。1993年，法国出版发行了《龙珠》的翻译版，成为畅销读物。1998年，德国版《龙珠》单行本除了翻译成德语以外，其他内容也一并参照日本漫画的式样。② 日本原版漫画也随着人们渴望读到原版的呼声高涨，进入欧美国家。例如，1995年，法国出版了未经删改的鸟山明的作品《IQ博士》。1998年，美国出版了《地狱变》未删节版本。③ 后来，为满足读者需求，欧美市场甚至出现了未经翻译、原汁原味的日本漫画。

20世纪90年代中期，日本国内漫画业达到顶峰，之后便逐渐衰落。国内市场的饱和引发日本漫画出版商也开始积极把目光投向国外市场。1996年，日本东京流行出版社按照日本漫画的色彩和版式直接出版漫画书。④ 值得关注的是，在20世纪90年代，日本漫画杂志也逐渐进入欧美市场。东京流行出版社发行了《混合志》《微笑》两本漫画杂志。美国维兹公司发行了美国版的月刊杂志《少年JUMP》。⑤

进入21世纪，随着日本动画风靡世界，作为纸质媒体的漫画书籍和漫画杂志也水涨船高，国外市场销量大增。另外，数字技术的进步和网络发展使电子漫画书获得快速发展。读者可以利用平板电脑、智能手机等新媒体来阅读。发达的网络可以使电子漫画书在发布瞬间传遍世界各地，这无疑为日本漫画的国际传播开辟了最新的渠道和广阔的空间。

综上所述，日本漫画最初以盗版形式出现在亚洲，逐渐形成市场后，亚洲商家开始引进。日本漫画尽管在亚洲广泛传播，但由于利润微薄、盗版盛行等问题，日本漫画的出版社对亚洲市场并未主动投入关注。日本漫画在欧美国家开始大量传播始于20世纪80—90年代。随着日本电视动画的传播，日本漫画的传播也随之兴盛起来。应读者需求，欧美国家出版的

---

① ［日］寺澤行忠著：『ドイツに渡った日本文化』，明石書店2017年版，第33頁。
② 同上书，第33页。
③ 同上书，第155页。
④ 同上书，第156页。
⑤ 同上书，第156页。

第三章　日本现代流行文化的国际传播

漫画从最初的翻译版本转变为原版并且是未经删减的漫画，而且在出版样式上也逐渐转变为日本原版版式。20世纪90年代中期，由于国内市场逐渐萎缩，日本出版社开始主动进军海外市场，发行漫画单行本和杂志。进入21世纪，电子漫画开始出现在各种新型传播媒介上，极大地促进了日本漫画的国际传播。

六、电子游戏的国际传播

日本电子游戏的国际传播主要由日本游戏生产厂商通过商业渠道展开。1979年，日本太东公司的游戏软件《太空侵略者》最先进入美国市场，获得了街机游戏的市场份额。20世纪80年代中期，世嘉、任天堂等电子游戏厂商通过设立分公司、配销中心等方式进军海外市场，凭借新颖的产品、低廉的价格和贴心的服务很快占领了游戏市场。任天堂公司出品的《超级马里奥兄弟》是20世纪世界上最受欢迎的电子游戏。20世纪90年代，任天堂、世嘉和索尼公司称霸世界游戏市场，"占据了全世界80%以上的市场份额"，[①] 赢得了无数海外玩家。玩家数量决定了电子游戏产业的成败，由此可见日本电子游戏生产厂商海外营销战略的成功。

进入21世纪，尽管遇到国内市场萎缩、欧美国家游戏产业赶超、金融危机等困难，但日本游戏生产厂商利用创新这一武器屡次创造出令人惊喜的游戏主机和软件，满足玩家的各种需求，并不断扩大玩家群体的年龄层，吸引更多轻度玩家。另外，科技进步使在线游戏、手机游戏在这一时期获得前所未有的大发展，并逐步成为游戏产业的重点。尤其是进入智能手机游戏时代之后，日本手机游戏也进入国际市场。最为成功的案例是AR游戏《精灵宝可梦GO》。这款游戏"发布之后连续三个月在全球社交媒体引发了病毒式传播，仅仅花了90天的时间就创造了6亿美元收入"。[②] 由此可见网络和社交媒体的威力。许多小公司也纷纷加入手游领域，开发原创的游戏产品，获得成功。例如，2018年发布的一款名为《旅行青蛙》的游戏也获得空前成功，"总下载量大约为3800万，在这当中90%都是中

[①] 茶乌龙主编：《知日：日本游戏完全进化史》，中信出版集团2019年版，第144页。

[②] 同上书，第147页。

国的用户"①。

以上考察的是日本现代流行文化代表性门类国际传播的简史。不难发现，因门类不同，日本流行文化传播到海外的时间、地区、传播渠道和内容均不尽相同。最为明显的一个特征是：传播到欧美国家的日本流行文化产品多为故事背景与日本社会历史现实并无太多关联的作品，如科幻类、奇幻类故事，易于理解。而传播到亚洲、南美洲等地的日本流行文化产品中，不仅有此类作品，也有与日本社会历史现实密切相关的作品，如《樱桃小丸子》《哆啦A梦》等都大受欢迎。绝大部分影视作品也属此类，因此传播范围有限，仅在亚洲、南美洲地区较为流行。至20世纪90年代，适合成年人欣赏的漫画、动画电影出现在欧美国家市场，引起欧美国家专业人士以及商家的重视。由此，各种门类的流行文化陆续登陆欧美市场，逐渐靠近世界流行文化的中心。20世纪90年代末，电视动画、电子游戏、卡牌、动画电影这些大众媒介围绕《精灵宝可梦》形成联动，与海外商家合力掀起了日本流行文化的全球热潮。自此，日本流行文化站在了世界流行文化舞台的中央，成为世界级流行文化。21世纪初，由于日本国内市场萎缩、日本与周边国家关系遇到波折，日本文化产品的制作单位和商家，以及日本政府均开始放眼国外，意图开拓海外新市场，并利用现代流行文化为切入点进行文化外交以增进国际理解、改善与他国的关系、维护地区和平与稳定。随着数字技术、网络技术的发展，日本流行文化作品不仅拥有了更多新型载体和传播渠道，而且通过网络，其传播速度、广度和深度均获得飞速提升。

第二节　日本现代流行文化国际传播的态势分析

本节从整体的角度来分析日本流行文化的传播过程，重点论述日本流行文化如何跨越文化障碍、实现语言转换和文化对接。在传播学基础理论中，哈罗德·拉斯韦尔传播过程模式闻名遐迩，它又被称为"五W模式"，包含了传播过程的所有要素，即"谁"（Who）、"说什么"（Say

---

① 茶乌龙主编：《知日：日本游戏完全进化史》，中信出版集团2019年版，第150页。

What)、"通过什么渠道"（In Which Channel）、"对谁说"（To Whom）、"产生什么效果"（With What Effect）。本节将依据该理论来分析日本流行文化的传播过程，重点分析传播主体、传播渠道、国外受众以及对外传播的内容。

一、传播主体

日本现代流行文化的国际传播主体呈现多元化的特征，涵盖了政府、企业、社会组织和个人这四个类型。

（一）日本政府的角色

第二次世界大战后，日本将振兴贸易和出口创汇列为头等大事。在电影《罗生门》荣获威尼斯电影节最高奖项金狮奖，并打开国际市场销路、赚得大量外汇后，"通产省把电影当作出口产业的希望并积极推荐日本电影参展"，电影产业与煤炭、钢铁一并成为主干产业。[①]

自1953年起，日本陆续与多个国家签署友好条约以及文化协定等政府性文件，为文化外交铺平了道路。文化交流的具体事宜通常交由具有半官半民性质的机构来具体操作，如日本广播协会、国际交流基金会等。以中国为例，1978年，中日两国缔结《中日和平友好条约》，1979年签署了《中日文化交流协定》。20世纪80年代，大量日本电影和电视剧被引进中国，成为那个时代中国人共同的记忆。同一时期，日本广播协会"将国际共同制作作为海外业务的另一重要支柱"[②]。它与中国中央电视台开展合作，拍摄了《丝绸之路》。后来，日本将该片无偿提供给亚洲部分国家，并作为素材销售给欧美国家。[③] 2018年5月，李克强总理访问日本期间，中日双方签署了一系列合作协议，其中就有《中华人民共和国政府与日本国政府关于合作摄制电影的协议》。

自20世纪80年代，卡通形象就被用于国际文化交流。例如，1983

---

① ［日］岩本憲児編：『日本映画の海外進出——文化戦略の歴史』，森話社2015年版，第182頁。

② ［日］大場吾郎著：『テレビ番組海外展開60年史——文化交流とコンテンツビジネスの狭間で』，人文書院2017年版，第166頁。

③ 同上书，第168页。

年，凯蒂猫被美国联合国教科文组织协会任命为儿童大使；1994年它又被日本联合国教科文组织协会任命为儿童亲善使节。① 进入21世纪后，日本政府开始积极利用日本流行文化开展文化外交。2005年发表的"推进文化外交恳谈会"报告书提到，日本将对外传播作为文化外交的三大理念之一，并且，该理念的行动方针是："以日语的普及、流行文化以及现代艺术为'切入口'，积极培养世界上的'日本动漫一代'，使他们感受到一种日本所独有的'21世纪的酷'，进而对既深且广的日本文化产生更加浓厚的兴趣。"② 2006年，日本外相麻生太郎也大力主张推广日本动画、漫画为代表的日本流行文化。2008年，日本外务省任命阿童木为"海外安全大使"，任命哆啦A梦为首位"动漫文化大使"。"日本国土交通省任命凯蒂猫为日本在中国内地及香港地区的'旅游亲善大使'。"③ 2013年，安倍晋三首相宣布"日本成长战略"，其中就有"电视节目对外传播"的内容。④ 同年，一般法人电视节目对外传播促进机构成立。

（二）企业的作用

企业是营利性经济组织，利益驱动促使它们要为产品开拓更多的市场、吸引更多的客户。文化产品的传播广度便在很大程度上取决于企业对市场的开拓程度。因此，企业开拓国际市场是流行文化国际传播的必要条件之一。而且，依靠企业进军国际市场来达到文化产品国际传播的效果远比单纯的对外传播强大。

事实上，并非所有日本流行文化的相关企业都愿意积极"走出去"，因为日本流行文化的国内市场足够庞大与繁荣；也并非所有日本流行文化

---

① Weblio 辞书：『ハローキティ』，https：//www.weblio.jp/wkpja/content/%E3%83%8F%E3%83%AD%E3%83%BC%E3%82%AD%E3%83%86%E3%82%A3_%E6%9D%A5%E6%AD%B4。（上网时间：2020年8月25日）

② 日本"推进文化外交恳谈会"：《创造"文化外交的和平国家"：日本》，霍建岗译，载王敏著：《生活中的日本——解读中日文化之差异》，王秀文等译，吉林大学出版社2009年版，第140页。

③ 吴咏梅、王向华、[日]谷川建司编著：《越境的日本流行文化》，山东人民出版社2010年版，第51页。

④ [日]大场吾郎著：『テレビ番組海外展開60年史——文化交流とコンテンツビジネスの狭間で』，人文书院2017年版，第350页。

企业都能"走出去",只有那些经历过国内的激烈残酷竞争后最终胜出,或人气极高的文化产品才有机会"走出去"。因此,纵观日本现代流行文化的国际传播历程,可以发现"走出去"的日本企业主要集中在日本国内知名的企业,如东映、大映、松竹、东宝等电影公司;如富士电视台、朝日电视台、东京电视台等几大民营电视台;如东映动画、虫制作、龙之子、GAINAX、吉卜力等动画制作公司;如任天堂公司、世嘉公司、索尼娱乐公司等几大游戏生产商;如小学馆、角川书店等出版社。"走出去"的目的,除了追求利润最大化外,还有渴望获得国际认可、促进国际交流与理解等。"走出去"的企业,跨国公司值得关注。"它们本身就是超越国界的,它的传播活动一开始就带有国际传播的色彩,是国际传播的一部分。"① 例如,任天堂、小学馆等均在国外设立了分公司,它们更加了解国外市场的现状与需求,因此更有利于制定精准的营销战略,从而促进文化产品的国际传播。

在国际传播中,包括发行商、节目制作公司、影院、电视台等在内的国外商家的作用不可低估。宫崎骏的电影能够在美国上映,离不开与吉卜力公司签约合作的美国迪士尼子公司的大力宣传。电视动画《精灵宝可梦》能在美国主流电视网络播映,电影版《精灵宝可梦》能在美国3000多家影院公映,都是因为美国发行商的主动作为,它们是文化信息入境的把控者,是主流发行网络的拥有者。首先,它们对文化产品拥有绝对的选择权;其次,它们会把文化产品进行语言转换;再次,它们要对文化产品中的信息进行改编,消除其中不易理解、不符合本国伦理道德等信息;最后,为助力宣传与发行,它们会为文化产品制作适合本国受众的说明书,还会利用自己的主流发行网络等。当然,它们做这些事情的动力主要还是源自利益,但从客观上看,它们也的确起到了帮助异国文化产品扫清文化障碍的重要作用。

(三) 相关机构、团体的作用

日本的部分社会组织主要利用现代流行文化来促进国际交流、加深国与国之间相互理解,从而为维护地区的和平与稳定作出积极贡献。这里谈

---

① 程曼丽:《国际传播学教程》,北京大学出版社2006年版,第52页。

到的社会组织分为两类：一是具有国家性质的非营利机构，如日中友好协会、日中文化交流协会、日本广播协会、国际交流基金会等。二是流行文化相关专业性团体机构，如日本电影技术协会、日本电影中心等。在电影方面，日中友好协会和日中文化交流协会于20世纪50年代受邀来到中国，并以电影交换或免费赠送的方式带来了日本影片，影片由中方译成中文后公映。日中文化交流协会还推荐日本电影参加在北京举行的亚洲电影周等。据说，所推荐的影片都是"在尊重中方意见和要求的基础上，从日本各电影公司推荐的作品中挑选出来的"[1]。中国改革开放以后，中日两国电影人交流更为频繁，还合作拍摄了《一盘没有下完的棋》，载入中日电影交流史册，成为两国友好的象征。20世纪80年代，日本广播协会还积极开展国际共同制作的业务。中日合作完成的纪录片《丝绸之路》就是典型案例。

在电视节目方面，"20世纪60—70年代，日本的电视台积极开展电视外交，与国外的电视台加强合作，其中便有电视节目交换项目"。[2] 1964年，日本成立由邮政省、外务省、文部省共同管辖的日美文化教育电视节目交换中心，开展电视节目交流实务等业务。[3] 具有半官半民性质的机构日本广播协会行动积极，与美国、西班牙、匈牙利等十多个国家的电视台签署了合作协定，开展诸如资料收集、电视节目交换等方面的业务。日本国际交流基金会是外务省下设的国际文化交流的执行机构。自20世纪80年代起，它将电视连续剧《阿信》的播映权无偿提供给东亚、东南亚、中南美洲的57个发展中国家和地区播映。[4]《阿信》在世界各地获得一致好评。20世纪90年代，日本电视节目不断走向世界。1991年，放送节目国际交流中心（JAMCO）成立，助力发展中国家发展广电事业。它得到日本国内电视台的协助，制作电视节目的外语版本并无偿提供给亚洲、非洲、

---

[1] 刘文兵：《日本电影在中国——第一部中日电影交流通史》，中国电影出版社2015年版，第230页。

[2] ［日］大場吾郎著：『テレビ番組海外展開60年史——文化交流とコンテンツビジネスの狭間で』，人文書院2017年版，第45頁。

[3] ［日］大場吾郎著：『テレビ番組海外展開60年史——文化交流とコンテンツビジネスの狭間で』，人文書院2017年版，第98頁。

[4] ［日］大場吾郎著：『テレビ番組海外展開60年史——文化交流とコンテンツビジネスの狭間で』，人文書院2017年版，第195頁。

西亚、中南美洲的发展中国家。动画方面，1991 年，日本德间集团创始人德间康快将宫崎骏的动画电影《风之谷》和《龙猫》作为"六一"儿童节礼物赠送给中国。①

通过梳理以上内容可以发现，具有代表性的社会组织开展国际传播具有三个特点：一是国际传播的目的以促进友好交流、加深国际理解为主；二是多以无偿提供、赠与等方式向发展中国家传播；三是加强与世界同行的交流与合作。

（四）个人的参与

在日本现代流行文化国际传播的过程中，尤其在日本最初开拓国际市场时，个人的参与，尤其是知名人士的努力也起到重要作用。例如，在电影方面，黑泽明的《罗生门》能够参展威尼斯国际电影节并荣获最高奖项，离不开意大利人茱莉亚娜·斯特拉米杰莉的努力。"她的功绩在于积极支持日本人的选择，并与意大利的电影联合会、电影节事务局协商。尽管准备时间非常有限，甚至她本人也有过放弃的念头，但还是在很短的时间内将作品拿去送审"，②"没有茱莉亚娜·斯特拉米杰莉，《罗生门》绝不可能在短时间内拿去威尼斯送审"。③ 又如，美国电影评论家唐纳德·里奇对日本电影研究颇深。他用英语撰写了关于黑泽明、小津安二郎等日本电影巨匠的研究著作，对日本电影亮相国际电影节也有过贡献，还定期在英文报刊上定期投稿，为电影专业人士提供日本电影的信息。④ 在日本电视剧的国际传播方面，1961 年，美国人理查德·弗里曼凭借个人的热情和努力，使日本电视剧《我想成为贝》在联邦德国的电视台得以播放，这是出口海外的第一部日本电视剧。⑤ 尽管他们的行为有各自的目的，但他们的努力付出使日本现代流行文化得以在世界舞台惊艳亮相，功不可没。

---

① 《德间公司赠送动画片》，《中国银幕》，1992 年第 4 期。转引自刘文兵：《日本电影在中国——第一部中日电影交流通史》，中国电影出版社 2015 年版，第 230 页。

② ［日］岩本宪儿编：『日本映画の海外進出——文化戦略の歴史』，森話社 2015 年版，第 286—287 页。

③ 同上书，第 287 页。

④ 同上书，第 344 页。

⑤ ［日］大場吾郎著：『テレビ番組海外展開 60 年史——文化交流とコンテンツビジネスの狭間で』，人文書院 2017 年版，第 31 页。

在日本漫画和动画的国际传播方面，手冢治虫的功绩值得一提。他接受联合国的邀请，在联合国发表关于漫画文化的演讲。1980年，他还接受日本国际交流基金会委托，担任"漫画大使"，远赴美国宣传漫画和动画文化。1986年，他还受外务省委托，"担任'第三届日本博览会'的演讲者，再次前往美国"。①"手冢治虫还作为漫画大使，多次前往欧洲和中国，为国际交流作出了很大的贡献。"② 正是他孜孜不倦的努力宣传，漫画和动画才逐渐为世界公众所理解和接受。漫画和动画的社会地位在日本乃至世界得以提高，手冢治虫的贡献应当铭记。

除了上述名人的参与外，普通个人参与信息传播还因互联网的飞速发展和普及而变得轻而易举。发达的互联网"从根本上改变了受众在传播中的被动地位，成为信息传播的主体"。③ 如今，每个个体都可以随时成为自媒体，通过信息反馈、发表评论性内容等方式参与到国际传播中来，并且信息在发布瞬间传达到世界各地。同时，还可以利用互联网交换日本流行文化的相关信息，网络成为粉丝人际交流的另一个主要渠道。在网络上汇集起来的意见建议与口碑为艺术家们改革创新、国际传播主体更好传播提供了绝佳参考。

二、传播渠道

日本现代流行文化的传播渠道丰富多样，呈现出三个明显特点：

其一，商业渠道可以说是最主要的渠道。如前所述，作为流行文化的影视节目主要通过电影电视节等国际性文化竞赛走向世界，并依托与这些活动联动的国际交易市场来打开国际市场，以此赚取外汇。部分优秀的日本电影、电视剧、动画等均采取这一有效途径。电视动画、动画电影、电子游戏等流行文化产品的生存之道与高雅文化不同，唯有在激烈残酷的市场竞争中脱颖而出才能赢得生存与发展。因此，高超的营销战略和战术是它们打开国际市场的法宝。在这方面，电子游戏硬件软件生产厂商便是典型。例如任天堂公司，通过创办海外公司成为跨国公司，海外公司负责接

---

① [日]中尾明著：《手塚治虫——用漫画和卡通连接世界》，钱贺之译，学林出版社2008年版，第128页。
② 同上书，第130页。
③ 程曼丽：《国际传播学教程》，北京大学出版社2006年版，第76页。

第三章　日本现代流行文化的国际传播

洽海外业务。相较而言，这些跨国公司容易跨越文化障碍，从而成功拓展海外市场。另外，国外发行商等企业的作用也非常重要，因为它们能够精准把控本国国内的市场需求，直接决定日本流行文化产品引进的内容以及引进后文化产品改编的程度。同时，它们还拥有本国的主流发行渠道。日本流行文化产品能否在国外主流市场大范围传播，完全取决于发行商、影院等。例如，20世纪90年代末，中影版《精灵宝可梦》之所以能够在美国主流电视网、主流院线播映并创造票房奇迹，很大程度上要归功于国外发行商。尽管它们的决定并非以传播日本流行文化为目的，完全是利益驱使所致，但在客观上大大促进了日本流行文化产品在美国这个世界娱乐中心的传播。有了它们的推动，日本流行文化才能够传播给更多普通的国外受众，拓宽了国际传播的广度。

其二，人际交流渠道方面，国外受众中日本流行文化的粉丝们的活动不可小觑。例如，不管是传播到亚洲还是传播到欧美国家，草根民众的需求是一个重要原因。部分年轻人有过在日本居住的经历，其间喜欢上动画、漫画等，成为粉丝。回国后，他们仍希望观看续集，于是想方设法寻求文化产品的流通渠道，想与家人、朋友一起分享。由此形成的围绕日本流行文化的人际交流小圈子不断扩大，日本流行文化逐渐在国外传播开来。[1] 为了能够更好地交流，这些粉丝与日本国内御宅族一样，在当地举办集会，而且越做越大。欧美国家的粉丝甚至给这样的集会命名为"博览会"。例如，1991年8月底至9月初，美国的日本动画粉丝在圣何塞组织了"日本动画大会91"活动，此后每年在美国各地都会举办各种类似的集会。2000年6月底至7月初，美国粉丝在美国举办的"日本动画·博览会2000"，成为美国最大、历史最悠久的粉丝集会。这个博览会每年定期举办，吸引了来自日本、英国等多个国家的粉丝参加。[2] 2000年在法国，对动画、漫画等日本流行文化具有浓厚兴趣的粉丝自发举办了第一届"日本博览会"，集会者达到8000人。之后，每年都会举办该活动，并且人数不断增加。2008年，参加"日本博览会"的人数超过13.5万人。[3] 2019年，

---

[1] ［日］白石さや著：『グローバル化した日本の漫画とアニメ』，学術出版会2013年版，第255页。

[2] 同上书，第305页。

[3] ［日］桜井孝昌著：『アニメ文化外交』，筑摩書房2009年版，第147页。

到场人数超过25万人。① 此外，互联网的迅猛发展无疑促使人际交流的空间更加广阔，网络社区成为粉丝聚合分享日本流行文化内容及交流心得的新天地。

其三，科技进步不断丰富大众传媒渠道，尤其是新增的数字媒体，如卫星电视、录像带、光盘、互联网等使国外受众对接受流行文化有了更多选择。原本需要通过出版社、电视台、电影院等才能获得日本现代流行文化资源，如今可以直接通过购买录像带、光盘、电子漫画书，甚至是通过网络上的视频网站、智能手机上的应用程序随时随地观看。其中，互联网新媒体在大众传媒中的地位和作用愈发突出。互联网能够做到将信息瞬间传播到世界各地，大大加快国际传播速度。而且，互联网信息量巨大，"可以与巨大的图书馆相匹敌"。② 它成为国外受众收集更多日本流行文化相关信息的重要渠道。此外，国外受众人人均可成为自媒体，利用互联网这一渠道随时发声，表达意见。网络口碑成为发展日本流行文化的重要参考，这也可以推动日本流行文化的国际传播。当然，电子媒体并非尽善尽美，录像带、VCD、DVD等内容的可复制性是导致出现盗版现象的一大因素。由于科技的进步，人们可以在互联网上随意下载编辑。"随着数字技术的发展，不论国内还是国外，盗版问题估计会不断扩大。"③ 但盗版的盛行从客观上也推动了日本流行文化的国际传播。有学者认为，"不可否认的是，盗版的存在对动画流传到世界各地起到了一定的作用"。④ 还有学者发现，"盗版的存在成为对外传播的契机"，"对漫画业和动画业而言，盗版的存在说明日本作品需求旺盛，因而可以此为依据来决定出口的目标国家以及海外事业的规模大小"。⑤

---

① 『ジャパンエキスポ（フランス）とは』，https://crosslight.co.jp/aboutje/（上网时间：2021年1月15日）

② ［日］白石さや著：『グローバル化した日本の漫画とアニメ』，学術出版会2013年版，第261页。

③ ［日］岡田美弥子著：『マンガビジネスの生成と発展』，中央経済社2017年版，第150页。

④ ［日］津堅信之著：『日本のアニメは何がすごいのか——世界が惹かれた理由』，祥伝社2014年版，第175页。

⑤ ［日］岡田美弥子著：『マンガビジネスの生成と発展』，中央経済社2017年版，第126页。

第三章 日本现代流行文化的国际传播

三、国外受众

日本现代流行文化的国外受众遍及全球，其结构和特点体现出一定的复杂性。例如，东亚、东南亚地区的受众多以青少年为主，而1990年以后欧美国家的青年受众的比例明显增多，其中"美国的动漫粉丝多为会利用计算机上网交流交换信息、年龄在18—36岁之间的男性"。[①] 东亚、东南亚地区的受众接受的日本流行文化的题材是包罗万象且更容易接受具有日本社会文化背景的影视剧，而欧美国家受众则偏好那些包含日本元素少的，如科幻题材、奇幻冒险题材、魔法美少女题材的动画作品等。尽管如此，日本现代流行文化的国外受众仍具有以下共性：其一，可以分为普通受众、粉丝和铁杆粉丝。简而言之，从对待日本现代流行文化的态度上看，普通受众是指接受、认可日本现代流行文化的受众。粉丝是指不但认可还喜欢日本现代流行文化的受众。铁杆粉丝是指那些痴迷于日本现代流行文化的受众。其二，从人数上看，普通受众人数最多，粉丝次之，铁杆粉丝最少。用户数量是衡量产业发展是否成功的重要指标。这一点同样适用于文化产业。因此，最大限度地吸引普通受众是日本现代流行文化产业的重要目标。其三，国外受众具有选择权。日本现代流行文化中什么样的内容能够"走出去"，取决于受众的自主选择。日本现代流行文化国际传播的经验证明，仅仅凭借内容好、有特色未必能够"走出去"。"观众是否接受的决定因素，不仅是作品的质量，更重要的是观众现在的选择心理。"[②] 而选择什么样的内容，完全取决于他们各自的需求和喜好，他人难以左右。可以说，这是"走出去"的文化真正"走进"受众心里的重要前提。

国外受众中，铁杆粉丝的作用尤其值得关注，他们是日本现代流行文化的狂热爱好者。例如，电影方面，美国好莱坞有几位著名导演都是黑泽明的铁杆粉丝，如斯皮尔伯格、弗朗西斯·科波拉、乔治·卢卡斯、马丁·斯科塞斯等。黑泽明的电影令他们折服，因此，当黑泽明在拍摄电影时遇到资金、角色等问题时，他们会毫不犹豫地积极提供协助。动画方

---

① [日] 白石さや著：『グローバル化した日本の漫画とアニメ』，学術出版会2013年版，第256页。

② 韩骏伟：《国际电影与电视节目贸易》，中国传媒大学出版社2008年版，第146页。

面，当日本电视动画的传播在美国受阻时，日本动画铁杆粉丝的"存在、活动和扩大对20世纪90年代'日本动画'的普及起到重要作用"①。

　　此处，要重点提及日本动画、漫画领域的身为铁杆粉丝的国外受众的作用。首先，他们助力日本现代流行文化跨越文化障碍、实现广泛的国际传播。他们当中的一些人具有在日本生活的经历，其间接触日本动画、漫画后成为爱好者。在日本获得漫画单行本、动画录像带等文化产品后，他们便带回国内与朋友家人分享。这是日本现代流行文化通过人际渠道进行国际传播的最初状态。②由此，日本现代流行文化在他国传播开来。他们是一群真正喜爱日本现代流行文化的人。正因为如此，他们会主动结成字幕组，将日语翻译成本国语言，并通过网络无偿提供给其他爱好者。这是典型的侵权行为，侵犯了创作者、所有者的版权和利益，但它在客观上也促进了日本现代流行文化的国际传播，这也是不争的事实。其次，国外的铁杆粉丝还在本国国内组织属于自己的集会，形成一个日本现代流行文化的大市场。例如，美国的动画大会、动画博览会，法国的"日本博览会"等都是国际铁杆粉丝自发组织的大型集会。在这些集会中，有人拿着自己创作的同人志作品与拥有共同爱好的人一起交流，有人在会场穿着盛装进行角色扮演，还有人专门从事衍生品的销售。集会不但吸引了众多爱好者，也引来不少商家，甚至一些官方机构还在那里设置展台进行宣介。再次，他们还发展出一套自己的生活方式。有一位马来西亚人在博客中曾提到："Anime是一件很重要的事情。它重要到可以让我们发展出另外一套生活方式。"③ 同人志创作、角色扮演、动漫讨论等成为他们生活的乐趣。需要注意的是，这些内容貌似与日本的并无二致，但差异显而易见。例如，尽管都称作"角色扮演"，但日本的角色扮演是角色扮演者将装扮的服装道具拿到会场后再着手角色扮演。与之不同的是，美国、中国等国家的爱好者是在家里就装扮妥当，出门就来一场"走秀"。在日本，"御宅族"一词多少带有一些负面信息，而其他国家的粉丝则会对着采访镜头兴奋地承

---

　　① ［日］津坚信之著：『日本のアニメは何がすごいのか——世界が惹かれた理由』，祥伝社2014年版，第155页。

　　② ［日］白石さや著：『グローバル化した日本の漫画とアニメ』，学術出版会2013年版，第256页。

　　③ 王向华等编著：《泛亚洲动漫研究》，山东人民出版社2012年版，第151页。

认自己就是"OTAKU"（御宅族）。可见该词传播到世界后，其意思发生了一定的改变，成为动漫爱好者的代名词。

四、传播的内容

整体而言，"走出去"的日本现代流行文化的内容非常丰富。在长达半个多世纪的国际传播过程中，传统影视作品、电视动画、动画电影、漫画、游戏等日本流行文化的每个门类都"走出去"大量优秀作品。但传播内容因传播的地区不同有所差异。例如，在亚洲，日本的电视动画题材包罗万象，既有反映日本现实社会文化或历史的作品，也有科幻机器人、魔法美少女、奇幻冒险题材等很少包含日本元素的作品。而传播到欧美国家的作品更多的是倾向于科幻机器人、魔法美少女、奇幻冒险题材的作品。传统影视作品由于涉及日本历史文化和现实生活，理解起来颇有难度，需要受众具备相应的背景知识。因此这类作品大多传播到文化近似的东亚、东南亚发展中国家。

"走出去"的日本现代流行文化的内容主要呈现以下三点共性：第一，题材丰富、故事众多、新颖独特、趣味性强。第二，绝大多数都是在国内人气高涨，在激烈竞争中胜出的作品。良好的口碑也引起别国关注。第三，在国内外电影电视节亮相并获得大奖的作品，是国外发行商、电视台等引进方的优先选项。

此外，"走出去"的日本现代流行文化产品在内容方面主要经历了两种变化。一是内容的"成长"。以日本电视动画、漫画为例，最初"走出去"的文化产品内容以面向少儿为主。到20世纪90年代，面向成年人的作品也陆续走向世界。例如，大友克洋的《阿基拉》、押井守的《攻壳机动队》便是典型案例。日本流行文化由此开启了走向世界流行文化中心的序幕。二是从最初的改编版逐步转变为直接引进原版。改编版是国外发行商为使国外文化产品更加符合本国市场需求而对日本原版进行改编后的版本。一般而言，世界各国引进国外文化产品时，都会对其进行一系列的常规操作：如翻译配音、更换片名和角色名字、删除不符合本国伦理道德价值观以及难以理解的内容等。值得注意的是，在20世纪60—70年代，引进文化产品时，欧美国家在完成以上常规操作后，还抹掉了文化产品中与日本相关的内容，导致欧美国家的少儿并不知道自己观赏的是日本的文化产品。美国对日本动画的修改更加过分,他们甚至将几部日本原版片中的内容拼凑成一部新作品。① 这种情况直到20世纪90年代初才得以改观。自20世纪80年代起,录像技术、摄像技术、网络技术的进步,以及VCD、DVD、视频网站等新兴媒体的出现给国外受众带来福音,他们很容易接触到日本流行文化产品的原版,可以欣赏到原汁原味的日本流行文化产品。

通过梳理散见于现有参考文献中的日本现代流行文化主要门类,可以发现获得国外受众青睐的日本流行文化产品普遍具有以下三个魅力:一是作为商品本身的魅力。日本文化商品质优价廉、题材丰富、新颖有趣、选择余地大等特点使其具有很高的性价比,成为消费者重点关注的对象。二是故事的魅力。主要体现在"作画水平超高"②"故事有深度"③"新鲜感和出乎意料"④及优秀的创意、新奇的体验等方面。三是角色形象的魅力。可以用"可爱""酷"和"成长"这三个关键词来概括。其中,"可爱"不单指美少女角色的娇美造型,还包括诸如凯蒂猫、精灵宝可梦等俏皮可爱的造型,以及他们所带来的舒缓压力、安抚心情的作用。"酷"则是指造型具有特色、行为处事果敢漂亮的特质。"成长"既是日本漫画、动画故事的主题,⑤也是角色形象的魅力。例如,"日本漫画、动画中的平凡人物或是平民英雄,常常有着鼓舞人心的励志性格,坚毅、纯真",⑥他们历经磨难后获得精神层面的成长,使得在现实中正在寻求自我认同感的青春期青少年产生强烈共鸣,从中获得积极向上的力量。日本电视剧也以主角不畏艰难困苦、努力奋斗拼搏、获得成长的故事居多。

当然,"走出去"的日本流行文化并非全部都是精华,也有糟粕。例如,过度渲染暴力和色情内容的文化作品也通过大众传媒传播到世界各地。日本学者中村伊知哉对此似乎较为乐观,他并不否认流行文化中也有

---

① [日]津堅信之著:『日本のアニメは何がすごいのか——世界が惹かれた理由』,祥伝社2014年版,第206頁。

② [日]桜井孝昌著:『アニメ文化外交』,筑摩書房2009年版,第216頁。

③ 同上书,第216頁。

④ 同上书,第216頁。

⑤ [日]杉山知之著:『クール・ジャパン 世界が買いたがる日本』,祥伝社平成2018年版,第44頁。

⑥ [加]Max Ziang:《酷日本》,生活·读书·新知三联书店2011年版,第44页。

"庸俗、低俗、幼稚的东西",但同时也认为"正因为有不好的一面,所以估计也会使不少人着迷"①。显然,这种看法低估了后果的严重性。糟粕内容流入海外,必定招致文化形象受损,甚至导致国家形象受损。例如,20世纪60年代末日本动画出口美国受阻,20世纪80年代,日本动画在法国受到强烈批判,都是因为日本动画中存在暴力、色情等内容。在英国,弗雷德里克·肖特在著作《漫画!漫画!》中将"漫画"一词翻译成"道德放纵的图画"。②从此,"漫画"一词就永远带着负面的解释留在了英语词典里,日本的国家形象也因此蒙羞。

第三节 日本现代流行文化国际传播的总体特征及效果

本节从整体上对日本现代流行文化国际传播的总体特征进行总结,并详细阐述日本现代流行文化国际传播的效果,主要探讨它对国外受众、外国文化、外国经济以及国家间关系的影响。

一、总体特征

经历近半个世纪的国际传播之后,日本现代流行文化终于在20世纪末走到世界流行文化舞台的中央并风靡全球。日本动画、漫画以及电子游戏无疑是日本流行文化的典型代表,获得全世界青少年的青睐。回顾日本流行文化国际传播的历程,就会发现有以下五个主要特征。

其一,现代流行文化的国际传播大多起因于国外受众的需求。例如,漫画的传播是由于爱好者将之从日本带回国内;电视动画的传播是因为欧美国家电视频道扩容而出现片荒;日本电子游戏之所以能很快打开欧美市场也是因为符合市场需求;日本真人电视节目的传播也并非日本主动开拓亚洲等市场,而是为了应对亚洲商家的订单等。如果没有这些需求,他国就不可能愿意传播并接受日本流行文化,可见国外受众需求这一动力源的

---

① [日]中村伊知哉、小野打恵编著:『日本のポップパワー』,日本経済新聞社2006年版,第45页。
② [英]保罗·格拉维特著:《日本漫画60年》,周彦译,世界图书出版公司北京公司2013年版,第9页。

重要性。

其二，被动传播多于主动传播。在成为世界级流行文化之前，日本流行文化的国际传播大多处于被动状态。例如，第二次世界大战后，日本电影首次参展国际电影节之前，日本并没有意识到亮相国际电影节的重要性。电影《罗生门》就是在导演黑泽明不知情的情况下，由意大利人帮忙参展才获得大奖的。又如，日本的出版社因文字翻译、版式等原因，不愿将漫画杂志和单行本推向国外市场。日本的电视台因忌惮被指责为"文化侵略"，起初并没有将亚洲国家设定为主要目标市场。① 再如，日本的电视动画制作单位最初主动寻求海外市场，只是为了积极创汇，填补巨额制作经费所导致的赤字亏空。但因为在海外市场遇到难题以及国内市场方兴未艾，所以文化产品制作单位转而将更多精力投入到国内市场，很少关心国际市场。例如，吉卜力公司自成立以来，一律不接受海外订单。②

其三，传播渠道伴随大众传播媒介的增多而愈发多样。卫星电视、录像带、VCD、DVD、网络等大众传播媒介，尤其是网络新媒体的出现不仅提升了流行文化国际传播的速度、扩大了传播范围，还大大拓宽了人际传播渠道和商业渠道。在网络空间，人人都可以成为自媒体，都可以随意发表主张、发布信息，视频网站的发展给流行文化产品带来更多的商机。尽管如此，商业渠道的传播优势仍十分明显。外国发行商掌握着主流发行网络，是普通民众接触日本流行文化的一个重要渠道。日本经验表明，流行文化要想在更广阔的范围内流行，除了粉丝以外，普通民众也是必须争取的对象。

其四，传播内容发生变化。起初传到国外的日本流行文化产品都是改编后的版本。其中，欧美国家的过度改编，导致改编版的内容与原版出入很大，使欧美国家受众并未察觉自己欣赏的节目出自日本。显然，这样的内容即便传到了国外，受众也无法立刻联想到日本，受众对流行文化作品产生的好感也就无法作用到日本身上。自 20 世纪 80 年代末，情况开始发生改变。随着录像带、DVD、VCD、网络等新兴媒介的不断涌现，国外受

---

① ［日］大場吾郎著：『テレビ番組海外展開60年史——文化交流とコンテンツビジネスの狭間で』，人文書院2017年版，第114页。

② ［日］鈴木敏夫著：『ジブリの哲学——変わるものと変わらないもの』，岩波書店2018年版，第14页。

众接触原版的机会愈发增多,希望直接欣赏原汁原味的日本版本的需求也愈发旺盛。于是,日本流行文化原版作品开始更多地进入国外受众的视野,而且不只是具体内容,相应的规则也一并得以传播。例如,日本漫画的表现手法和版式、日本电视动画的制作模式与表现手法逐渐成为国外制作单位的创作标准。值得一提的是,网络的发达导致与日本流行文化相关的信息也层出不穷,并且很容易实现跨国传播,这就为粉丝更加深入了解文化产品的相关信息提供了极大的便利。

其五,多元媒介合力传播远比单打独斗式的传播更具威力。不同行业的企业、跨国企业、赞助商等共同组成"形象联盟",联合打造角色形象,并在一个周期内陆续推出漫画、电视动画、动画电影、电子游戏等不同媒介的文化产品。这种做法形成流行文化集群并发挥出强大的传播威力,远超单个媒介作品。这是日本国内企业常用的营销战略,屡试不爽,而且这种做法也适用于开拓国际市场,《精灵宝可梦》便是典型案例。

二、传播效果

(一)对国外受众的影响

首先,日本漫画、动画故事对少儿,尤其是青春期少年人格的形成产生积极影响。美国学者苏珊·纳皮尔曾经"赞扬日本动画片做得好","深入浅出,往往把一些人生的难题通过简单易懂的动画表现出来,帮助孩子们克服困难"。① 美国动画迷伊丽莎白·莫兰在评价美国版动画片《极速赛车手》(日本动画片《马赫GOGOGO》)时提到,"每个故事都揭示了宝贵的人生教训,即诚实、信赖、无私、勇气等。我们从中领悟到,自私和贪欲会招致怎样的后果"。② 又如,"美国儿童深受'任天堂文化'影响",③ 他们最崇拜的人物是任天堂公司王牌游戏的主角马里奥。④ 曾经有一位意

---

① 吴建民:《公共外交札记:把握世界命脉》,中国人民大学出版社2012年版,第123页。
② [日]草薙聪志著:『アメリカで日本のアニメは、どう見られてきたか?』,德间書店2003年版,第83页。
③ 康彼得编著:『任天堂传奇:世界头号游戏帝国任天堂发迹秘史』,当代世界出版社1996年版,第337页。
④ 同上书,第338页。

大利的大学生在接受采访时自豪地表示:"我们是看日本动画长大的。"①中国大学生在访谈时提到,"日本的动漫,符合他们在各个成长阶段的心理需求,以从未见过的新鲜形式把各种各样的知识和价值观教给他们"。②由此可见,日本漫画和动画里包含了艺术家们对青少年成长的关注并且提供了解决问题的范例,为青少年在现实生活中克服困难提供了精神上的支持。正因为蕴含着这种正能量,日本漫画和动画才会受到世界各地青少年的青睐。这无疑会提升他们对日本流行文化、日本和日本人的好感度,也有助于提升日本的国家形象。

其次,日本漫画不仅为日本少儿插上梦想的翅膀,也点燃了其他国家青少年的梦想。"漫画魅力的一个重要因素,那就是,他们鼓励西方漫画迷们创作自己的漫画,把漫画作为他们追求的职业梦想。"③曾经有一位外国学生在回答为什么喜欢漫画的理由时指出,"漫画不需要教练"。的确如此,只要有笔和纸张,就可以画漫画。不一定需要师父传授也可以无师自通。如此成本低廉的大众娱乐能促使更多人喜欢并热爱漫画实属幸事。约瑟夫·奈在其著作中也提到,"日本动画片人物集可爱与力量于一身,在过去五年内轻易占据了孩子的梦想"。④ 而且,功成名就的漫画家的收入很可观。例如,鸟山明是"世界上最有名的日本人"⑤,他因创作漫画《龙珠》扬名世界,并于2004年登顶日本漫画家年收入排行榜。⑥ 因此,这份有可能名利双收的职业,自然成为青少年的理想目标。

最后,日本流行文化产品给发展中国家民众带来憧憬和希望。中国人在这方面的感受颇深。在中国改革开放初期,《排球女将》《阿信》《典

---

① [日]樱井孝昌著:『アニメ文化外交』,筑摩書房2009年版,第69页。
② 吴咏梅、王向华、[日]谷川建司编著:《越境的日本流行文化》,山东人民出版社2010年版,第187页。
③ [英]保罗·格拉维特著:《日本漫画60年》,周彦译,世界图书出版公司北京公司2013年版,第157页。
④ [美]约瑟夫·奈著:《软力量——世界政坛成功之道》,吴晓辉、钱程译,东方出版社2005年版,第48页。
⑤ [日]浜野保樹著:『模倣される日本——映画、アニメから料理、ファッションまで』,祥伝社2005年版,第86页。
⑥ [加]Max Ziang著:《酷日本》,生活·读书·新知三联书店2011年版,第16页。

子》《远山的呼唤》等经典影视剧对中国人的精神思想影响巨大。剧中主人公表现出来的自强不息的拼搏精神和积极向上的乐观态度激励了那个时代的中国人；剧中呈现出来的现代丰富的都市生活激发了中国人的强烈好奇心；日本影视作品对亲情友情爱情的描述再次唤起人们对真善美的向往与追求。20世纪90年代中期，日剧的流行又给中国青年一代带来新鲜而丰富的内容。"日本的流行文化不仅是优雅的时尚生活的目录，也是人生价值观、新型的恋爱模式和男女交往方式、有个性的生活方式的范本。"①在这个寻求自我、崇尚个性发展的年代，日本影视剧无疑启发了受众对社会现实的理性思考。

（二）对外国文化的影响

在文化方面，日本流行文化带来的影响有目共睹。其一，是理念的改变。长期以来，日本漫画和动画被认为是少儿专属的娱乐，日本在战后初期也是遵循相同的理念。但是，日本漫画和动画经过长期的实践逐渐成长为几乎可以覆盖全年龄段的艺术。直到20世纪90年代初，欧美国家电影界专业人士才开始意识到日本动画电影也适合成年人欣赏。此后，日本漫画和动画迈出了走向世界娱乐中心的第一步。尽管这一理念的改变并非日本人努力宣传的结果，但它绝对离不开日本影视动漫作品长年给欧美国家民众带来的潜移默化的影响。其二，是行业规则的改变。20世纪80年代，日本漫画单行本最初在欧洲国家出版时，均采用欧洲国家惯用的版式，即左开本和横写的文字。但是，到20世纪90年代中期，为满足读者强烈希望看到原汁原味的漫画书的要求，欧美国家的出版社改成日本的版式，即右开本和竖写的文字。这是欧美漫画行业的一项革命性举措。不仅漫画领域如此，在动画领域的革命也在悄然进行。美国的动画行业开始意识到日本电视动画在技术方面的魅力，尽管是1秒8帧的画面，但通过运用其他办法达到了静中有动的效果，独具特色。美国的动画片中，角色形象的设计也偏向了大眼睛等造型。其三，是对文化产品创作的影响。主要体现在以下几个方面：首先，创作手法的模仿成为必经之路。闻名世界的美国电

---

① 吴咏梅、王向华、[日] 谷川建司编著：《越境的日本流行文化》，山东人民出版社2010年版，第202页。

影《星球大战》《拯救大兵瑞恩》等杰作均模仿了黑泽明电影作品的情节。① 也有对技术设计的模仿。例如,"黑泽明在《保镖》的打斗场面中,运用了前所未有的夸张手法,给日后世界各国的武打动作片带来了巨大的冲击。意大利西部片和中国香港武侠片马上对此表示响应"。② 芬兰的年轻导演也喜欢模仿北野武。③ 其次,翻拍成为常态。日本流行文化是故事的宝库。例如,美国版电影《忠犬八公》和《午夜凶铃》均翻拍自日本同名电影。中国的电视剧《流星花园》《深夜食堂》《我的女友是机器人》等也翻拍自日本同名电视剧。再次,日本元素的选择性吸收与运用。以中国香港为例,"香港电影吸收日剧成分比港剧高明","它们较成功地将一些日剧的元素融入香港文艺片里"。④ 中国香港的漫画、电影、电视、音乐与小说里面都加入了日本游戏元素。⑤ 此外,受日本电影启发开创新流派。例如,20世纪50年代,法国年轻导演从日本电影《疯狂的果实》中获得启发与灵感,意识到拍电影没有必要将自己束缚在既有的形式上。受此启发拍摄的电影被称为"新浪潮派"的开端。⑥ 最后,合作拍片成为趋势。进入21世纪,中国与日本合作的电影达到约23部。《藏獒》《三国演义》都是近年来中日合拍的电视动画片。美国与日本合作拍片的情况也屡见不鲜。其四,是对年轻人生活方式的影响。不但在欧美国家,在亚洲国家的年轻人中也出现了与日本流行文化相近的生活方式。"御宅族""动画漫画大会""角色扮演"等成为不少年轻人推崇的生活方式。每年在世界各地举办的动画漫画博览会、动画大会、角色扮演大会等活动不计其数,已经成为喜爱日本流行文化的年轻人文化生活的必备。

---

① [日] 浜野保樹著:『模倣される日本——映画、アニメから料理、ファッションまで』,祥伝社2005年版,第89页。

② [日] 四方田犬彦著:『日本电影110年』,王众一译,新星出版社2018年版,第187页。

③ [日] 浜野保樹著:『模倣される日本——映画、アニメから料理、ファッションまで』,祥伝社2005年版,第38页。

④ 吴伟明:《日本流行文化与香港》,商务印书馆(香港)有限公司2015年版,第63页。

⑤ 同上书,第74页。

⑥ [日] 浜野保樹著:『模倣される日本——映画、アニメから料理、ファッションまで』,祥伝社2005年版,第36页。

（三）对外国经济的影响

日本流行文化产业的发展在经济方面也给其他国家相关行业的发展注入了新的活力。例如，在电子游戏行业，"任天堂的成功，已对全世界不少工业产生了结构性影响"。[①] 游戏软件制造业深受任天堂的影响，世界上许多游戏软件制造商均与任天堂开展深度合作。不仅如此，"娱乐公司、电影公司都与之签了合约"。[②] 日本动画的输入引发美国的动画产业发生变革。"动画开始被视为成长产业，这种成长现在仍在持续。"[③] 又如，进入20世纪90年代，随着日本动画、漫画逐渐被欧美国家所熟知，欧美国家的漫画出版业也迎来大发展，漫画市场呈现繁荣景象。"20世纪90年代后期，日本漫画给停滞的德国连环画产业注入了新的活力，日本的儿童漫画系列，如《口袋怪兽》[④] 和《龙珠》，成为德国电视台的热播动画片。"[⑤] 不仅漫画单行本销量激增，漫画杂志也陆续出版。其中，"德国漫画杂志大获成功"。[⑥] 由此可见，日本流行文化风靡世界，不仅因为日本流行文化本身具有质优价廉的特色，也离不开世界其他国家相关产业的烘托。它们从日本流行文化产业拓展海外市场中觅得商机，并借力而动、顺势而为，获得大发展。如此一来，全球范围内形成一种流行文化生机勃勃、繁荣发展的氛围。在这种氛围下，日本流行文化的国际传播愈发顺利，一旦出现诸如《精灵宝可梦》般同样适合于国外受众的游戏、动画、电影等，便有可能形成产业联动，与其他国家相关行业共同造势、合作共赢，最终推动日本流行文化整体在世界舞台惊艳亮相。

[①] ［日］浜野保樹著：『模倣される日本——映画、アニメから料理、ファッションまで』，祥伝社2005年版，第335页。

[②] 康彼得编著：《任天堂传奇》，当代世界出版社1996年版，第335页。

[③] ［日］津坚信之著：『日本动画的力量——手冢治虫与宫崎骏的历史纵贯线』，秦刚、赵峻译，社会科学文献出版社2011年版，第108—109页。

[④] 《口袋怪兽》，即《精灵宝可梦》的另一个译法。此处是引用他人著述，故沿用"口袋怪兽"一词。

[⑤] ［美］彼得·卡赞斯坦著：《地区构成的世界：美国帝权中的亚洲和欧洲》，秦亚青、魏玲译，北京大学出版社2007年版，第174页。

[⑥] ［英］保罗·格拉维特著：《日本漫画60年》，周彦译，世界图书出版公司北京公司2013年版，第156页。

(四) 对国家间关系的影响

在国际关系中，国家之间主要采取国际文化竞赛和文化交流活动等方式发生文化关系。通过国际文化交流，一方面可以提升本国文化的国际形象、提高本民族的文化自信，另一方面也有助于加强国家间的友好关系、促进相互理解、消除误会，从而减轻负面形象的影响，对维护本国周边安全、本地区的和平稳定起到积极作用。第二次世界大战后，日本的传统电影、动画电影、电视节目纷纷走上国际舞台参与角逐，通过获奖受到其他国家的关注，不仅恢复了日本在国际社会的存在感，还在一定程度上减轻了日本的负面形象。

众所周知，在政治硬实力面前，文化这一软实力显得势单力薄，毫无抗衡之力。正如当两国政治关系出现重大问题时，文化的力量就显得微乎其微了。不仅如此，政治关系的恶化也导致两国文化交流大幅减少，甚至停止。但是，文化交流也能在一定程度上起到缓和国家间关系的作用。冷战期间，为缓和紧张局势，美苏两国于1958年1月签订"文化、技术和教育领域的交流协议"。① 受此启发，日本为促进国家间民众的相互理解，先与西方阵营的多个国家签署了文化交流协定。交换电视节目成为其中一个重要举措。无论是日本半官方的电视台日本广播协会还是民营电视台，均积极参与电视外交。② 有的日本民营电视台不但与西方国家，而且与社会主义国家的广播电台、电视台签订合作协议。日本电视台便是典型案例。1960—1975年，它与苏联、朝鲜等国都签订了合作协议，积极开展电视节目交换活动。③

不仅如此，日本还以无偿提供、薄利销售流行文化节目等方式与发展中国家开展文化交流。值得注意的是，在通过无偿提供的方式与发展中国家进行文化交流时，日本能够在了解到对象国需求的基础上提供符合对象国需求的文化内容。此种做法不仅避免对外宣传强加于人的感觉，还便于对象国接受认可，从而更容易达到促进相互理解、提高日本形象的效果。

---

① ［日］大場吾郎著：『テレビ番組海外展開60年史——文化交流とコンテンツビジネスの狭間で』，人文書院2017年版，第41—42頁。
② 同上书，第45页。
③ 同上书，第46页。

第三章 日本现代流行文化的国际传播

通过质量上乘的影视作品的传播，日本不仅赢得了文化方面的口碑，在改善国家形象方面也有所收获。以改革开放后中日两国的影视文化交流为例，在中日友好的背景下，艺术水准较高的日本优秀影视作品的传播使得"日本的国家形象开始由入侵者的负面形象，逐步转向多元化、人性化的正面形象"①。20世纪80年代，中日流行文化领域的交流合作较为多见。例如，中日合拍的《天平之甍》和《敦煌》分别在中日两国上映，均获得好评，成为中日友好的象征。在出现日本因错误历史观导致历史教科书审定问题后，中日合拍的《一盘没有下完的棋》坚持了正确的历史观，对缓和民间的反日情绪、避免中日关系出现历史性倒退起到了一定作用。有学者指出，"这部电影不但在中日电影交流史上，而且在中日关系史上都有着重大意义"。②

此外，还有一点必须高度重视，即社会大众的力量愈发不容忽视。中国有学者指出，"当今世界各国的国家地位和国家政策不但受到所谓国家精英的影响，而且受到公民社会诸力量的左右。影响国际关系行为的因素和力量比以前更为广泛复杂、更为直接和个人化"。③ 而且，日本学界和政府也已经注意到，"从中长期来看，对方国家普通民众对日本的理解正是影响其政府及政策执行者态度的最大因素"。④ 可见争取对象国民众的理解对于外交的重要性。相较于高雅文化，流行文化通俗易懂、喜闻乐见的特点使它更容易被大众接受认可，并迅速融入到日常生活中。它无疑是引发他国民众对本国文化产生兴趣、加深对本国理解的最佳切入点。事实上，经过半个多世纪的国际传播，日本现代流行文化已经受到世界各国年轻一代的青睐。民众对日本流行文化的好感势必增加对日本的良好印象，有助于信赖关系的建立，从而促进国家间的友好与合作等。

---

① 刘文兵：《日本电影在中国——第一部中日电影交流通史》，中国电影出版社2015年版，第230页。
② 同上书，第189页。
③ 曲慧敏：《中华文化走出去战略》，清华大学出版社2017年版，第156页。
④ 日本"推进文化外交恳谈会"：《创造"文化外交的和平国家"：日本》，霍建岗译，载王敏著：《生活中的日本——解读中日文化之差异》，王秀文等译，吉林大学出版社2009年版，第137页。

(五) 对日本流行文化传播效果的误解

从传播效果来看，人们对日本流行文化国际传播存在两方面的误解：一是日本流行文化在全世界流行意味着世界上绝大多数民众都喜欢日本流行文化；二是获得高度评价的流行文化就意味着经济方面的高收益。

以日本动画为例，有学者形容日本动画在美国的人气"仅仅是'杯中风浪'，可以说，它完全没有波及杯子外面大部分的美国人"。① 他的意思是：日本动画在美国受青睐的程度仅限于粉丝层级，完全没有达到海外"全民皆粉"的程度。在人口超过3亿的美国，日本动漫粉丝实属少数派。② 尽管《精灵宝可梦》系列动画、电子游戏和系列电影于21世纪前后在美国掀起热潮，吸引了大量普通民众，但这仅仅是特殊案例，之后再无类似大规模热潮出现。就海外市场规模而言，"21世纪的头10年，发生了雷曼危机等世界性经济危机，动画也无法置身事外，其销售业绩也并不如一般认为的那么好"。③ 另外，宫崎骏、大友克洋、押井守等日本著名动画电影导演的作品具有很高的艺术性、思想性和技术性，也获得了欧美国家专业人士的高度评价。但从相关数据看，其作品在美国电影票房排行中并未稳居高位，甚至可以说，与好莱坞动画电影票房根本无法相提并论。这也证明日本动画电影在世界电影娱乐中心的美国并非想象中那样人气高涨。

当然，上述情况对日本而言并不是利好消息，也给日本推行"酷日本"战略泼了冷水。日本漫画家大冢英志就很不认同政府把日本动画纳入国策。他明确指出，不看数字和实际情况就判断日本动画和漫画具有很强的国际竞争力实为幻想之举。④ 他通过数据论证甚至得出结论："作为（针对日本动画提出的）'国策'来实行的政策完全无效，而且是浪费纳税人

---

① ［日］三原龍太郎著：『クール・ジャパンはなぜ嫌われるのか』，中央公論新社2014年版，第127页。
② ［日］白石さや著：『グローバル化した日本の漫画とアニメ』，学術出版会2013年版，第307页。
③ ［日］津堅信之著：『日本のアニメは何がすごいのか——世界が惹かれた理由』，祥伝社2014年版，第184页。
④ ［日］大塚英志、大澤伸亮著：「『ジャパニメーション』はなぜ敗れるか」，角川書店2005年版，第207页。

的钱。"① 因此，对日本流行文化的国际传播的考察应当保持清醒的头脑和谨慎的态度。

第四节 从受众角度分析日本现代流行文化的软实力

如前所述，通过广泛的国际传播，日本现代流行文化对国外受众个人、外国的文化和经济以及国家间关系均产生了重要影响。同时，国际传播对日本现代流行文化也产生了效果，即"走出去"的日本现代流行文化经历了从被蔑视到逐渐被国外受众认可、接受，甚至推崇的过程，其自身也由潜在的软实力资源转变为真正的软实力资源。从受众角度来看，日本现代流行文化软实力资源拥有丰富的文化资源力、强大的文化传播力和文化吸引力。

一、日本现代流行文化中的软实力资源

有中国学者指出，国家文化软实力中的文化资源必须符合以下四个条件：一是能够促进一个国家或地区的发展；二是文化资源主体部分能够传播并被他国受众认知；三是文化资源能够被他国受众认同、内化；四是这些文化资源的影响力巨大，能够使他国受众改变行为方向和模式，并且这种改变足以影响国家的行为改变。② 笔者以此为参考，并从国外受众视角出发，分析日本现代流行文化经过国际传播后转化成软实力资源的主要内容。

首先，漫画、动画、电子游戏等日本现代流行文化是日本重要的产业支柱。漫画从廉价低俗的小册子发展为每年出版数量占整个出版业接近40%③的行业；漫画、电视动画从仅以少儿为对象的大众娱乐发展到面向全年龄段受众的庞大产业；自20世纪80年代起，日本的电子游戏无论在

---

① ［日］大塚英志、大澤伸亮著：「『ジャパニメーション』はなぜ敗れるか」，角川書店2005年版，第190頁。
② 何洪兵：《国家文化软实力中的文化资源研究—基于他国受众需要视角》，《四川大学学报（哲学社会科学版）》2013年第2期，第57页。
③ ［日］白石さや著：『グローバル化した日本の漫画とアニメ』，学術出版会2013年版，第45頁。

主机还是软件上都称霸世界,等等。这些业绩足以证明日本流行文化产业在发展过程中不断做大做强并持续繁荣国内市场。可以说,在这种产业发展背景下,日本流行文化资源本身就带有优质基因,而牢牢掌握着引进选择权的国外商家和受众则更是优中选优。那些参加国际文化竞赛获奖的优秀作品、在国内竞赛中获奖的优秀作品、或是在日本国内受到普遍欢迎的文化产品,必然成为他们的优先选项。

其次,并非所有日本流行文化都能够传播到海外。即便是漫画、动画、游戏等主要门类,也并非所有内容都能"走出去"。即使已经"走出去",也未必都能被广泛传播。因为国外商家和受众拥有绝对的选择权。日本流行文化中怎样的内容能"走出去",完全取决于他们的选择,他人难以左右。"观众是否接受的决定因素,不仅是作品的质量,更重要的是观众的选择心理。"[1]

再次,这里所指的"被国外受众认同",不仅指娱乐、审美、技术上的认同,更重要的是指价值观的认同。从国外受众角度来看,认同他国民众的价值观绝非易事,有可能需要漫长过程,直到国外受众自觉意识到为止。例如,"漫画、动画不是专供儿童娱乐消遣的文化"这一观念在20世纪50—60年代就已经在日本出现。而欧美国家受众意识到漫画、动画适合成年人欣赏时,已是20世纪80—90年代了。正因为意识到这一点,日本漫画、动画才能在欧美国家逐渐传播。有一个颇有意思的现象值得关注:国外受众的观感与日本影视作品制作方的初衷有时会出现截然相反的情况。例如,电视剧《阿信》在亚洲多个国家播映后获得强烈反响。其中,中国人对《阿信》的认同不仅在于"奋斗""拼搏""一分耕耘一分收获""功夫不负有心人"等"阿信精神",[2] 还有"对市场经济的强烈兴趣"以及"对个体经营者、私营企业家的鼓励和信心"[3] 等等。然而,该剧主创人员在谈到创作动机时表示,"他们想表达的是战后日本由于出现过度经济至上主义而导致日本人失去了很多东西,并非想要突出艰苦忍耐、拼命

---

[1] 韩骏伟:《国际电影与电视节目贸易》,中国传媒大学出版社2008年版,第146页。

[2] 刘文兵:《日本电影在中国——第一部中日电影交流通史》,中国电影出版社2015年版,第246—247页。

[3] 同上书,第248页。

第三章　日本现代流行文化的国际传播

生活的女性形象"。① 显然，国外受众所认同的内容与主创人员的初衷截然不同。而且，不同的国外受众对同一文化产品的认同点也存在差异。同样以《阿信》为例，与前面提到中国人对《阿信》的认同不同，伊朗受众对《阿信》的认同还体现在其他方面。例如，"有人指出，《阿信》在伊朗的成功归功于片中女英雄的品质——女性的顺从——与伊朗价值观的兼容性"。② 另外，《阿信》中也具有多国公认的价值观，即不畏艰辛、顽强奋斗、隐忍奉献等，这些都是人类共同追寻的人性光辉。1991 年，日本广播协会以《阿信》为题举办研讨会，总结了《阿信》吸引国外受众的要点，即"故事具有现实性，阿信的人生与本国女性的处境或多或少有相似之处，《阿信》使国外受众意识到作为经济大国的日本也曾有过贫困的过去并给予人们勇气"③ 等。由此可见，文化作品的现实性可以拉近与国外受众的距离，相似的故事背景以及境遇更容易使国外受众产生共情，作品内含人类共同的价值理念更易获得认同。又如，日本的动画、漫画作品也同样能够说明问题。把人生的难题和教训等问题通过动画、漫画的形式表现出来，并提供解决问题的方法，为青少年在现实生活中克服困难提供精神上的支持。美国学者苏珊·纳皮尔曾经"赞扬日本动画片做得好"，"深入浅出，往往把一些人生的难题通过简明易懂的动画表现出来，帮助孩子们克服困难"。④ 美国动画迷伊丽莎白·莫兰在评价美国版动画片《极速赛车手》（日本动画片《马赫 GOGOGO》）时提到，"每个故事都揭示了宝贵的人生教训，即诚实、信赖、无私、勇气等。我们从中领悟到，自私和贪欲会招致怎样的后果"。⑤ 中国大学生在访谈时提到，"日本的动漫，符合他

---

① ［日］近藤誠一著：『日本のソフトパワー 発信力・交渉力を高める「文化の力」』，https://www.academyhills.com/note/opinion/15022501Japanese_softpower.html。（上网时间：2021 年 7 月 2 日）

② ［加］马修·弗雷泽著：《软实力：美国电影、流行乐、电视和快餐的全球统治》，刘满贵等译，新华出版社 2006 年版，第 173 页。

③ ［日］大場吾郎著：『テレビ番組海外展開 60 年史——文化交流とコンテンツビジネスの狭間で』，人文書院 2017 年版，第 195 页。

④ 吴建民：《公共外交札记：把握世界命脉》，中国人民大学出版社 2012 年版，第 123 页。

⑤ ［日］草薙聡志著：『アメリカで日本のアニメは、どう見られてきたか?』，徳間書店 2003 年版，第 83 页。

们在各个成长阶段的心理需求,以从未见过的新鲜形式把各种各样的知识和价值观教给他们"。① 由此可见,动画、漫画所传递的"正义、和平、友情、团结、协作、努力、希望、胜利"等放之四海而皆准的价值理念支撑起人们的精气神,促使人们迸发正能量,勇敢面对困难与挑战。对这些全人类共同价值的认同,理应是日本流行文化能够风靡世界的重要原因。

最后,在文化资源通过传播产生巨大的影响力并促使他国受众改变行为方向和模式方面,日本流行文化所起的作用也是显而易见的。如前所述,通过国际传播,日本流行文化对国外受众、对象国文化和经济,以及国家间关系均产生重要影响,不但改变了他国受众的理念、生活方式,还促进了对象国文化和经济产业的发展,甚至在一定程度上缓和了国家间紧张局势、增进国际理解与友好等,这些改变有目共睹。学者何洪兵提到,文化资源的影响力要促使他国受众做出改变,这种改变还要足以影响国家行为做出改变,唯其如此,这种文化资源才能称作国家文化软实力中的文化资源。② 关于"影响国家行为的改变"这一点,目前尚无客观证据显示日本流行文化的软实力资源能够直接发挥作用。而且,那种指望利用文化软实力来解决诸如领土争端、历史问题等悬而未决的棘手问题的想法非常不切实际。但是,受过日本流行文化影响的政府及政策执行者在加强两国友好关系、维持关系稳定、缓和紧张关系等方面还是可以有所作为的。因此,强化日本流行文化国际传播的重要性不言而喻。值得一提的是,日本专家智库以及政府已经认识到,"从中长期看,对方国家普通民众对日本的理解正是影响其政府及政策执行者态度的最大因素"。③ 可见,以日本流行文化为切入点,唤起国外受众对日本、日本人的关注,加深对日本的理解就显得愈发重要。此外,当今国际社会,国与国之间不仅存在悬而未决的政治难题,还要共同面对越来越多的全球性棘手问题,寻求和平发展与

---

① 吴咏梅、王向华、[日]谷川建司编著:《越境的日本流行文化》,山东人民出版社 2010 年版,第 187 页。

② 何洪兵:《国家文化软实力中的文化资源研究——基于他国受众需要视角》,《四川大学学报(哲学社会科学版)》2013 年第 2 期,第 57 页。

③ 日本"推进文化外交恳谈会":《创造"文化外交的和平国家":日本》,霍建岗译,载王敏著:《生活中的日本——解读中日文化之差异》,王秀文等译,吉林大学出版社 2009 年版,第 137 页。

国际合作是王道，运用流行文化软实力资源达到加深理解、加强合作的目的是非常有效的方法。

二、日本现代流行文化的软实力分析

学者刘澜指出，甲国文化资源通过传播对乙国民众产生吸引力，[1] 根据这个文化软实力的第一步权力转化，可以确定文化软实力的三个维度，即文化资源力、文化传播力和文化吸引力。因此考察文化软实力，需要全面考察这三个维度。[2] 笔者以此理论为依据，从国外受众角度出发，对日本流行文化的文化资源力、文化传播力和文化吸引力进行考察。

首先是文化资源力。"如果从传播受众乙的角度考察传播主体甲的文化资源力，则是乙感受到的甲的文化资源的丰富性。"[3] 传播到海外的日本流行文化资源的丰富程度不言自明。对亚洲、南美洲等地区的发展中国家而言，经济发达的日本就是"先进"的代名词。在当地，日本现代流行文化内容繁多，既有与日本社会背景紧密关联的流行文化产品，也有背景角色貌似与日本无关的"无国籍"文化产品。与此相对，在电影、电视、动画的发源地欧美国家，尽管很少选择与日本社会背景相关的文化产品，但除此之外仍有众多题材可供他们挑选。例如，怪兽特摄电影、日式恐怖片、科幻机器人动画、美少女动画、适合成年人看的动画等，这些都是欧美国家没有的题材。值得一提的是，日本流行文化在通过商业渠道进行国际传播时，由精明商家组成的"形象联盟"打出了集动画、游戏、电影、漫画于一体的组合拳，资源威力顿时成倍增长。《精灵宝可梦》便是典型案例。

其次是文化传播力。从受众角度来看，文化传播力则指"乙接触到的来自甲的传播及对其的信任"[4]。国外受众能够感受到的传播媒介与方式非常丰富，并且随着时代发展与科技进步，传播媒介与方式仍在不断增多。具体而言，电影、电视本身就是大众传播媒介，具有强大的传播能力，日本流行文化依托这些传播媒介可以很快传播。自20世纪80年代以来，卫

---

[1] 刘澜：《中国文化软实力有多大》，机械工业出版社2015年版，第64页。
[2] 同上书，第65页。
[3] 同上书，第68页。
[4] 同上书，第69页。

星电视、录像机、VCD、DVD 等新型媒介的出现又大大拓宽了传播渠道和传播范围，使得国外受众有了更多渠道获得日本流行文化信息。进入 21 世纪，网络新兴媒介的出现，不仅使文化信息瞬间传遍世界各地，还使受众获得更多日本流行文化相关信息，极大地拓展了国际传播的广度与深度；网络的出现也使受众个人成为传播主体，直接参与信息传播。由粉丝主动在网络上组织的社区交流平台成为新开辟的交流空间，群里的粉丝不但可以传递信息发表言论，而且可以相互讨论。不仅如此，商业渠道也值得高度重视。"电影的票房收入和电视的收视率效果从来就不是一种单一的物质性经济指标，它还包含着特定文化价值的有效传播，体现着文化软力量的实现程度。"① 科技进步也助力商业渠道的增多。例如，录像带、VCD、DVD 等新兴媒体的出现就开辟了新的商业渠道；网络平台的建设又使得日本流行文化产品多了不少销售渠道。而且，如前所述，由日本企业商家等组成"形象联盟"实施海外营销战略，将"媒介融合"运用于拓展海外市场获得成功。这也说明了商业渠道是日本流行文化产品"走出去"的重要渠道。20 世纪 90 年代后期，随着日本流行文化产品在国内市场的逐渐萎缩，日本不得不开始重视开拓国际市场，这加速了日本流行文化的国际传播。国际市场已然成为国内外流行文化领域相关企业互相较量的战场。国外受众通过商业渠道获得日本流行文化的机会也随之增多。此外，人际传播渠道是国外受众常用的稳定渠道。由粉丝自发组织的关于日本流行文化的博览会成为日本流行文化爱好者们交流切磋的天堂，志同道合者的介绍、推荐更能博得国外受众的信赖。据统计，欧美国家的这些博览会参加人数每年都在增长，可见人际传播渠道也是日本现代流行文化国际传播的重要一环。总之，科技进步导致新兴媒体不断被研发出来，无论是大众传播媒介，还是商业渠道，抑或是人际渠道，其中又不断涌现出新的渠道，这无疑会迅速提高日本现代流行文化的国际传播能力，扩大国际传播的覆盖面。另外，国外受众主动参与传播，是日本现代流行文化得以跨越文化障碍迅速走上世界流行文化舞台的重要推手。如前所述，日本现代流行文化最初的国际传播，除了通过商业渠道外，还通过国外受众将文化产品从

---

① 贾磊磊主编：《提高国家文化软实力研究》，中国文联出版社 2016 年版，第 8 页。

日本带回自己的国家,并与亲朋好友分享,逐渐为他人所接受。即便日本流行文化在海外处于遇冷的阶段,国外热心的粉丝也会想方设法获得相关资源。他们喜爱日本流行文化中的某个门类,并主动将它介绍给具有共同爱好的朋友,由此建立相互信赖的关系。相较于来自日本的宣传,这种信赖关系更加有助于日本流行文化的国际传播。在科技日新月异、网络迅猛发展的当今时代,国外受众都有机会成为自媒体,都有可能通过网络平台主动发声、参与到日本现代流行文化的国际传播中。还有一类国外受众也对日本流行文化的国际传播起到积极的推动作用,他们是对日本流行文化有较为深刻认知的专业人士。由于他们具备较高的专业素养和学识,在国内甚至在世界上都具有较高知名度。他们的国籍、身份和社会地位决定了他们的影响力,他们的言论更具可信度,更容易获得本国民众的信赖。尽管他们并非纯粹为宣传日本流行文化而行动,但在客观上为日本流行文化轻松跨越国界和文化障碍起到不可替代的作用。

最后是文化吸引力。如果从受众的角度来评估,文化吸引力则指"受众乙感受或表现出(传播主体)甲的文化对其的吸引力"。[①] 具体而言,内容是王道。在 20 世纪 60—70 年代,日本的电视动画被引进到欧美国家,欧美国家不但没有对其进行常规改编,而且刻意抹掉动画中的日本痕迹,导致受众无从知晓动画的出处。欧美国家受众在不知情的情况下接触到日本电视动画,但对该电视动画给予的好评,掀起了电视动画的收视热潮,可见日本电视动画的吸引力之大。日本漫画也是如此。其一,日本漫画、动画点燃了青少年的梦想。有的人看了漫画后立志成为职业漫画家,有的人看了电视动画节目后立志成为足球选手、排球选手,最终都梦想成真。其二,漫画、动画故事中的内容大多与受众在现实生活中遇到的情况相同或相似,这样就很容易产生共鸣,并且故事还提供了解决问题的范例,成为青少年受众应对成长烦恼的重要参考。其三,影视作品颇具现实性,故事中相对富足的社会生活状况给发展中国家的民众带来憧憬和希望。

还有一点不可忽略,即文化与经济的关系。有学者提到,"在 20 世纪 80—90 年代的日本动漫热背后,除了有日本动漫本身的魅力之外,一个最

---

① 刘澜:《中国文化软实力有多大》,机械工业出版社 2015 年版,第 69 页。

重要的推动因素就是日本经济在东亚地区的扩张，日本在经济、技术上的优势地位带来了文化上的吸引力"。① 因此，日本现代流行文化自然也成为焦点备受关注。

---

① 归泳涛：《日本的动漫外交——从文化商品到战略资源》，《外交评论》2012年第6期，第129页。

第四章 日本现代流行文化国际传播的推动因素

日本现代流行文化经过半个世纪的发展与国际传播，终于在20世纪末跻身于世界级流行文化之列并大放异彩。显然，这是多种因素合力作用的结果。其中，市场需求引导、科技进步和政治因素是推动日本现代流行文化国际传播的主要因素。本章将对这几个因素做详细阐述。

第一节 市场需求引导

日本现代流行文化之所以能够传播到海外，不仅因为它品质优良，还因为它契合了国际需求，而后者正是国际传播的前提条件。没有国际需求，文化产品即便跨越国境也只是一厢情愿，最终无法真正的传播。流行文化产品兼具文化和商品两种属性。商品属性是助力流行文化广泛传播的重要因素。从这个意义上讲，商家的重要作用显而易见。绝大多数流行文化产品都是通过商业途径以贸易的方式走向世界的。本节将从国际市场因素与日本国内市场因素两个方面展开论述。

一、国际市场需求

在经济全球化浪潮下，国外商家的重要作用、国外受众的主动参与也是日本现代流行文化在海外获得广泛传播的主要因素。事实上，它们并非以推广日本流行文化为目的，但在客观上推动了日本现代流行文化的国际传播。

（一）国外商家的作用

流行文化的国际传播，不仅需要国内商家的努力营销，更离不开国外商家的积极推动。因为它们对本国市场需求十分敏感，还对文化产品内容和国内宣传发行渠道拥有决定权，且参与流行文化产品的引进、改编、宣传、发行整个过程，所以对流行文化跨越国界、跨越文化障碍起到了不可替代的重要作用。这里提到的国外商家范围广泛，主要指以营利为目的的国外商家，包括外国文化产品的发行商、从事外国文化产品译制工作的企业、国外电视台、电影院线、为文化产品播映提供赞助的商家等等。

首先，引进外国流行文化产品意味着发行商在获得代理发行权的同时也拥有引进具体文化产品内容的决定权。换言之，在海外通过商业渠道传播怎样的文化产品完全取决于它们的自主选择。国内文化产品制作者和商家很难精准预判国外市场究竟需要怎样的文化产品、市场前景如何等问题。而在这方面，国外发行商的优势显而易见。事实上，日本许多流行文化产品能够走出国门，都是因为国外出现节目片源不足导致国外商家不请自来、主动购进。20世纪60年代，美国电视动画节目出现片荒，20世纪70年代，欧洲国家因电视台增多需要扩充频道而导致节目紧缺，中国香港本地剧集产量严重不足等[1]，都是此类典型。20世纪90年代，随着卫星电视频道的出现，东亚、东南亚的电视台和频道增多，节目需求量也相应增多。日本偶像剧和潮流剧相继成为亚洲各国电视台竞相购买的电视节目。尽管需求量大，但收益很低，因此日本的电视台对此态度并不积极。[2] 这反而显示出亚洲国家电视台引进电视剧的积极性和主动性。另外，国内优秀的文化作品未必适合国外市场的需要，在国内大受欢迎的文化作品在国外也未必同样获得热捧。举例来说，日本风格浓郁的电视动画、电视剧等通常会被欧美国家发行商排除在选择范围之外。因此，国外发行商对于日本流行文化产品具体内容的引进起到决定性作用。

其次，"改编"这一步骤是跨越国界后的流行文化产品进入观众视野前的必经操作，也是文化作品跨越文化障碍的一个重要手段。引进流行文化产品之后，国外商家通常会对它们进行改编，如更换题目、对剧中人物改名换姓、翻译配音、修改或删除不符合本国道德规范和价值观、难以理

---

[1] 吴伟明：《日本流行文化与香港》，商务印书馆（香港）有限公司2015年版，第35页。

[2] ［日］大場吾郎著：『テレビ番組海外展開60年史——文化交流とコンテンツビジネスの狭間で』，人文書院2017年版，第249页。

第四章　日本现代流行文化国际传播的推动因素

解的内容等。这种改编是任何一个国家都会进行的常规做法。因为这种做法就是在消除文化障碍，以便使外来文化更好地适应本国的需要。在具体操作上，各国会有所差异。例如，中国对引进的日本电视动画片通常只是做了题目修改、翻译配音、去除不符合中国价值观和道德规范的内容等常规改编。又如，成为中国观众美好回忆的日本电影《追捕》中国版就删剪了原版中的有违道德的镜头。① 经过常规修改的日本流行文化产品基本保持了作品原貌，中国观众通过故事角色的名字、日语歌曲、片尾工作人员名单等信息很容易分辨出片源来自日本。与此相对的是，欧美国家除了常规改编以外，往往还不经原版作者同意就刻意抹去作品中有关日本的痕迹。这种现象在美国尤为严重。例如，在任天堂公司的一款美国版的电子游戏产品中，寿司被换成了热狗，主角又小又黑的眼睛被改成浓眉大眼。② 又如，日本著名动画《宇宙战舰大和号》的美国版，不仅题目和剧中人物名字全部改动，其中代表日本特色的寿司卷也被更换成巧克力蛋糕，日本酒被更换成水。这样一来，就成为另一种"无国籍"作品。可以说，这类做法严重损害了原作版权。而且，这种篡改导致欧美国家许多受众并不知道自己儿时观看的动画源自日本。

再次，外国商家的宣传推广也有助于日本流行文化产品跨越文化障碍。因为，与日本商家的宣传相比，外国商家在本国向民众宣传，更容易获得本国民众的信任。例如，长期以来，欧美国家民众对现代日本动画的印象多为负面，"可用'廉价''暴力''色情'等词来概括"。③ 1996年，美国迪士尼的子公司与日本吉卜力公司签约取得了宫崎骏电影的发行权。在向美国民众宣传时，该公司提到，宫崎骏电影的优秀程度远远超过那种充斥着暴力的一般的日本动画。④ 尽管这种宣传无法立刻改变美国民众对日本动画的刻板印象，但宫崎骏电影的实力以及发行商不懈的努力最终迎

---

① 刘文兵：《日本电影在中国——第一部中日电影交流通史》，中国电影出版社2015年版，第13页。

② 康彼得编著：《任天堂传奇：世界头号游戏帝国任天堂还秘史》，当代世界出版社1996年版，第177页。

③ ［日］增田弘道著：『もっとわかるアニメビジネス』，NTT出版2011年版，第68页。

④ ［日］草薙聡志著：『アメリカで日本のアニメは、どう見られてきたか?』，徳間書店2003年版，第225页。

来了日本动画地位的提升。2003年,宫崎骏的动画电影获得美国奥斯卡最佳长篇动画电影奖项,日本动画也成为日本最具代表性的文化屹立于世界流行文化之林。

此外,在发行渠道方面,国外商家拥有绝对的掌控权。选用怎样的发行网络直接关系到引进的文化作品能否在当地广泛传播,因此,国外商家的作用之大远超想象。举个例子,在动画领域,20世纪90年代末,日本动画《精灵宝可梦》在美国引发空前热潮,震惊日本和世界。究其原因,这不仅是由于作品新奇有趣,由日本生产厂商、出版社等组成的版权委员会的统筹与策略得力,更要归功于动画在美国主流网络的发行,而这是《精灵宝可梦》风靡美国的关键。具体而言,日本动画《精灵宝可梦》于1998年在美国的地方电视台播放,人气高涨,成为热播节目。原本这与日本其他优秀的动画作品在美国的发行并无不同,播放半年后,美国著名的华纳兄弟公司意图利用《精灵宝可梦》来改善岌岌可危的经营状况。于是它与日本公司签订播映合同,在地方电视台继续播映的基础上,将《精灵宝可梦》纳入自己专属的有线网络的少儿频道向全国播映。这是美国的主流电视频道,在全美具有很大的影响力。此前,美国主流放映网络从未向日本的流行文化产品开放过。如此一来,日本动画《精灵宝可梦》不但进入美国主流电视播放渠道,而且地方台也同时播映,这就大大增加了节目的播放频率,拓宽了传播范围,掀起了《精灵宝可梦》的收视热潮。1999年,剧场版动画《精灵宝可梦:超梦的逆袭》在美国3043家影院公映,"最终票房收入为8575万美元(相当于当时77亿日元)",[①] 成为日本在美国票房最高的动画电影。此前也有不少日本优秀的动画电影在美国上映,但均未受到过如此待遇。即便是20世纪日本电影史上的票房冠军、被称为"国民电影"的动画电影《幽灵公主》在美国公映时的影院数目也只有几百家,在美国的票房也不尽如人意。此前在美国,通常低预算低成本的电影,尤其是外国电影根本无法在3000家以上的影院公映。此次,在美国电影界算是超低预算的剧场版动画《精灵宝可梦:超梦的逆袭》能够在3043家影院公映,倘若没有掌握着本国主流发行渠道的美国发行商的首肯

---

① [日] 増田弘道著:『もっとわかるアニメビジネス』,NTT出版2011年版,第66—67页。

第四章 日本现代流行文化国际传播的推动因素

与运作，就绝对无法实现。从此日本动画、漫画、游戏实现"媒介融合"的商业化运作就在美国较为常见了。又如，在漫画领域，一家名为Tokyo PoP的漫画发行公司值得关注。它由斯图·利维于1997年在东京创立，主要从事日本漫画在海外的翻译、出版、发行等业务。占领北美市场后，它又在英国、德国等地设立分支机构，在全球50多个国家拥有合作伙伴，形成了一个庞大的全球漫画发行网络。它还与其他国家的企业实现跨行业合作，共同推广漫画业务。它为日本漫画在全球的普及所做的贡献有目共睹，尤其是将日本漫画原版的右开本、竖写文字等规则传播到世界各地，确立了日本漫画品牌在世界的地位。为表彰Tokyo PoP公司的功绩，2005年，日本经产省给Tokyo PoP公司总部颁发了第一届日本品牌创造贡献企业经济产业大臣表彰奖。①

最后，参与发行的赞助商的助力也不容忽视。赞助商通过为文化节目提供赞助而获得角色形象的版权授权，便可以利用它来生产或销售相关商品，这在国外也是常规做法。例如，1995年，日本电视动画《美少女战士》在欧美国家的电视台播映，美少女战士的形象获得观众好评，而且"在商界也刮起了'美少女旋风'。相关衍生商品十分畅销，商家赚得盆满钵满"。② 又如，剧场版动画《精灵宝可梦：超梦的逆袭》的赞助商美国汉堡王公司自成立以来最大的一笔促销费用就是"投入2200万美金用于制作玩具和游戏用卡片，并当作赠品送给消费者"③。美国第二大玩具公司孩子宝公司与任天堂美国法人签约获得版权授权，加盟《精灵宝可梦》项目，陆续推出《精灵宝可梦》的毛绒玩具、手办、游戏交换卡片等产品。④对于商家而言，衍生品是给他们带来丰厚利益的宝藏；而对于日本流行文化产品而言，无疑是无数个绝佳的广告。广而告之的结果，日本流行文化产品不仅延长了流行的寿命、拓宽了传播的边界，还为牢固树立日本流行

---

① 『株式会社TOKYOPOP』，平成18年7月19日，https：//www.nttsolmare.com/press/2006/p0719_report2.html。（上网时间：2020年8月28日）
② ［美］フレッド・ラッド、ハーヴィー・デネロフ著：「アニメが「ANIME」になるまで——『鉄腕アトム』、アメリカを行く」，［日］久美薫訳，NTT出版2010年版，第223页。
③ 同上书，第171页。
④ ［美］草薙聡志著：『アメリカで日本のアニメは、どう見られてきたか?』，徳間書店2003年版，第256页。

文化的品牌奠定了坚实基础。

（二）国外受众的主动参与

此处的"国外受众"，指的是作为读者、观众接触到日本现代流行文化的外国人，是日本现代流行文化国际传播的直接参与者。他们喜爱日本流行文化的某个门类，并主动将它介绍给其他人。在科技日新月异、网络迅猛发展的当今时代，人人都有机会成为自媒体，都有可能通过网络平台主动发声、参与到日本现代流行文化的国际传播中来。此处重点分析其中的两类人，即对日本流行文化有较为深刻认知的专业人士和对日本流行文化有着狂热爱好的粉丝群体。可以肯定的是，这些人的目的并非为了宣传日本流行文化，但他们的行为客观上对日本流行文化的国际传播起到积极作用。

对日本流行文化有较为深刻认知的专业人士通常具有某些共性。例如，他们具备较高的专业素养和学识，在国内甚至在世界上都具有较高知名度。他们或是为日本流行文化走向世界而奔波劳碌；或是把日本流行文化的部分精华运用到自己的传世作品中；或是著书立说、将自己对日本流行文化的研究成果介绍给世人；抑或通过新闻媒体介绍日本流行文化。他们的国籍、身份和社会地位决定了他们的影响力，他们的言论更具有可信度，更容易获得本国民众的信赖，因而有助于日本流行文化的国际传播。鉴于篇幅有限，此处将重点介绍电影界、学术界、新闻传媒界的典型案例。

案例1：助力战后日本电影走向世界的茱莉亚娜·斯特拉米杰莉女士

众所周知，日本电影《罗生门》于1951年荣获第十二届威尼斯国际电影节金狮奖。但很少有人知道，那时日本电影人并不知晓在国际电影节获得大奖对他们和对日本的意义。日本甚至都没有派相关人员出席颁奖仪式，①导演黑泽明是获奖后才得知自己的电影参展的。②《罗生门》能够走向世界，意大利人茱莉亚娜·斯特拉米杰莉功不可没。学生时代，她作为交换留学生在京都大学学习日本古典美术和文学；毕业后她留在日本生活，曾在东京外国语大学担任意大利语教师，后来出任意大利电影公司总

---

① [日] 浜野保樹著：『模倣される日本——映画、アニメから料理、ファッションまで』，祥伝社2005年版，第204页。

② [日] 黑泽明著：《蛤蟆的油》，李正伦译，南海出版公司2006年版，第268页。

第四章　日本现代流行文化国际传播的推动因素

经理。由此可见，她是一位典型的知日派。1951年，威尼斯电影节主办方通过外交部向日本发出邀请函，希望推荐日本电影参展。对此，日本电影联合会咨询了斯特拉米杰莉并获得支持。在筹备选送电影期间，诸如参展电影的选择、活动经费的承担、电影的翻译等问题接踵而至。斯特拉米杰莉不仅积极支持《罗生门》参展，还主动承担字幕制作费、手续费、运费等，并为影片提供字幕、介绍性资料等。她的功绩在于："积极支持日本人选送《罗生门》，并帮助日本与意大利电影联合会及电影节主办方协商。尽管时间过于紧迫险些令其作罢，但她仍旧在极短时间内使电影得以参展。"①"如果没有斯特拉米杰莉，参展国际电影节是百分百不可能的，也就不可能捧得金狮奖。"②《罗生门》的获奖，对第二次世界大战后的日本具有非同寻常的意义。它不仅成为导演黑泽明"个人走向世界的大门"③，还提振了日本人的自信心，坚定了日本电影人进军世界电影、出口创汇的决心。因此，斯特拉米杰莉的功绩足以载入日本电影发展史册。

案例2：熟知日本电影的好莱坞知名导演

美国好莱坞可谓世界电影、世界娱乐的中心。乔治·卢卡斯、史蒂文·斯皮尔伯格、马丁·斯科塞斯、詹姆斯·卡梅隆、约翰·拉塞特、沃卓斯基兄弟等好莱坞导演均享誉世界。他们还具有一个共同特点，他们与日本同行黑泽明、宫崎骏、大友克洋、押井守等关系密切。其中，乔治·卢卡斯、史蒂文·斯皮尔伯格、马丁·斯科塞斯是黑泽明的铁杆粉丝，詹姆斯·卡梅隆与大友克洋、押井守私交甚好，约翰·拉塞特与宫崎骏则是多年好友。他们对这些同行作品的艺术性评价甚高。例如，詹姆斯·卡梅隆等世界一流导演观看大友克洋的《阿基拉》后盛赞日本动画电影很酷；④ 约翰·拉塞特更是助力宫崎骏荣获奥斯卡电影终身成就奖。在颁奖典礼上，他作为颁奖嘉宾介绍宫崎骏的出色成就以及对他的影响，赞美之情溢于言表。专业人士的肯定不仅有利于确立日本电影在世界电影之林的地位，还为日本电影、日本动画

---

① ［日］岩本宪儿编著：『日本映画の海外進出——文化戦略の歴史』，森話社2015年版，第286页。
② 同上书，第276页。
③ ［日］黑泽明著：《蛤蟆的油》，李正伦译，南海出版公司2006年版，第247页。
④ ［日］增田弘道著：『もっとわかるアニメビジネス』，NTT出版2011年版，第64页。

等流行文化的国际传播带来机遇。20世纪90年代初,《阿基拉》获得专家好评后,欧美国家的发行商从中发现商机,纷纷从日本引进日本动画电影、电视动画。日本动画由此重新出发,迈向世界流行文化的中心。

好莱坞大片中模仿日本电影的内容不在少数。例如,《星球大战》《拯救大兵瑞恩》《狮子王》《黑客帝国》等闻名遐迩的电影在故事线和角色设定等方面均有明显模仿黑泽明、手冢治虫、押井守等导演的痕迹。近年来,美国与日本签订版权合同获得翻拍权的案例不断增多,显示出较为旺盛的需求,"大受欢迎的日本电影几乎都被列入翻拍清单"。① 翻拍的电影中也有不少成功案例,如《午夜凶铃》《咒怨》《攻壳机动队》《忠犬八公》《南极物语》等。如此这般,日本电影、日本动画电影通过被模仿、被翻拍等方式传播到国外,也表明日本电影具有一定的影响力。日本学者浜野保树指出:"之所以被模仿,是因为有魅力。被模仿本身就证明具有国际竞争力。"②

案例3:通过纸质媒体推介日本电影、动画的知日派

马尔赛尔·朱格拉里斯,法国人,记者、电影研究者,是向法国介绍日本电影的典型代表。他曾任法国电影机构的驻日代表,在日本政界、电影界、新闻界均有朋友并保持多年的交往,可谓人脉广泛。作为法日两国电影交流的桥梁,他在向日本推介法国电影的同时,也为日本电影参展戛纳国际电影节做过不少贡献,并竭力促成日本电影人与法国电影同行的接触。③ 朱格拉里斯于1956年完成著作《日本电影》,详细介绍日本电影的发展史。该书被认为是"用外文撰写日本电影史的最早的一部作品"④,尤其是"生动描写了第二次世界大战后日本电影10年的发展历程,是非常宝贵的资料"。⑤

唐纳德·里奇,美国人,电影评论家,对日本文化和艺术拥有浓厚兴

---

① [日]浜野保樹著:『模倣される日本——映画、アニメから料理、ファッションまで』,祥伝社2005年版,第38页。
② 同上书,第92页。
③ [日]岩本憲児編:『日本映画の海外進出——文化戦略の歴史』,森話社2015年版,第300页。
④ 同上书,第298页。
⑤ 同上书,第300页。

第四章　日本现代流行文化国际传播的推动因素

趣。1947—1949 年，他来到日本工作生活，与黑泽明、川端康成、铃木大拙有过交流。① 他著作颇丰，1959 年与他人合著《日本电影——艺术和产业》，1965 年出版《黑泽明的电影》，1974 年出版《小津安二郎的美学——电影中的日本》，对日本电影评价颇高。唐纳德·里奇精通日本文化并经常受邀演讲，他热心地向外国人介绍日本电影的精髓。② 他定期向英文报刊投稿，为欧美国家电影人介绍日本电影的相关信息。他在美国电影界获得尊重与信赖，曾经帮助日本电影参展旧金山国际电影节等，是日本电影走向世界的重要引路人。

苏珊·纳皮尔，美国人，大学教授，曾在日本断断续续生活了 6 年左右，主要从事近代日本文学、现代日本动画的研究。可以说，她是研究日本动画的代表性人物，代表成果是《现代日本动画》（2001 年）。她针对大友克洋的《阿基拉》、宫崎骏的《千与千寻》等名作，细致剖析导演的创作思想、日本现状与文化背景等内容，并强调把日本动画定位成"日本文化传统中的一种'艺术形态'"。③ 苏珊·纳皮尔还在国际学术会议等场合向世界发声。例如，2005 年，在东京举办的世界文明论坛上，她曾赞扬日本动画片做得好。④

另外，喜爱日本现代流行文化的国外粉丝群体的力量也不可小觑。根据喜好的角色形象不同，国外粉丝群体大致可以分为两类：影视明星、导演的崇拜者和对虚幻世界里故事及角色的崇拜者。

20 世纪 70 年代，日本现代流行文化随着影视剧、电视动画进入亚洲地区传播。当时，亚洲观众十分喜爱日本影视剧，由此拉开追星序幕。以日本影视剧在中国的传播为例，20 世纪 70 年代末，中国实行改革开放以后，日本影视剧迅速传播到中国，给中国观众带来强烈震撼。同时，"明星效应""偶像崇拜"等词也应运而生。高仓健、中野良子、栗原小卷、

---

① ［日］岩本宪儿编：『日本映画の海外進出——文化戦略の歴史』，森話社 2015 年版，第 344 页。
② 同上书，第 346 页。
③ ［日］北野圭介著：『日本映画はアメリカでどう見られてきたか』，平凡社 2005 年版，第 194 页。
④ 吴建民：《公共外交札记：把握世界命脉》，中国人民大学出版社 2012 年版，第 123 页。

山口百惠、三浦友和等日本演员不但在演技上获得观众认可，他们的形象也给人留下深刻印象，甚至成为争相模仿的对象。当时，"高仓健型的男士对很多中国女性来说，是理想的结婚对象"。① 不仅如此，街头巷尾到处是印有明星图像的挂历、贴纸，"小鹿纯子头""幸子衫""光夫喇叭裤"风靡一时，成为人们模仿的标配。尽管当时没有网络，但通过杂志、报纸、电视等大众传媒的宣传以及口耳相传，明星形象很快火遍大江南北。到20世纪90年代后期，日本偶像剧、潮流剧在中国海峡两岸暨香港等地盛行。年轻人，尤其是"哈日族"不但将铃木保奈美、反町隆史、常盘贵子、木村拓哉、深田恭子等明星视为偶像，对偶像的造型和服饰也是全力模仿。市面上与日剧相关的商品层出不穷。粉丝的消费不仅大大提高了日本流行文化衍生商品的销量，也促进了日本流行文化的广泛传播。不只是明星，知名的电影导演往往也拥有不少粉丝。世界电影大师黑泽明就是典型代表。黑泽明在世界电影界的地位之高，看看他的粉丝便可知晓。美国好莱坞著名导演史蒂文·斯皮尔伯格、弗朗西斯·科波拉、乔治·卢卡斯、马丁·斯科塞斯等均十分敬重黑泽明。在他们年轻时经常观看研究黑泽明的电影，对其叙述故事、人物设定、拍摄技巧等方面的能力无比佩服。在他们日后导演的电影中，均能看到模仿黑泽明电影的痕迹。另外，当黑泽明因筹拍新片《影子武士》出现资金短缺时，弗朗西斯·科波拉和乔治·卢卡斯奔走游说好莱坞20世纪福克斯公司投资。马丁·斯科塞斯甚至还在黑泽明电影《梦》中扮演画家梵高一角。乔治·卢卡斯还将母校南加州大学电影电视系的摄影棚命名为"黑泽明之家"。② 可以说，这些功成名就的大腕粉丝的努力是对黑泽明的一种回报，同时对黑泽明电影及其品牌的广泛传播也是强大助力。

日本电视动画、漫画的国际传播也离不开国外粉丝的活动。亚洲地区和美国的一些青少年在日本短期停留或长期居住期间接触到日本电视动画之后便喜欢上日本动画，成为粉丝。③ 回国后，他们便将日本动画、漫画

---

① 刘文兵：《日本电影在中国——第一部中日电影交流通史》，中国电影出版社2015年版，第208页。

② ［日］浜野保樹著：『模倣される日本——映画、アニメから料理、ファッションまで』，祥伝社2005年版，第31页。

③ ［日］白石さや著：『グローバル化した日本の漫画とアニメ』，学術出版会2013年版，第210页。

第四章　日本现代流行文化国际传播的推动因素

与同学、朋友分享。通过这种人际交流活动，日本流行文化开始在小范围内传播。随着粉丝群体的不断壮大，有些粉丝从中觅得商机，在获得日本动画后便自行翻译并制成字幕版出售，由此渐渐形成粉丝圈内的流通网，生成小型市场。这类市场的价值绝不可低估。因为粉丝消费远超普通受众，而且市场相对稳定并逐渐扩大。更为重要的是，这类因受众需求而产生的市场还成为后来形成资本市场的契机。例如，当地的出版社从这类市场中觅得商机，主动与日本的出版社签订版权合同，在当地开拓出正规的日本漫画销售市场。① 再以美国粉丝为例，日本学者津坚信之用一句话概括了美国粉丝存在的意义："部分粉丝的诞生、存在与活动并扩大粉丝群，对20世纪90年代以后'日本动画'的普及起到了重要作用。"② 通过考察文献资料发现，自20世纪60年代末，日本电视动画涉及暴力等内容而被美国限制进口。20世纪70年代，美国主流电视网和地方电视台均很难见到日本动画，只有在日本人或日裔美国人聚居区的日语电视台偶尔会看到。美国最初的日本动画粉丝组织C/FO就是在这种背景下出现的。粉丝成员最初有六七十人，主要是20多岁的男性。他们时常聚在一起反复观看日本动画的录像并讨论交流，发现日语电视台播放巨型机器人动画片后，粉丝会想方设法找来录像观看。20世纪80年代，有粉丝又发现美国国内电视台播放的一些动画片十分怪异，语言内容和角色行为完全不匹配，不知所云。于是他们又想方设法搞清动画片原版的模样。在查找过程中，粉丝很快意识到原来那些不知所云的动画片并非原版，是对日本动画随意剪切改编而成的。因此，日本动画原版逐渐成为粉丝寻求的目标，"Anime"也成为粉丝对日本动画的称呼。录像带、VCD等新媒体成为了电视动画的新载体，神通广大的粉丝得到动画片的录像带、VCD后，或与其他成员一同观看，或相互交换手头资源。有的粉丝还借助录像机、摄像机等设备录下心仪的内容，与其他粉丝一同分享。美国各地也都出现了粉丝俱乐部。这些"星星之火"逐渐凝聚起来并不断扩大。1989年，大友克洋导演的动画电影《阿基拉》在美国公映，颠覆了

---

① ［日］白石さや著：『グローバル化した日本の漫画とアニメ』，学術出版会2013年版，第29頁。
② ［日］津堅信之著：『日本のアニメは何がすごいのか——世界が惹かれた理由』，祥伝社2014年版，第154頁。

日本现代流行文化国际传播研究

人们对动画电影只适合儿童观看的传统认知。之后，日本动画通过商业渠道更多地进入美国。而粉丝组织也扬眉吐气，纷纷从"地下"转到"地上"。1991年，美国粉丝在美国圣何塞举办了第一届动漫大会，此后每年都会举办。这是日本动画的粉丝进行交流的绝佳场所。会场既有出版社、书店的展台，也有根据动画类型划分的各种小规模群体交流的场所，还设有动画讨论会、各种相关产品销售市场等。此后，美国各地每年都会多次举办这类活动，人数逐年增多，内容也愈发丰富。有的会场还设有角色扮演舞台，供角色扮演爱好者展示形象。毋庸置疑，这是粉丝自发组织形成的大市场，它有别于正规的商业渠道，但因粉丝惊人的购买力而成为重要的市场。

值得注意的是，尽管美国动画大会的活动与日本的内容大同小异，但美日两国粉丝在理念和行为上的差异也是存在的。例如，美国粉丝会大方地跟别人说自己是御宅族，完全忽视了该词在日本具有贬义这一事实。欧洲国家的粉丝也是如此。美国粉丝的角色扮演者通常在家就换好行装，到达会场后主要是摆姿势拍照。而日本的角色扮演者则是带着行装到会场的更衣室换装，然后在会场表演区摆姿势拍照。活动结束后，他们会返回更衣室换上便装。由此可见，国外的粉丝并非完全照搬地传播，而是在传播日本流行文化的过程中逐渐形成适合自己的独特方式。另一个变化是，进入20世纪90年代，原版动画片通过商业渠道引进，"日本动画在放映时也保持了原样，并且观众清楚地认识到作品的产地是日本"。[1] 粉丝对日本动画原版片的需求增多，希望更快地看到日文原声、未经删减的日本动画作品。为此，他们开始自发组成字幕组，翻译节目内容，制成字幕，并将资源免费发到粉丝网页上分享。"比盗版更大的问题是在网络上可以随时免费观看，网络上还出现了非法网站和违规下载等情况。"[2] 这些做法均属违法，但从客观来看，这些违法行为的确促进了日本现代流行文化的飞速传播。

---

[1] ［日］津坚信之著：《日本动画的力量——手冢治虫与宫崎骏的历史纵贯线》，秦刚、赵峻译，社会科学文献出版社2011年版，第103页。

[2] ［日］櫻井孝昌著：『アニメ文化外交』，筑摩书房2009年版，第36页。

第四章　日本现代流行文化国际传播的推动因素

二、日本国内企业发展需求

在日本国内，积极开拓国际市场、推动日本现代流行文化"走出去"的主要有文化产品制作单位、国内商家和专业社会团体。赢得国际认可和获得外汇收入是它们推动现代流行文化国际传播的两大目的。文化产品制作单位的动机可谓多种多样，不同行业、不同企业，差异均很明显。有的公司将开拓海外市场当作自己的发展目标，有的公司意图通过出口创汇来填补制作亏空，有的公司是为了应对海外需求，而国内商家则是通过做好中介服务而获取利润。

具体而言，在电影领域，由于受到黑泽明的《罗生门》在威尼斯国际电影节上获得大奖的鼓舞，日本电影人纷纷以在国际电影节获奖为目标勇往直前。此后，通过参加国际电影节来打开国际市场销路，成为日本流行文化产品国际传播的基本渠道。大映电影公司的社长永田雅一便是推动日本电影登上国际舞台的重要人物。1949年，他从美国考察回来意识到电影是出口创汇的最佳产业，于是立志制作适合出口的电影。通过比较研究，他了解到外国人的喜好之后，开始制作符合欧美国家观众口味的电影。他领导的大映电影公司接连拍摄了《源氏物语》《雨月物语》《山椒大夫》《地狱门》等多部电影，陆续获得法国戛纳国际电影节大奖和美国奥斯卡荣誉奖。20世纪50年代是日本电影获得国际奖项的第一次高潮。与国际电影节联动的是电影交易市场，许多参展影片均通过这一途径开拓海外市场，日本电影也不例外。大映电影公司等日本几大电影公司由此开拓出自己的国际市场，赚取了大量外汇。不仅如此，永田雅一还仿照欧洲模式在东亚、东南亚创办电影节。他与中国香港的邵逸夫一起成立东南亚电影制作者联盟，于1954年举办第一届东南亚电影节，旨在开拓东南亚市场。①

在动画电影领域，参展各大国际电影节并寻求市场销路也是日本动画电影积极走向国际舞台的重要渠道。日本东映电影公司下设的东映动画公司是积极开拓海外市场的典型，在1956年成立之初，就把"创建东方的

---

① ［日］岩本宪儿编：『日本映画の海外進出——文化戦略の歴史』，森話社2015年版，第188頁。

日本现代流行文化国际传播研究

威尼斯"设定为战略目标。① 它的第一部长篇动画电影《白蛇传》就于 1959 年获得威尼斯国际儿童电影节特别奖。东映动画电影公司是欧洲国际电影节的常客，并多次获奖。它所参展的动画作品，尤其是获奖作品也是在与电影节相关联的电影交易市场上找到买家。自此，东映动画公司逐渐建立起自己独特的国际销售体制。

在电视节目领域，20 世纪 60 年代，日本同样是通过积极参加国际电影节、国际电视节目展销会等方式走向世界，不仅因获奖而增强自信、为国赢得荣誉，还打开了海外销售渠道，主要销往欧美等发达国家。同时，为加强国际交流、增进相互理解，日本的许多民营电视台开始与国外的电视台以节目交换或薄利多销的形式进行双向交流。"20 世纪 60—70 年代，日本的电视台积极展开电视外交，加强与国外电视机构的合作。"② 不仅半官半民性质的日本广播协会十分重视，民营电视台也纷纷加入其中，为加深国际理解和加强友好合作作出贡献。自 20 世纪 70 年代，日本也积极采取无偿提供等方式为东亚、东南亚国家的电视台提供节目支持。20 世纪 80 年代，日本的电视台还通过与其他国家开展合作拍摄的方式制作电视节目，不但提高了节目质量，而且拓宽了销路。20 世纪 90 年代，卫星电视的普及、电视频道的增加等导致海外对电视节目需求量猛增，日本电视剧在亚洲的销售迎来高峰。为满足这一需求，日本各大电视台薄利多销，及时将大量电视节目提供给亚洲市场。1995 年，日本电视节目出口额达到 53 亿日元，相当于 20 世纪 80 年代末出口额的 5 倍。③ 值得注意的是，在长达 60 余年的日本电视发展史上，日本电视节目的出口并未给电视节目制作单位带来多大利益，除了早期通过节目参展国际比赛来积极开拓市场以外，绝大部分情况都是采取薄利多销的方式来应对海外旺盛需求。与繁荣的国内市场相比，海外市场过小也导致他们对开拓海外市场愈发消极。当 2000 年以后国内市场出现萎缩时，他们才不得不将视线转向海外。

---

① ［日］山口康男编著：《日本动画全史——日本动画领先世界的奇迹》，于素秋译，中国科学技术出版社 2008 年版，第 55 页。

② ［日］大場吾郎著：『テレビ番組海外展開 60 年史——文化交流とコンテンツビジネスの狭間で』，人文書院 2017 年版，第 45 頁。

③ 同上书，第 239 页。

第四章　日本现代流行文化国际传播的推动因素

在电视动画领域，由于"动画就是烧钱的无底洞"①，其制作成本远远超过在电视台播映获得的收益，因此，为了尽可能填补制作成本的亏空，手冢治虫把出售电视动画的海外市场放映权当作"重要的收入来源"②。这一做法成为创举，使日后的电视动画制作公司纷纷效仿。不仅是东映动画公司、龙之子动画制作公司加入其中，作为合作者的多家电视台也纷纷投入电视动画领域。20世纪70年代，欧洲多国由于电视频道增多造成片源紧张，为日本动画进入欧洲市场带来了绝佳商机。为应对需求，东映动画公司、日本动画公司等通过商业渠道将大量质优价廉的动画作品引入欧洲，在欧洲掀起了动画热。媒体技术日新月异，互联网迅猛发展，动画公司也利用最新技术扩大对外宣传。例如，2009年，日本东映动画公司"开始在法国通过手机发送日本动画情报，让日本动漫触角更深入欧洲"。③

在游戏领域，无论在游戏软硬件生产方面，还是在海外市场开拓方面，日本的电子游戏生产厂商均展示出非凡的实力。任天堂、世嘉等知名企业盈利目标明确，早在20世纪80年代中期就已经将游戏产品打入欧美市场，并凭借技术优势与经典游戏抢占全球绝大部分市场份额。在开拓海外市场方面，日本的电子游戏厂商都展现出超强的营销能力。以任天堂公司为例，它采用了诸如游戏辅导员、杂志、商展，以及电视广告、电子游戏大赛等促销手法，这些都是任天堂"能在美国开疆拓土的最大原因"。④日本游戏生产厂商称霸世界的势头一直保持到21世纪初。尽管之后经历过一段挫折，但游戏厂商凭借坚忍不拔、不断创新进取的精神，不仅在传统游戏领域，在手游、VR游戏等新领域也再创辉煌。

在漫画领域，其实漫画业界并未积极开拓海外市场，主要原因有：国内外对于漫画的观念存在很大差异、出版版式不同、翻译繁琐、国内市场足够大、海外预期收益低等。因此，"2000年以前，日本漫画产业仅仅是

---

① ［日］手冢真著：《我的父亲手冢治虫》，沈舒悦译，新星出版社2014年版，第96页。

② ［日］大场吾郎著：『テレビ番組海外展開60年史——文化交流とコンテンツビジネスの狭間で』，人文書院2017年版，第58页。

③ ［加］Max Ziang著：《酷日本》，生活·读书·新知三联书店2011年版，第102页。

④ 康彼得编著：《任天堂传奇：世界头号游戏帝国任天堂发迹秘史》，当代世界出版社1996年版，第17页。

围绕国内市场而发展"。① 举例来说，碧日公司原本是由大型出版社小学馆100%出资在美国设立的海外子公司。2000年以前，碧日公司的业务很少。1999年，美国刮起"精灵宝可梦旋风"，碧日公司作为投资方获得很大收益。2000年以后，碧日公司由大型出版社改为日本小学馆、集英社共同出资，强强联手，积极开拓海外市场，主要负责日本漫画和杂志在海外的翻译出版与发行、电视动画的制作等业务，每年出版的漫画书籍达到400种以上。集英社的经典杂志《周刊少年JUMP》被制作成美国版、德国版、北欧版等，在全世界发行。而这些杂志均采用日本右开本、竖写文字的版式，保留日本原汁原味的风格，促使日本漫画规则逐渐为欧美国家读者所熟悉。《火影忍者》《海贼王》《犬夜叉》等超人气作品均是代表作品。

另外，日本流行文化产品的国际传播也离不开日本商家的代理斡旋。这些商家大致可分为三类：中介代理公司、日本企业联手合办影视媒体企业以及日本大公司的海外子公司与法人。它们主动寻找海外买家，从中牵线搭桥，助力流行文化产品通过商业渠道顺利走向世界。

中介代理公司主要指广告代理公司、电视节目销售代理公司等。他们负责协助文化产品制作公司进行版权洽谈、物色节目播映的赞助商等业务。这在电视节目的商业运作方面非常普遍。与欧美国家引进方的洽谈，通常只谈版权授权的事宜，节目的译制、改编等工作主要由欧美国家引进方负责。例如，手冢治虫将电视动画《铁臂阿童木》委托给代理公司寻找海外买家。1963年，在中介公司斡旋下，《铁臂阿童木》得以与美国广电局（NBC公司）签订播映权合同。之后，日本许多动画制作公司和电视台纷纷采用这种方式与欧美国家洽谈版权授权事宜。另外，在亚洲，中介代理公司负责联络多家日本企业达成协议，以赞助企业提供赞助费的方式来换取在当地电视台播放本企业的产品广告。赞助费用于支付节目制作公司的播放权费用、当地电视台的播放费用、电视节目的译制费用等，这种商业运作是外国引进日本电视节目的主要模式。《铁臂阿童木》《排球女将》等深受中国观众青睐的日本电视剧均采用这种模式引进。②

---

① ［日］冈田美弥子著：『マンガビジネスの生成と発展』，中央経済社2017年版，第128页。

② ［日］大場吾郎著：『テレビ番組海外展開60年史——文化交流とコンテンツビジネスの狭間で』，人文書院2017年版，第221页。

第四章　日本现代流行文化国际传播的推动因素

20世纪80年代后期，电视行业愈发国际化，卫星电视的发展导致许多国家地区的电视频道增多，因而造成电视节目片源需求量大增。为应对国际需求、加强日本影视作品的国际流通，除了原来的销售方式以外，日本还出现了多个行业的大型企业强强联手合办共同事业的情况。例如，1990年，影视媒体公司MICO成立。该公司由伊藤忠商事、西友、住友银行、第一劝业银行，以及多个行业的大型企业共47家联合出资成立，主营业务为影视软件销售、投资国际大型合作拍片与电影制作等。① 日本广播协会是其核心单位，"原则上，NHK电视节目的海外销售业务均由MICO公司办理"②。1991年，由MICO公司等日本企业出资成立日本网络集团，从事利用卫星信号在美国播放日语电视节目的业务。③ 这些举措大大加快了日本电视节目国际传播的速度，提高了国际传播的效果，为促进国际交流起到重要作用。

在制作日本流行文化产品时采用的"制作委员会模式"成为文化产品制作与发行成功的重要保障。它指的是文化产品制作公司、电视台、电影院线、广告公司、出版社、赞助企业等组成联合制作委员会，对文化产品的策划、生产和销售进行集体决策，共享产品版权。也有日本学者将这种"由多个行业围绕特定的角色形象形成的集合体"称作"形象联盟"。④ 20世纪80年代后期，这种模式被用于动画电影和传统电影的制作。20世纪90年代，它又被运用于电视动画、电视剧和综艺节目的制作。采用"制作委员会模式"出品的东宝电影公司的几部影片获得高票房，引发电影公司纷纷效仿。⑤ 20世纪90年代的宫崎骏的电影也采用了这种模式。正是包括制作公司、出版社在内的多个行业的积极广泛参与，才使得日本的动画、漫画、电影等创作出大量出色的作品。另外，这种模式还被运用于进军国际市场的作品。以在美国创造票房奇迹的《精灵宝可梦》为例，小学馆的

---

① ［日］大場吾郎著：『テレビ番組海外展開60年史——文化交流とコンテンツビジネスの狭間で』，人文書院2017年版，第221页。
② 同上书，第221页。
③ 同上书，第228页。
④ ［日］白石さや著：『グローバル化した日本の漫画とアニメ』，学術出版会2013年版，第84页。
⑤ ［日］四方田犬彦著：《日本电影110年》，王众一译，新星出版社2018年版，第277页。

海外子公司碧日和美国任天堂公司（NOA）主要负责与国外的电视台、电影院、赞助商等洽谈版权授权事宜。它们强强联手，与国内的版权联合委员会密切配合，为扫除电视动画和动画电影《精灵宝可梦》在美国发行的障碍作出重要贡献。①

在日本国内，漫画、电视、电影、游戏等娱乐媒体常常会围绕同一故事系列形成产业链，并在短时期内共同造势、相互成就，使得作品人气高涨。在机缘巧合下，这种经验也被用于文化产品在海外的推广，最终取得理想效果。《精灵宝可梦》便是典型案例。作为任天堂公司的一款经典游戏，它于1996年进入日本市场，不久，其同名故事漫画刊登在少儿杂志上，接着漫画被改编制作成电视动画。这一系列媒体陆续登场，在短时期内为观众带来了多重体验和享受。有趣的是，1998年，《精灵宝可梦》登陆美国是从电视动画开始的，这也是国内商家针对美国市场而采取的一大营销策略。电视动画先行播出，电视强大的广告效应为日后进入市场的电子游戏、卡牌游戏、玩具等创造了良好的营销环境，为游戏玩家做好了基础信息的铺垫。②而游戏和玩具的热销又带动了稍后推出的漫画、录像带的热销，这些又为电视动画系列片的播映提升了人气。就是在这种多个媒体共同营造的环境下，剧场版动画《精灵宝可梦：超梦的逆袭》于1999年在美国3043家影院公映，"最终票房收入为8575万美元（相当于77亿日元）"，③成为日本在美国票房最高的动画电影。如此这般，电视动画、电子游戏、卡片游戏、漫画、电影、VCD、DCD等多种大众传播媒介的产业联动，在美国实属罕见，④由此带来的经济效益令人震撼，"精灵宝可梦"这一卡通形象也成为全球品牌，风靡世界。

此外，日本专业社会团体的积极参与主要体现在日本传统影视作品的国际传播过程中。相较于电影公司、电视台等制作单位单独展开海外业务

---

① ［日］冈田美弥子著：『マンガビジネスの生成と発展』，中央経済社2017年版，第128页。

② ［日］大場吾郎著：『テレビ番組海外展開60年史——文化交流とコンテンツビジネスの狭間で』，人文書院2017年版，第292页。

③ ［日］増田弘道：『もっとわかるアニメビジネス』，NTT出版2011年版，第66—67页。

④ 同上书，第295页。

第四章 日本现代流行文化国际传播的推动因素

而言，行业中多家企业组成的联合团体的行动更加有利于日本该行业整体形象的建立以及进军海外市场。其中，推动电影走向世界的动机主要是开拓海外市场、振兴国际贸易；而推动电视节目走向世界的动机则多为促进国际理解与交流合作。

例如，在电影领域，第二次世界大战后，日本电影界的领军人物、大映电影公司的永田雅一志存高远，致力于日本电影的国际化战略。主要内容有：利用国际上对日本电影的好评推进电影出口；联合成立东南亚电影制作者联盟并创办亚太电影节；推进与外国电影公司合作拍片。[1] 这些策略均付诸行动并取得良好效果，为日本电影在国际上获得认可、开拓日本电影的海外市场、振兴海外贸易、赚取大量外汇作出重要贡献。1964年，由日本电影制作者联盟与日本贸易振兴会（JETRO）共同创办的日本电影中心在意大利罗马成立。该中心旨在开拓与欧洲各大国际电影节紧密相关的国际电影交易市场。具体任务有："宣传日本电影、商业洽谈、市场调查等"。[2] 20世纪70年代，又增加了出口电视动画等业务。又如，在电视领域，20世纪60年代初，日美两国电视节目交换中心成立，为日本电视节目走进美国提供了重要平台。先行先试的日本每日电视台通过该平台向美国出口了能够展现日本风格之美的电视节目，为日本文化的传播与国际交流做贡献。[3] 在NHK会长前田义德的倡议下，1964年，由11个国家的11个电视机构联合组成亚太放送联合会（ABU），主要进行人员交流、技术合作、促进节目交换等活动。其中的节目交换，"与其说是电视节目的交换，不如说是相互交换制作电视节目所需的素材"。[4] 截至2015年，该组织已经吸收68个国家275家广播电视机构成为会员，推进亚太地区会员的整体利益发展，提倡会员间的国际合作。[5]

---

[1] ［日］岩本憲児編：『日本映画の海外進出——文化戦略の歴史』，森話社2015年版，第197页。

[2] ［日］大場吾郎著：『テレビ番組海外展開60年史——文化交流とコンテンツビジネスの狭間で』，人文書院2017年版，第140页。

[3] 同上书，第72页。

[4] 同上书，第47—48页。

[5] 『アジア・太平洋放送連合（ABU）：組織の概要』，hpps://www.soumu.go.jp/g‐ict/international_organization/abu/。（上网时间：2021年5月20日）

第二节 科技因素

与科学技术紧密结合是日本现代流行文化的一个重要特点，也是其现代性、时尚性的反映。电影、电视、卫星电视、复印机、录像机、影碟机等等，这些日本流行文化的载体均为高科技产物。可以说，没有科技进步，就不会诞生影视节目、电视动画、动画电影、电子游戏等日本流行文化；没有科技进步，也就不会涌现多种多样的大众传媒来推动日本流行文化广泛传播；没有科技进步，提升日本流行文化国际传播的速度、广度和深度的难度就会大大增加。而且，科技进步并不仅指国外高科技的日新月异，日本国内不断研发的新技术也十分有利于日本现代流行文化的国际传播。本节将从国外与日本国内两方面对推动日本流行文化国际传播的科技因素进行详细阐述。

一、国外的科技进步

电影、电视、动画、电子游戏等流行文化载体均为高科技产品，它们并非日本发明创造，均从国外引进。传入日本之后，这些载体促进了日本流行文化的形成、发展和国际传播。科技进步推动日本流行文化的国际传播，主要体现在三个方面：文化载体的多样化、传播渠道的多元化、传播主体的大范围扩容。这也意味着国际传播能力的大幅提升。

具体而言，首先，数字技术的进步丰富了日本流行文化产品的样态。例如，电影与电视节目不仅以胶片形式存在，20世纪80年代出现了录像带，20世纪90年代又出现了VCD。进入21世纪，还出现了DVD、蓝光、网络视频等新兴载体。电子游戏领域也同样如此，从最初的街机游戏，到家庭电视游戏、掌上游戏，再到计算机游戏、网络游戏、手机游戏。有了高科技的支撑，同一款游戏可以在多个载体上发挥功能。这种变化带来了流行文化产业商业模式的改变，在原有传统的流行文化产品国际贸易之外，平行发展出诸如录像带、VCD、DVD等新兴市场。文化产品的新载体突破了观看时间和空间的限制，十分有利于吸引那些原本不愿踏足电影院、不愿被电影电视的固定收看时间束缚的国外受众。而且，对于在国外无法从主流渠道获得影视资源的受众而言，录像带、VCD、DVD等成为他

第四章　日本现代流行文化国际传播的推动因素

们观看的新渠道。日本流行文化的原版作品得以进入欧美国家市场，这些新兴载体的作用不可小觑。随着日本流行文化产品销路的不断扩充，文化内涵国际传播的范围也相应地不断扩大。

其次，在传播渠道多元化方面，电影、电视等本身既是高科技产品，又是文化内容载体，还是大众传播媒介。视觉符号比文字通俗易懂，更容易跨越国界、为世界各地民众所接受，它还能借助影视技术迅速传播。不仅如此，卫星通信技术、网络技术的日新月异又导致新型传播渠道的不断增多。例如，卫星通信技术扩大了电视信号的覆盖范围，打破了信息传播的疆界，为日本电视节目的国际传播开辟了新渠道。1990年，日本开始利用卫星信号向国外的日裔、日侨播放日语电视节目。丸红、三越等9家日本大型企业在伦敦合办了电视企业（JSTV），通过借用覆盖欧洲的卫星信号每晚向欧洲全境免费播放2—3小时的日语新闻和节目。① 进入20世纪90年代，新闻传媒旗下的星空卫视（STAR TV）利用卫星信号面向东亚、东南亚地区播出了日本偶像剧，引发日本偶像剧热潮。星空卫视的节目需求量大大超出日本电视台的节目供应量。② 亚洲地区电视台也争相购买。"1996—1998年是日剧在中国香港的全盛期，也是中国香港的第二次日剧的黄金时期。"③ 又如，20世纪90年代也是互联网开始发展的年代。网络被称为继报纸、广播、电视之后的"第四媒体"，具有传播速度快、传播范围广、信息容量大、互动性、开放性广等特点。值得注意的是，网络不仅自身是新兴媒体，它还为传统媒体开辟了新的发展空间。在网络中，漫画以电子书籍等形式出现，影视节目、动画都可以通过网络平台播放，网络社交游戏是21世纪游戏的一种重要形式。集多种传媒多种功能于一身的网络媒体极大地扩展了信息传播范围，增加了网民接触日本现代流行文化的机会。

最后，在传播主体的大范围扩容方面，计算机技术、信息通信技术、网络技术的发展强化了国际传播中个人作为传播主体的作用。在网络环境

---

① ［日］大場吾郎著：『テレビ番組海外展開60年史——文化交流とコンテンツビジネスの狭間で』，人文書院2017年版，第227頁。
② 同上书，第238頁。
③ 吴伟明：《日本流行文化与香港》，商务印书馆（香港）有限公司2015年版，第43页。

中,"'大众传播'的含义发生了变化:由面向大众的传播变为以大众为主体的传播"①,"个人更是成为了网络传播中灵活性最大的传播者"②。在网络环境中,人人都可以成为自媒体,可以随时发表见解,可以随时通过网络参与意见交流,可以随时将日本现代流行文化相关信息上传至网络平台与他人分享。这些在以往的传统媒体中均无法实现,可见网络媒体的威力之大。同时,企业、团体和个人在网络上发布的相关文化的信息量也随之陡增,"互联网上已经形成能够与巨大的图书馆相匹敌的网络组织",③甚至还将原本互不关联的亚洲供应网络与美国的日本流行文化相关信息网链接起来形成庞大的网络群。④这无疑扩大了日本流行文化相关信息传播的广度与深度。此外,2020年突如其来的新冠病毒感染疫情改变了世界,也改变了人们交往的方式,网络发布信息、在线交流等方式变得越发重要。日本在对外宣传时,也大量利用了这种方式。例如,2020年,日本驻外使领馆充分利用网络在线的方式宣传日本的多种魅力与优势。⑤

当然,科技是把双刃剑。一方面,它有力促进了日本现代流行文化的发展与国际传播,但另一方面,它也无法阻止盗版、字幕组和网络侵权等违法行为的产生。复印机、录像机、VCD、摄像机等仪器设备的发明与技术的普及为违法行为提供了便利;"比盗版更大的问题是在网络上可以随时免费观看,网络上还有非法网站和违规下载等情况"。⑥这些做法均属侵害他人著作权的违法行为,不管出于什么理由,任何国家都不会容许。但从客观上讲,这些违法行为的确有助于日本现代流行文化的飞速传播。日本学者津坚信之指出,"在日本动画逐渐风靡世界、受到关注的过程中,原创作品通过网络传播给海外粉丝,使得更多的粉丝能够欣赏到原创作品。但不得不说的是,事实上,在日本动画盗版盛行的地区,就是出现了

---

① 程曼丽:《国际传播学教程》,北京大学出版社2006年版,第45页。
② 同上书,第47页。
③ [日]白石さや著:『グローバル化した日本の漫画とアニメ』,学術出版会2013年版,第261頁。
④ 同上书,第213页。
⑤ 『令和3年版外交青書』:「第4章第4節日本への理解と信頼の促進に向けた取り組み」,hpps://www.mofa.go.jp/mofaj/gaiko/bluebook/2021/pdf/pdfs/4_4.pdf。(上网时间:2021年5月20日)
⑥ [日]桜井孝昌著:『アニメ文化外交』,筑摩書房2009年版,第36頁。

第四章　日本现代流行文化国际传播的推动因素

盗版扩大传播范围的现象"。① 有日本学者还发现，"盗版还成了日本企业决定'走出去'的方向的契机"。② 以日本漫画动画企业开拓亚洲市场为例，盗版的盛行使日本漫画出版社意识到必须维护自己的权利，因此有必要进入亚洲市场。而有些日本动画企业更是通过分析在盗版盛行地区的情况来判断动画作品在当地的市场潜力。它们站在亚洲的高度来把握亚洲各地区盗版市场的规模，由此判断各地区对日本动画的需求强度，再根据具体数据来决定"走出去"的方向及规模。③

二、日本国内的科技进步

如前所述，日本现代流行文化的载体，如电影、电视、录像带、VCD等均非日本发明。这些大众传播媒介刚传到日本的时候，日本也只能学习模仿。擅长改良的日本人很快在原来技术的基础上或稍作调整、或添加新的小技术，从而形成崭新的技术与艺术。日本人追求精益求精，不断改良技术、提高质量，最终在国际市场竞争中拔得头筹。例如，20世纪50年代，大藤信郎使用日本特色纸张千代纸来制作动画电影，在国际电影节上获得大奖。20世纪80年代，美国《华尔街日报》曾对日本电子公司做过这样的评价："优异的品质与低廉的价格横扫美国市场，将美国相关从业者打得溃不成军。大家都知道是美国公司发明的卡式录音与录像带，但是自从日本胜利公司崛起后，原有的美国厂商早已不知去向，计算机、电视以及其他所有电子产品都是如此。"④ 在提高产品性能方面，日本可谓不遗余力。以电子游戏行业为例，自研发出史上第一款真正意义上的掌上游戏机Game&Watch之后，1989年，日本任天堂公司还推出现代版掌机Game Boy，并不断推出改良版，给玩家带来更加舒适的体验。日本另一家著名的电子游戏公司世嘉公司在游戏产品性能的提升上做得十分细致，使画质

---

① [日] 津堅信之著：『日本のアニメは何がすごいのか——世界が惹かれた理由』，祥伝社2014年版，第170页。
② [日] 岡田美弥子著：『マンガビジネスの生成と発展』，中央経済社2017年版，第126页。
③ [日] 岡田美弥子著：『マンガビジネスの生成と発展』，中央経済社2017年版，第140页。
④ 康彼得编著：《任天堂传奇：世界头号游戏帝国任天堂发迹秘史》，当代世界出版社1996年版，第330页。

更加清晰精致、声音更加逼真，增强玩家的临场感。这些都是日本电子游戏能够常年称霸世界的重要原因。

在流行文化领域，日本还擅长跨界融合，将其他传播媒介的元素融入创作当中。最为典型的要属电影元素的运用。20 世纪 50 年代，手冢治虫将电影分镜头技术运用到长篇故事漫画的创作中，强化图像表现力与视觉效果。这成为日本漫画的一大特色，提高了日本漫画在国外的识别度。游戏领域也是如此，电影元素融入游戏制作已成家常便饭。玩家不仅是在体验游戏，还像是在观赏一部精彩电影，因为他们感受到的是如电影般的游戏场景、剧情精彩的画面等。

在运用与研发科技方面，日本善于将最新技术与流行文化相结合，研发出令人耳目一新的文化产品。例如，2010 年，日本就已经将全息投影技术运用到虚拟偶像歌手初音未来的演唱会上。2018 年，日本科学家又成功研发出 3D 全息投影技术。今后，虚拟人物在虚拟空间的表演将给人带来更加逼真、身临其境的感觉。在游戏领域，日本也是积极尝试 AR 技术、VR 技术[①]的运用。2016 年由任天堂、宝可梦公司和 Niantic Labs 联合开发的 AR 游戏《精灵宝可梦 Go》一经推出便轰动世界，创造出游戏史上新纪录。[②]"日本的《生化危机》游戏在 2017 年获得英国金摇杆最佳 VR 游戏奖和 TGA2017 最佳 VR/AR 奖。"[③] 由此可见，AR/VR 技术已经存在于日常生活中，并正在改变大众娱乐的方式。

在互联网科技飞速发展的今天，5G 网络时代也即将来临。它不仅支持 AR/VR 技术，还能在图像质量上有极大提升，其在传输速度与效果也远远高于 4G 网络，从而更好地满足受众的需求。为此，日本也正在加紧建设 5G 网络。时任日本首相菅义伟成立内阁后，立刻着手行政改革，其中一项改革便是计划于 2022 年设立"数字厅"，旨在打破行政纵向垄断，整治各省厅 IT、数字管理部门的乱象，加快建设高度信息通信社会。在"数字厅"计划推行的两大政策中，有一大政策就是官民共同推进数字化建设。其中一项措施是：实现 5G 技术覆盖全国，构建以 5G 技术为中心

---

① AR 技术，即增强现实技术；VR 技术，即虚拟现实技术。
② 茶乌龙主编：《知日：日本游戏完全进化史》，中信出版集团 2019 年版，第 147 页。
③ 同上书，第 132 页。

的基础设施。① 相信不久这项改革政策落实之后，日本现代流行文化在国内和国际的传播将变得更加快捷，给受众带来更多新奇的体验与便利。

第三节 政治因素

众所周知，美国流行文化与美国的外交政策、政治目标密切关联。"自电影诞生之日起，好莱坞就一直是美国外交政策中的一个强大的工具。"② "流行文化的吸引力帮助美国实现重要的外交政策目标。"③ 与美国流行文化的国际传播相比，日本流行文化在国际传播过程中并没有显示出浓厚的政治色彩，但可以肯定的是，有政治因素在推动日本流行文化的国际传播。其中，既有国外政治因素，也有日本国内的政治因素。本节将对此做重点阐述。

一、国外政治因素

研究发现，在日本现代流行文化国际传播的过程中，也有国外的政治因素在推动，在亚洲发展中国家能够找到相关案例。例如，1949年，中华人民共和国成立后，中日两国重启电影交流，日本电影重新回到中国观众的视野当中。当时引进中国的电影"全都是出自日本左翼电影人士之手的'独立电影'"。④ 显然，这是中国自主选择的结果。当时的"独立电影以其不畏权势、不向困难低头的'绝不服输'的精神成为当时反美反政府的日本民众的代言人，得到了他们的全力支持"。⑤ 中国文化部电影事业管理局王阑西曾提到，"日本电影中有我们可以产生共鸣的

---

① CUBE MEDIA：『菅総理が計画する「デジタル庁」どんな施策？他国ではどうなっている？』，https：//cubeglb.com/media/2020/0923/digital_estonia/。（上网时间：2021年7月18日）

② ［加］马修·弗雷泽著：《软实力：美国电影、流行乐、电视和快餐的全球统治》，刘满贵等译，新华出版社2006年版，第26页。

③ ［美］约瑟夫·奈著：《软力量——世界政坛成功之道》，吴晓辉、钱程译，东方出版社2005年版，第50页。

④ 刘文兵：《日本电影在中国——第一部中日电影交流通史》，中国电影出版社2015年版，第86页。

⑤ 同上书，第87页。

作品"①。有学者指出，中国选择进口日本独立电影的原因，可以理解为是中方向日本无产阶级和左翼电影艺术家发出的声援。它的意义已经远远超出了电影本身。② 20 世纪 50 年代，中国进口的多部日本电影中，除了独立电影之外，还有其他大电影公司出品的影片，它们"无一例外都具有反战、暴露资本主义社会的黑暗、反映劳动人民疾苦这些思想内容的"③。1978 年，中日两国缔结《中日和平友好条约》后，在中国八个城市举办了"日本电影周"，"这里面多多少少传递出这样的信息：中国要以日本等发达国家为样本，致力于经济发展"。④ 于是，《追捕》《生死恋》《人证》《血疑》《阿信》等一大批反映现代化都市生活、描写亲情友情爱情的影视作品被陆续引进中国，令中国民众大开眼界。由此可见，中国根据不同时期的政治环境、国家间关系来选择日本影视作品，显示出了完全的主动性。

同为亚洲发展中国家的伊朗也有类似情况。众所周知，伊朗与美国向来不睦。因此，即便美国有更为先进的流行文化，伊朗也不会将它作为首选。20 世纪 80 年代，"伊朗伊斯兰共和国意识到跨国视听潮流是无法阻止的，最终选择了鼓励输入美国以外的文化。权衡了所有国家之后，宗教领袖们发现了日本——日本的文化和宗教就像伊斯兰教一样遥不可及，相对于美国文化来说，是个好的选择"。⑤ 于是，伊朗选择了电视连续剧《阿信》，一经播出，获得了极高的收视率。

综上所述，中国和伊朗等发展中国家在引进影视作品时，体现出一定的政治角力。它们并未将流行文化作品的质量当作第一考察要素，而是首先将政治方面的因素纳入考量范围。这就表明，政治因素是引进他国流行文化时绕不开的一个重要因素。显然，任何国家都希望利用流行文化的国际传播来达到一定的政治目的。有了这个前提之后，拥有绝对选择权的国家才会根据流行文化的质量来选择具体的文化作品。另外，也可以看出，

---

① 刘文兵：《日本电影在中国——第一部中日电影交流通史》，中国电影出版社 2015 年版，第 87 页。
② 同上书，第 96 页。
③ 同上书，第 100 页。
④ 同上书，第 86 页。
⑤ [加] 马修·弗雷泽著：《软实力：美国电影、流行乐、电视和快餐的全球统治》，刘满贵等译，新华出版社 2006 年版，第 172—173 页。

第四章　日本现代流行文化国际传播的推动因素

日本在推动影视作品走向世界时，并没有像美国那样态度强势，而是显示出在尊重对象国的基础上尽量满足其需求的姿态。

二、日本国内政治因素

纵观日本现代流行文化自身发展与风靡世界的过程，不难发现两个现象：一是绝大多数日本流行文化是通过商业渠道走向世界的；二是日本政府在20世纪将对外传播文化的重点放在高雅文化上，电影、电视等流行文化的国际传播仅作为次要对象。而动画、漫画、电子游戏等日本现代流行文化的典型代表，其艺术价值和社会地位尚未获得日本政府与民众的认可，因而对其传播也就无法提到议事日程上来。

进入21世纪以后，日本政府对日本现代流行文化的态度有了明显转变，不仅认可其艺术地位，还积极发声，向全世界积极宣传日本现代流行文化，并推出系列战略政策助力国际传播。那么，在流行文化传播世界、迈向辉煌的过程中，日本政府究竟起到怎样的作用？是什么原因促使日本政府对流行文化表示认可？进入21世纪，日本政府在流行文化国际传播过程中又担当了怎样的角色？下文将梳理日本政府在日本流行文化国际传播过程中所起的作用，来探讨日本现代流行文化与文化外交的关系。

（一）20世纪后半期日本政府对影视作品国际传播的推动

作为舶来品的电影和电视在刚刚进入日本时，只是提供大众娱乐的通俗文化。并且，当时日本在这方面的水平还无法与欧美国家相提并论。然而，当日本对接上国际文化竞赛，情况便开始发生改变。日本电影《罗生门》在威尼斯国际电影节的意外获奖不仅为黑泽明打开了进入世界电影之林的大门，也为日本政府打开了以文化竞赛方式重返国际社会之门，成为日本"出口创汇的新希望"、[①] 宣传本国文化的新途径以及增强国际理解的新手段。"通产省把电影当作出口产业的希望并积极推荐日本电影参展"，电影产业与煤炭、钢铁一并成为主干产业。[②] "《罗生门》以后的日本电

[①] ［日］岩本憲児編著：『日本映画の海外進出——文化戦略の歴史』，森話社2015年版，第204页。

[②] 同上书，第182页。

影,成为'宣传日本运动'的旗手,位居其他传统文化之上。"①

推动电影国际化成为日本政府的一项举措,参加国际电影节是日本电影迈向国际化的重要一步。通过与世界电影人切磋交流,不仅可以了解本国电影水平与文化强国的差距,还为提高本国电影质量提供新思路;不仅可以通过与电影节同时举办的电影交易市场开拓国际销路,还促进日本电影出口创汇。尤其是本国电影在国际电影节的获奖,通常会带来国际声誉与经济效益的双丰收。《罗生门》的获奖不仅带给日本荣誉和国际关注,还通过商谈获得多个国家的放映权,赚得外汇。这一点对于经历第二次世界大战后重整旗鼓的日本而言尤为重要,无疑使日本通商产业省看到了利用电影发展贸易、出口创汇的希望。"电影一改以往那种受教育、受管制的对象地位,成为有望担负经济复兴大梁的出口产品。"② 之后,《源氏物语》《西鹤一代女》《雨夜物语》《地狱门》等电影相继获奖,更加提高了通商产业省等日本政府机构的积极性。因此,推荐电影参展、为出口电影提供政府融资便顺理成章。不仅如此,1964年,通商产业省所管辖的日本贸易振兴会(日本贸易振兴机构的前身)与日本电影制作者联盟共同设立日本电影中心,主要负责开拓欧洲市场,"具体宣传日本电影、斡旋商务谈判、进行市场调研"。③ 1966年,日本电影出口振兴协会获通商产业省认可得到政府融资用于电影出口。当时日本电影产业已经日渐衰弱,融资无疑为日本电影走向国际提供了一定的支撑。

冲出国门、走向世界的电影竞赛场,以及交易市场是电影国际传播的重要途径。另外,在自家门口举办国际电影节也是明智做法。在通商产业省官员的提议下,日本电影界便开始筹划举办东京国际电影节。1985年,第一届东京国际电影节正式举办。它是国际电影制作者联盟公认的日本国际电影节,其权威性获得肯定。东京国际电影节举办至今,日本政府对此十分重视,日本总务省、外务省、观光厅等政府机构以及日本贸易振兴机构(JETRO)等政府外围机构均成为后援单位。对日本而言,东京国际电

---

① [日]岩本宪儿编著:『日本映画の海外進出——文化戦略の歴史』,森話社2015年版,第212页。

② 同上书,第207页。

③ [日]大場吾郎著:『テレビ番組海外展開60年史——文化交流とコンテンツビジネスの狭間で』,人文書院2017年版,第140页。

第四章　日本现代流行文化国际传播的推动因素

影节的设立可谓名利双收、大有裨益。首先，日本电影和日本的国际地位获得认可，东京成为世界知名电影城市。其次，日本电影通过增加与其他国家电影同行切磋的机会促使自身在技术等方面获得更快长进。再次，与其他国际电影节一样，日本在举办电影节的同时，还会举办相关业界的交易市场，电影节带动的不仅是影片的交易，还包括摄影器材、日本特色产品等多方面的商业贸易，为日本多项产业带来利润。最后，日本政府意图通过国际电影节的方式来进口更多外国电影，以便达到消除日美两国贸易摩擦的目的。[①] 可见文化活动被用于国家间关系的改善。

　　日本还利用电影开展国家间的友好交流以及宣传日本形象。例如，前面提到的日本内阁府所管辖的日中友好交流协会就是典型例子。自 1956 年成立以来，日中友好交流协会便致力于两国友好交往。在电影交流方面，它"着重向中国介绍日本电影，以及开展两国电影人之间互访交流业务"。[②] 20 世纪 50 年代，日中友好交流协会以免费赠送或以交换的方式将部分日本电影介绍给中国，并协助中方主办日本电影周、亚洲电影周等活动。在中日关系尚未恢复正常时，日中友好交流协会已经以实际行动为两国邦交正常化作出贡献。中日两国缔结《中日和平友好条约》之后，具有较高艺术水准的日本电影被引进中国，并掀起多次电影热潮，给中国观众带来全新体验与强烈震撼，成为观众心中永恒的美好回忆。日本影视作品在中国的传播，使得"日本的国家形象开始由残忍的日本侵略者这一单一的负面形象，逐渐转向多元化人性化的正面形象"[③]。

　　1972 年，日本外务省的外围机构国际交流基金会成立，这是日本在全世界范围内开展国际文化交流具体实务的专门机构。文化艺术交流是其三大核心工作之一，通过电影向海外宣传介绍日本是其中的一项工作。国际交流基金会在海外办事处或与日本驻外使馆密切合作，向海外宣传介绍日本电影，还助力日本电影参展国际电影节，推动日本非商业电影在海外的上映，与对象国相关单位合作举办日本电影特集上映会等。通过这些活

---

① ［日］岩本憲児編著：『日本映画の海外進出——文化戦略の歴史』，森話社 2015 年版，第 197 页。

② 刘文兵：《日本电影在中国——第一部中日电影交流通史》，中国电影出版社 2015 年版，第 89 页。

③ 同上书，第 208 页。

· 139 ·

动，日本旨在拉近与对象国民众的距离，促进心与心的交流，从而达到加深相互理解、增加好感、提高国家形象的目的。

此外，合作拍片也是日本电影走向国际化的重要手段。对日本而言，通过与他国同行合作拍片，可以获得知名度的提升、技术水平的提高、国际市场的开拓等多项益处。因此，20世纪50年代，日本大映、东宝、松竹等电影公司相继与其他国家同行合作拍片。以大映电影公司为例，它先后与中国香港、泰国、法国的电影公司合作拍摄商业影片。[①] 除了国内外电影公司的直接合作外，日本政府部门还会鼓励支持合作拍片。日本内阁府所管辖的日中友好交流协会对于中日合作拍片起到非常重要的作用。1978年，中日两国签订《中日和平友好条约》，中日关系进入蜜月期。合作拍片成为两国电影友好交流的重要方式之一。《天平之甍》（1980年）、《一盘没有下完的棋》（1982年）、《敦煌》（1988年）、《菊豆》（1990年）、《荆轲刺秦王》（1998年）等影片的顺利拍摄均有赖于日中文化交流协会与中方相关单位的协商协调。其中，电影《敦煌》不仅在日本获得多项电影大奖，影片在两国同步公映后均获得巨大反响。这些合作电影均成为中日友好的象征，同时也证明中日两国合作拍片对于加强两国密切交流、务实合作、增进友谊的重要作用。如今，该传统仍在延续。

日本电视节目的国际传播与日本电影具有相似之处。例如，二者均通过参与国际文化竞赛开始走向世界；绝大多数影视作品都是通过商业渠道出口海外；合作拍片均为二者"走出去"的一个重要手段，等等。另外，二者也有明显差异。首先，日本电视节目的知名度相对较小。这是因为电视节目更贴近现实社会生活而导致具有不同文化背景的受众在理解上存在困难。其次，除去电视动画，日本电视节目的国际传播范围较窄，如亚洲、中南美、非洲等发展中国家。其中，流行的日本电视剧主要集中在亚洲地区以及美国日裔聚居区播放。再次，相较于商业利益，日本电视节目在国际传播过程中文化交流的意义更加突出。最后，日本政府在推动日本电视节目国际传播时的着眼点也有所不同，通过对欧美国家和发展中国家分别采取节目交换、文化无偿援助等不同方式来促进国际理解，提升好感

[①] 刘文兵：《日本电影在中国——第一部中日电影交流通史》，中国电影出版社2015年版，第194页。

第四章　日本现代流行文化国际传播的推动因素

度,促进良好国际形象的形成。

具体而言,日本电视节目的国际传播最初也是通过参加国际文化比赛实现的。1958年,闻名遐迩的戛纳电影节设置了电视电影部门,日本广播协会积极参加。1962年,日本电视台初次参加便凭借纪录片《老人与鹰》获得最优秀奖。此次获奖提振了日本电视界专业人士的信心并引发创作动力,开拓了国际市场,该片被销售到欧美12个国家。[①] 之后,日本积极参加意大利等国举办的电视节的竞赛角逐,收获颇丰。无论是获奖作品还是参赛作品,均成为日本电视节目国际传播的重要内容。

20世纪,日本电视节目大多通过商业渠道走向世界,尤其是电视剧、电视动画等电视作品,绝大多数都通过企业营销或盗版行为传播到海外,并非来自日本政府的推动,这一点不可否认。另外,日本政府的推动恰恰又是日本电视节目国际传播不同于日本电影国际传播的一大特色。日本深刻体会到第二次世界大战期间因本国对外国文化漠不关心,以及对本国文化宣传不力而导致的严重后果,要加强国际文化交流、促进国际理解的重要性。因此,自20世纪60年代起,日本积极开展电视外交,[②] 1961年,财团法人日美文化教育交流会议(CULCOM)成立。1964年,由邮政省、外务省、文部省共同管辖的财团法人日美文化教育电视节目交流协会成立,从事电视节目交流实务等。[③] 自此,日美两国开始交换电视节目。1968年,电视播放节目中心成立,国际交流是其主要业务之一。不仅如此,自1973年起,日本和美国每年轮流举办电视节。[④] 参加电视节目交换活动最为积极的是日本总务省所管辖的日本广播协会,它承担了电视节目国际传播的重任。1965—1975年的10年间,日本广播协会与10个国家的11个机构签订了合作协议,电视节目交换就是主要工作之一。另外,在日本广播协会会长前田义德的倡议之下,1964年,由10个国家的11个机构联合组成亚太广播联合会(ABU),具体实施人际交流、技术合作、节目交换等业务。值得注意的是,20世纪60年代,日本电视节目国际传播的

---

① [日]大场吾郎著:『テレビ番組海外展開60年史——文化交流とコンテンツビジネスの狭間で』,人文書院2017年版,第36頁。
② 同上书,第45页。
③ 同上书,第98页。
④ 同上书,第99页。

对象国主要是欧美国家而不是亚洲国家，主要是由于经济收益过低，再加上日本担心会被亚洲国家误解为"文化侵略"，[1] 因此，日本对电视节目出口亚洲国家一直持谨慎态度。传播内容以纪录片、介绍日本传统文化的电视节目居多。除电视节目交换以外，还会采取有偿提供的方式薄利多销。但在20世纪60年代，日本电视节目出口海外的主要目的还是文化传播，促进国际理解，经济利益绝非主要目的。日本希望通过无偿交换或薄利销售，介绍日本传统文化的纪录片或教育类节目来让世界更多地认识日本，也让日本更多地了解世界。另外，作为电视节目交换对象的美国更加追求节目的娱乐性，显然日美两国的理念存在明显差异。由此可知，日本电视节目出口欧美国家的规模并不是很大。进入20世纪80年代，日本广播协会开始着手国际合作拍片的工作，这项工作最初的成果是中日合拍的纪录片《丝绸之路》。获得中国政府许可之后，日本广播协会与中国中央电视台合作成功，《丝绸之路》成为永恒经典。日本将该片拷贝无偿提供给亚洲多个国家，并当作素材销售给欧美国家。[2] 不只有中国，还有英国、美国、法国、德国等国以及亚洲地区的国家投入合作。合作拍摄的电视节目以纪录片为主，也有部分电视剧。《宇宙》《卢浮宫》《亚洲文化遗产》等电视节目便是其合作成果。进入20世纪90年代，日本广播协会与加入日本民间放送联盟的100多家电视台共同出资成立财团法人电视节目国际交流中心，向发展中国家无偿援助电视节目，在促进援助国电视事业发展的同时，也推动了电视节目的国际交流，增进国家间的相互理解。另外，随着卫星电视的发展，日本广播协会于1996年开始设立NHK国际台，直接向全世界传送电视节目。

日本外务省是制定并实施外交政策的重要机构。1975年，日本开始实施文化无偿资金援助项目。该制度是日本政府开发援助资金其中的一项，旨在通过向发展中国家提供用于日语教育、介绍日本文化事业等活动的器材与设施、提供电视节目等方式来促进对象国政府对日本的理解、增进国家间友好关系。文化无偿资金援助所提供的部分资金会用于购买日本电视

---

[1] ［日］大場吾郎著：『テレビ番組海外展開60年史——文化交流とコンテンツビジネスの狭間で』，人文書院2017年版，第114页。

[2] 同上书，第168页。

第四章 日本现代流行文化国际传播的推动因素

教育节目和纪录片节目,以促进对象国对日本的认知与理解。该项目实施以来,越南、老挝、埃塞俄比亚等发展中国家获益良多。

日本外务省的外围机构——日本国际交流基金会于1972年成立,主要从事国际文化交流的具体事务。在支持电视节目海外传播方面,国际交流基金会于1983年曾两次派遣国际交流基金会电视节目交流调查团,到亚洲地区进行实地考察,探讨日本电视节目在亚洲地区频繁播映的可能性。考察团调查后将结果形成报告,并向国家提议:仿照美国、法国等国家及早成立公共组织,专门向发展中国家提供电视节目。① 除了加强对外宣传等常规工作之外,国际交流基金会还利用政府开发援助的文化无偿援助资金项目向世界其他国家免费赠送电视节目,这也是国际交流基金会的一项重要工作。其中,日本广播协会晨间电视连续剧《阿信》是最知名的案例。《阿信》于1983年在日本播出后获得很高赞誉,引起了生活在日本的外国人的好评。当时的新加坡驻日大使向日本广播协会会长提出申请,希望《阿信》也能在新加坡播映。于是,日本广播协会因电视配音版的制作以及费用寻求国际交流基金会的协助。恰巧在1984年,亚洲地区特别事业获得政府开发援助(ODA)的支持而起步发展。② 因此,国际广播协会的NHK国际台利用国际交流基金会等机构提供的资金援助成功将《阿信》免费赠送给亚洲、中东、中南美洲的发展中国家。另外,日本广播协会还通过NHK Enterprise、影视媒体公司MICO等与NHK相关的商业机构向其他国家和地区销售《阿信》。截至2000年,《阿信》在海外57个国家和地区的国营电视台播映。③

从长远来看,日本政府助力本国影视文化国际传播所产生的效果还是显而易见的,尽管流行文化国际传播的效果无法像实施经济政策后的效果那样立竿见影。以电影为例,日本国际交流基金会通过在海外举办日本电影节等活动来推动日本电影在海外的放映,为日本电影的国际传播打开另一条渠道。黑泽明、沟口建二、小津安二郎等日本影坛巨匠的电影大多通

---

① [日]松村正義著:『新版国際交流史——近現代日本の広報文化外交と民間交流』,有限会社地人館2002年版,第375頁。
② [日]大場吾郎著:『テレビ番組海外展開60年史——文化交流とコンテンツビジネスの狭間で』,人文書院2017年版,第191頁。
③ 同上书,第195頁。

过这类渠道或艺术影院与美国受众见面。虽然通过这条渠道接受日本电影的受众未必很多，但也成为好莱坞关注世界电影的年轻导演、了解日本电影的重要渠道。在黑泽明等著名导演名作的熏陶下，这些年轻导演在成长为著名导演的过程中，把从日本电影中学到的技术模仿运用到自己的电影作品中，日本电影的影响力可见一斑。而且，这些专业人士对日本电影的喜爱更容易感染该国受众，他们的高度评价也更易于被国外受众所理解接受。日本电影在亚洲的传播效果也较为明显。例如，对20世纪80年代的中国而言，日本电影无疑是技术先进、水平高超的作品。曾有学者指出，"与同时期的其他外国电影相比，日本电影无论在题材上，还是艺术水准上都是十分突出的"。① 当时，日中文化交流协会不仅给中国推荐优秀的电影资源，为中国观众带来美好、新奇的感受并引发人们对优越物质条件的憧憬，还促成了中日合作拍片，强化了两国电影界人士的频繁交流，促进了中国流行文化的发展等，对改善日本和日本人的国际形象起到积极作用。

日本在电视节目的国际传播方面也显示出积极态度并付诸行动。可以看出，"节目交换""免费赠送""无偿提供"等关键词贯穿日本政府，以及所管辖机构对电视节目国际传播的始终。电视连续剧《阿信》的推广就是典型案例。1985年，《阿信》在中国中央电视台播映，获得75.6%的超高收视率。② 据说在伊朗，《阿信》的收视率超过90%。③《阿信》在世界各地的成功播映，引起巨大反响，获得国外受众的一致好评，受援国的民众都能从《阿信》中找到各自的认同感。对于日本而言，这"证明了日本的电视剧可以通行世界，这一点意义重大"。④《阿信》已经成为全世界知名的日本电视剧，日本电视文化的影响力也随着《阿信》在世界各地的播

---

① 刘文兵：《日本电影在中国——第一部中日电影交流通史》，中国电影出版社2015年版，第227页。

② ［日］大场吾郎著：『テレビ番組海外展開60年史——文化交流とコンテンツビジネスの狭間で』，人文書院2017年版，第193頁。

③ NHK:『目指せ！時事問題マスター 1からわかる！イランの素顔』，2019年6月26日，https://www3.nhk.or.jp/news/special/news_seminar/jiji/jiji15/。（上网时间：2021年1月12日）

④ ［日］大场吾郎著：『テレビ番組海外展開60年史——文化交流とコンテンツビジネスの狭間で』，人文書院2017年版，第197頁。

出而不断扩大。值得注意的是,电视节目的提供并非日本强加于受援国,而是由受援国提出申请,日本再根据需求提供援助。这样做不仅满足了对方的需求,还避免被误解为具有政治意图的宣传,并自然而然地将日本文化、社会等相关信息传播到世界各地。随着日本的不断实践,受援国及其民众对日本的好感度与好印象会不断提升,日本也能通过这种方法加强与受援国的友好关系。这不仅有利于地区的和平稳定,还有利于日本的国家安全与繁荣发展。因此,这些有益的实践行动延续至今。

当然,需要注意的是,从整体来看,日本政府在20世纪对影视作品的推动始终处于不温不火的状态,这取决于影视作品在整个日本文化中的地位。尽管日本电影和电视在国际文化竞赛中频繁获奖,但其流行文化的性质终归无法与高雅的传统文化相提并论。可以说,在日本文化当中,众多优秀传统文化是绝对的主角,而其电影和电视等大众娱乐文化仅仅是小小的配角。因此,在20世纪后半期,日本的文化外交一直处于以传统文化传播、精英交流为主,和以影视作品等流行文化的传播为辅的状态,日本流行文化国际传播真正的春天尚未到来。

(二)政府对"新流行文化"的态度转向积极

20世纪后半期,日本政府对漫画、动画和电子游戏等大众娱乐持消极态度。但进入21世纪,随着这些文化产品风靡全球、成为"新流行文化",日本政府的态度明显转向积极。国际专业人士对"新流行文化"中优秀作品在艺术性、思想性等方面的认可及高度评价,成为日本政府转变态度的重要契机。

2016年8月21日晚,在里约热内卢夏季奥运会闭幕式上,电子游戏史上最著名的超级巨星马里奥惊艳登场,给全世界的电视观众带来了巨大惊喜。更出乎意料的是,这个马里奥居然是由时任日本首相安倍晋三扮演的。显然,首相亲自搞角色扮演的举动令全世界观众倍感意外的同时开怀大笑。如此一来安倍首相成功地与全世界观众拉近距离,并由此开启了2020年日本东京夏季奥运会的表演环节,将里约奥运会闭幕式推向最高潮,同时也令全世界对东京奥运会充满期待。可以说,此次欢乐事件是一次成功的文化外交,它向全世界展示了日本人的幽默与智慧,赢得世界民众的好感。显然,对风靡全球的日本流行文化元素的巧妙运用,体现出了日本政府对本国流行文化充满自信。

然而，在20世纪80年代，日本政府全然没有此般心态。首先，那时的日本流行文化仅仅是大众消费娱乐，完全不被纳入艺术主流。其次，尽管当时日本的电子游戏已经称霸世界、超级马里奥在欧美国家已经家喻户晓，但电子游戏与强调勤奋、敬业、节约等价值观的日本社会格格不入，"休闲、娱乐都被视为劳民伤财、浪费时间的不良嗜好"。① 大多数家长也都认为电子游戏会给青少年带来不良影响。当时，日本电影界笼罩着愁云惨雾，处于长期低迷状态，日本国内的电视剧也处于短暂的衰退期。漫画因为御宅族宫崎勤事件，以及20世纪90年代初的"有害漫画问题"而恶评不断。可以说，当时日本流行文化正滑入低谷。最后，在国际社会，日本漫画和动画因涉及过多暴力与色情描写而饱受欧美国家诟病，致使日本国家形象受损，甚至引发政治问题。"1983年，法国文化大臣贾克·朗曾发表'日本动画是文化侵略'的言论。"② 20世纪90年代初，甚至有法国议员著书批判日本动画。自此，日本动画在法国失去发展势头。

在日本现代流行文化遭受如此挫折的情况下，日本政府对流行文化的态度可想而知，自信更是无从谈起。而且，一般认为，流行文化只是通俗的大众娱乐，根本无法与优质高雅的传统文化相提并论。因此，除传统电影、电视节目之外，其他流行文化的社会地位均未能获得世人认可。

通常，事物发生转变大多需要经历一个过程。日本政府对现代流行文化态度的转变也不例外。日本对本国流行文化的发展还是较为关注的。在传统电影、电视节目方面，日本政府关注的焦点主要集中在世界著名的国际电影节、电视节等国际文化竞赛中参展或获奖的作品，在国内获得奖项或获得国民青睐的影视作品等。这些作品在激烈的国内外竞争中脱颖而出，具有较强的国际竞争力。日本政府将它们当作本国流行文化的经典、文化外交的手段推荐给世界各国。随着优秀作品的不断增多，日本政府对影视作品的推动作用也会逐渐加强。

日本政府对动画、漫画、电子游戏等流行文化的态度发生转变的过

---

① 康彼得编著：《任天堂传奇：世界头号游戏帝国任天堂发迹秘史》，当代世界出版社1996年版，第161页。

② [日]浜野保树著：『模倣される日本——映画、アニメから料理、ファッションまで』，祥伝社2005年版，第47页。

第四章 日本现代流行文化国际传播的推动因素

程，从政府文件中也可以窥见一二。1997年，日本文化厅举办了第一届媒体艺术节，设立了四个竞赛部门，即艺术、娱乐、动画、计算机四个部门，其中，电影、电视节目、电子游戏属于娱乐部门。这表明，日本政府已经将现代流行文化的影像媒体都视作"媒体艺术"。2000年，日本的教育白皮书中明确指出漫画是日本的文化。2001年，日本设立《文化艺术基本法》，其中的第九条将电影、漫画、动画以及计算机图像艺术称作"媒体艺术"。① 这标志着日本从法律层面确立了流行文化中的影像媒体文化的地位。2002年，漫画首次出现在日本初高中专业美术教育的指导大纲中。2002年，日本文部科学省的文化审议会提交了题为《构建重视文化的社会——以构建人人都内心丰富的社会为目标》的报告，其中提到"在多媒体发展过程中，动画、计算机图像等媒体艺术是令我国在世界上引以为豪的文化，今后需要进一步振兴，以此来带动激活媒体文化的整体活力"。"此外，电影作为娱乐已经扎根于生活，同时它作为一门综合艺术也具有重要地位。我们有必要参考法国、英国等国家的支援情况来积极支援电影的拍摄与上映。"② 对此，有日本学者指出，"动画"一词出现在国家审议会的正式文件中，并且国家还引以为豪，这种现象在20世纪80年代以前是无法想象的。③ 由此可见，在20世纪90年代后期，日本政府对动画、漫画等现代流行文化的态度已经从大众娱乐转而认定为"媒体艺术"。从原先的"不屑一顾"到21世纪初的"引以为豪"，这种态度的转变也预示着日本现代流行文化成为文化外交全新手段的时机即将到来。

日本政府态度转向积极的主要原因，可以归纳为以下三点：

其一，日本国内动画和漫画自身水平不断提高，出现大量优秀作品。动画电影方面，自20世纪80年代起，宫崎骏、大友克洋、押井守等具有代表性的动画导演的精品动画作品频出，在提高娱乐性的同时，还体现出

---

① 『平成十三年法律第百四十八号文化芸術基本法』，https：//elaws.e-gov.go.jp/document? Lawid=413AC1000000148。（上网时间：2021年1月15日）

② 文化審議会答申：『文化を大切にする社会の構築について～一人一人が心豊かに生きる社会を目指して』，https：//www.bunka.go.jp/seisaku/bunkashingikai/sokai/sokai_2/shakaikochiku_toshin/pdf/1000015168_toushin.pdf。（上网时间：2021年1月15日）

③ ［日］津坚信之著：《日本动画的力量——手冢治虫与宫崎骏的历史纵贯线》，秦刚、赵峻译，社会科学文献出版社2011年版，第120页。

高超的艺术性、思想性和技术性。尤其是宫崎骏的动画电影作品不断创造出内容和票房的双丰收。电视动画方面，《美少女战士》《新世纪福音战士》《灌篮高手》《龙珠》《犬夜叉》等作品大放异彩，深受国内观众青睐，而这些动画的原作大多是同名漫画。

其二，日本动画、漫画、电子游戏在欧美国家大受欢迎。尽管日本动画、电子游戏等早在20世纪80年代就已风靡亚洲，广受当地青少年的喜爱，但世界流行文化的中心并不在亚洲，而是在欧美国家，尤其是美国。只有打开欧美国家市场并争取到更为广泛的受众，才算走进世界流行文化的中心，作品只有获得国际大奖，才算获得欧美国家高度认可，才算达到世界一流水准，才能替日本一雪前耻，一举扭转以往日本动画和漫画给欧美国家民众造成的负面形象。日本终于在20世纪末迎来转机。任天堂、小学馆等几家日本企业联手打造的《精灵宝可梦》系列，实现了电子游戏、电视动画、动画电影的媒体联盟，在美国发行商的推动下，吸引大量的普通观众，掀起《精灵宝可梦》热潮，获得很高的收视率和票房。其中，剧场版动画《精灵宝可梦：超梦的逆袭》获得美国票房史上日本动画电影的最高票房。2000年，《精灵宝可梦》系列电影再创佳绩，流行还在继续。宫崎骏的动画电影《千与千寻》于2002年获得柏林电影节金熊奖，从此，日本动画在法国人眼中的形象发生了改变。《千与千寻》于2003年获得奥斯卡长篇动画电影最高奖项，可谓达到电影艺术的巅峰。对日本而言，还有一个更大的惊喜：2002年，美国记者道格拉斯·麦克格雷的文章《日本国民酷总值》一经发表便在国际社会引起强烈反响。一位美国记者能够对日本文化，尤其是流行文化大加赞赏，于日本而言意义非凡，这"对于日本人讨论日本流行文化的作用似乎特别重要，远远超过任何可以衡量的经济影响"。① 由此可见，日本政府在利用动漫、漫画等流行文化之前，需要的是来自国际社会专业人士的肯定，这不但有助于确认日本流行文化的层次高低，也有助于淡化日本流行文化的负面形象。获得来自国际社会的肯定之后，日本总算可以扬眉吐气，文化自信心倍增，底气也充足起来。

---

① ［美］戴维·莱昂尼：《狭路交锋：软权力和日本流行文化在东亚的政治学》，载［美］彼得·卡赞斯坦、［日］白石隆编：《东亚大局势：日本的角色与东亚走势》，王星宇译，中国人民大学出版社2015年版，第204页。

第四章　日本现代流行文化国际传播的推动因素

其三，经济的长期低迷促使日本寻找新的出路。泡沫经济崩裂之后，日本经济整体一蹶不振，唯独流行文化这边风景独好，文化吸引力不断增强，经济价值也节节攀升。这对已经失去10年的日本经济而言，可谓是一线曙光。尤其在少子老龄化现象加剧、国内需求开始出现疲软的情况下，这线曙光弥足珍贵。它促使日本政府重新拾起信心并燃起斗志，积极利用流行文化提升日本形象、开拓国际市场。

（三）21世纪日本政府对流行文化传播的积极作为

进入21世纪以后，日本要想摆脱长期经济低迷、国内市场萎缩的困境、提升良好的国际形象并增加国际存在感，就必须放眼世界开拓国际市场。有了这样的需求，将日本现代流行文化作为重要抓手并积极对外传播便成为必然。日本政府在对待现代流行文化的态度发生转变后，迅速行动、积极作为，意图利用现代流行文化对他国民众的吸引力和影响力来带动更多的日本文化和优质产品走向世界。为此，日本政府批准设立各种机构和部门，为日本在各方面，尤其是经济与文化外交方面的发展出谋划策。在此基础上，日本政府制定并公布了一系列战略政策并积极组织实施，以期达到经济效益与文化传播双丰收的效果。

自2002年起，日本政府制定系列法律法规，公开支援现代流行文化。现将21世纪以来日本内阁府和相关省厅制定的现代流行文化相关战略政策法规等梳理如下：

2002年，日本政府颁布《知识产权基本法》，开始对侵害知识产权、著作法等盗版行为采取相应措施。2004年又陆续制定并颁布《知识产权推进计划》《内容促进法》等，为"知识产权立国"的目标提供法律保障。

2003年，内阁府成立知识产权战略本部，组织内容产业专门调查会研究经济振兴政策。其中，如何支援内容产业开拓海外市场等问题成为重要课题。

2004年，小泉纯一郎首相批准成立"推进文化外交恳谈会"，研讨如何开展文化外交、改善日本国际形象、提升国际影响力等问题。2005年，该机构提交了一份题为《创造"文化外交的和平国家"：日本》的报告。报告归纳出提倡文化外交的目的与意义，提出文化外交的三大理念与三大支柱，并指出要确立文化外交战略。报告将流行文化与现代艺术、文学作

· 149 ·

品和舞台艺术等并称为"日本式的酷",并指出日本需要以"现代日本文化为切入口,唤起世界各国对日本广泛而深入的兴趣,强化外国普通民众对日本文化的关注"。①

2006年,日本外相麻生太郎在日本东京数字好莱坞大学举行演讲,发表了《文化战略新构想》。他指出,日本的动画、音乐、流行时尚等流行文化具有强大的号召力,外务省已经开始着手流行文化的推广,并提出要通过在海外播放日本电视节目来宣传日本文化、为外国新锐漫画家设立奖项、设立动画文化大使等举措。他还建议构建官民合作伙伴关系,共同打造日本品牌。②

2007年,日本内阁官房设立"亚洲门户战略会议"这一机构。经过研讨,该机构发表《日本文化产业战略》。该战略指出,"文化产业"不仅指日本的流行文化,其范围还包括时尚、饮食、建筑、日用品、工业产品、服务等。"日本魅力"指的是流行文化背后的生活方式等内容。在向世界大力宣传"日本魅力"时,日本不要独自传播,而是要促使海外有识之士、研究人员等在充分理解日本流行文化的基础上自发传播。在对外传播时,期待总理大臣等作为本国文化最重要的表达者起到重要作用。该报告还提出需要落实的具体措施,如:促进"动画文化大使"事业、充分利用驻外使领馆举办活动来加强传播;对流行文化等进行学术分析、加强对外传播、促进利用英语等外语来进行文化产业的传播、加强面向外国人的影像国际传播、支援日本电影参展海外电影节,以及在海外的特集上映会、在亚洲地区设置可供面对面交流实现文化传播的地点等。③

2009年,日本知识产权战略本部设立的"内容、日本品牌专门调查会"发表《日本品牌战略》,明确将动画、游戏等创意产品与生活文化一起作为"日本品牌"战略性地向世界传播。报告认为,应该将能够产生日

---

① 日本"推进文化外交恳谈会":《创造"文化外交的和平国家":日本》,霍建岗译,载王敏著:《生活中的日本——解读中日文化之差异》,王秀文等译,吉林大学出版社2009年版,第141页。

② [日]麻生太郎著:『自由と繁栄の弧』,幻冬舎文庫平成20年版,第284—293頁。

③ アジア・ゲートウェイ戦略会議:「『日本文化産業戦略』～文化産業を育む感性豊かな土壌の充実と戦略的な発信～」,平成19年5月16日,https://www.t-nemoto.com/policy/opinion/pdf/agw/betten_2.pdf。

第四章　日本现代流行文化国际传播的推动因素

本软实力的动画、漫画、电视剧、音乐、游戏等内容与饮食、时尚等日本特有的品牌价值相关产业界定为"软实力产业",并综合推进这些产业的振兴与海外市场的开拓。报告提出该战略分为五个基本战略,即软实力产业振兴战略、创造基础建设战略、加强对外传播能力战略、通过促进访日提高访日者对日本的认知度战略、构建官民共同推进体制的战略。① 2009 年,相关府省厅召开联络会议研究并发表《日本品牌战略行动计划》,将《日本品牌战略》具体落实为各项具体措施,由相关省厅各司其职。②

2010 年,经济产业省设立"酷日本"海外战略室。2011 年,"酷日本"官民有识之士会议提交题为《新日本的创造》报告。2012 年,时任首相安倍第二次执政后便设立"酷日本"战略担当大臣。2013 年 2 月,安倍首相审定批准成立"酷日本"战略推进会议,由"酷日本"战略担当大臣担任议长。5 月推出《加强酷日本对外传播能力的行动计划》,强调加强信息对外传播能力;11 月,又设立"酷日本"机构。2015 年,"酷日本"战略推进会议提交题为《官民协同酷日本构想》报告。报告指出,"酷日本战略是指通过向世界传播日本魅力,融入世界发展来影响我国经济的成长,这是日本整体品牌战略的一环"。③ 2017 年,经产省改组创意产业课,设立"酷日本"政策课,并制定"酷日本"政策,制定企业在海外发展"三步走"政策,一是创造日本热潮;二是在当地获得经济效益;三是促进外国人在日本消费。在创造日本热潮环节,通过与当地电视台合作来确保日本影像节目的播放,使更多海外消费者认识了解日本,从而在当地掀起日本热。

20 世纪第一个 10 年初期,为促进电视节目和电影等在海外的本地化与推广,经产省和总务省共同制定预算成立内容产业,在海外开展支援事业(J‑LOP 事业)。2013 年 2 月在新加坡设立的 Hello JAPAN 免费频道、2014 年 6 月设立的 WAKUWAKU JAPAN 卫星电视平台付费频道均获得过

---

① 『日本ブランド戦略(案)』,http://www.kantei.go.jp/jp/singi/titeki2/tyousakai/contents_brand/dai11/siryou1.pdf。(上网时间:2020 年 2 月 20 日)
② 『日本ブランド戦略アクションプラン』,2009 年 7 月 3 日,https://www.cas.go.jp/jp/seisaku/brand/dai02/nbap.pdf。(上网时间:2021 年 2 月 20 日)
③ 「クールジャパン戦略官民協働イニシアティブ——『クールジャパン戦略推進会議』報告書——」,https://www.taira‑m.jp/クールジャパン戦略官民協働イニシアティブ(本体).pdf。(上网时间:2021 年 2 月 20 日)

J-LOP事业的资金援助，用来为日本流行文化节目制作字幕和配音。其中，WAKUWAKU JAPAN不断拓宽亚洲市场，为印度尼西亚、缅甸、新加坡、泰国、斯里兰卡等国家提供电视节目介绍日本现状、文化的节目，以及电视剧、动画、音乐等。①

2013年，第二次执政的安倍晋三首相抛出《日本成长战略》，并推出三个行动计划，即"日本产业复兴计划""战略市场创造计划"和"国际开拓战略"，意图实现日本经济复苏、摆脱通货紧缩等问题。其中，在"国际开拓战略"中提到"酷日本"的推进，并指出为有效传播"日本魅力"、促进产业发展、获得海外需求，需要将"酷日本"定位成国家战略，官民联合，加强推进工作的开展。具体措施有：提高对外传播能力；充分运用开拓海外需求推进机构、战略推进"酷日本"计划；促进电视节目海外市场的拓展等。海外市场拓展的意义重大，"不仅有利于内容产业的成长，还有利于访日外国游客的增加、日本产品和服务给人留下好印象，最终能够提高日本的国际形象、提升日本品牌价值"。②

2017年，日本文化厅联合其他省厅推出《文化经济战略》。此战略在制定时有一个重要视角，即通过双向开展国际交流使日本品牌价值最大化，而提高国际存在感是《文化经济战略》的六大重点战略之一。具体而言，就是通过相关府省厅联手合作来综合横向推进体制建设，以及在战略性地开拓国际市场的同时也推动扩大国内建设。

2019年7月，日本内阁府知识产权战略推进事务局推出新"酷日本"战略，进一步深化"酷日本"战略。鉴于之前的"酷日本"战略在实施过程中出现的环境变化、战略目的不够清晰、相关部门合作不够紧密等问题，日本决定以战略性地增加日本粉丝、与外国人联动、深度挖掘日本魅力、相关部门加强合作等为目标并采取相应措施。

在上述战略政策的指导下，总务省、外务省、文化厅、经产省等作为具体执行者，在推动现代流行文化国际传播方面付出了具体而扎实的努力。它们既要独立担当本部门的具体职责，有时还要与多个省厅联手合

---

① ［日］大場吾郎著：『テレビ番組海外展開60年史——文化交流とコンテンツビジネスの狭間で』，人文書院2017年版，第363页、第366页。

② 同上书，第352页。

作。以下是针对总务省、外务省、文化厅、经产省这几个主要省厅在推动现代流行文化国际传播方面具体工作的大致梳理。

在日本现代流行文化国际传播中，总务省主要负责电视节目的海外推广等工作。在20世纪后半期，总务省所管辖的日本广播协会承担重任，通过与美国交换节目、与发展中国家合作拍摄电视节目等方式实现国际文化交流，加深国外民众对日本的理解。进入21世纪，电视节目国际传播持续下来，并得到进一步加强。国际交流中心（JAMCO）继续向发展中国家的国营电视台无偿提供国际版电视节目。迄今为止，国际交流中心已经为100个国家提供了14067部电视节目。① 总务省所管辖的一般社团法人内容产业海外拓展促进机构（BEAJ）支援电视节目的海外市场拓展，在"酷日本"战略等国家战略发展的基础上，促进日本成长。2007年，内容产业海外拓展促进机构携手民间放送联合会创办"国际电视节在东京"的活动。2008年还创设"东京电视剧奖项"，用于表彰优秀电视作品，对于世界优秀电视剧作品，还设立特别奖项予以表彰，以此加强电视节目的国际交流。日本在电视节目传播方面的战略重点放在东盟国家，如缅甸、菲律宾、马来西亚、印度尼西亚、泰国等。总务省与内容产业海外拓展促进机构密切合作，通过向这几个主要对象国提供有魅力的日本节目，以便在海外创造日本热，并促进当地民众对日本文化的理解与增加好感度。此外，总务省还助力手机客户端创意内容产品扩大海外销路。总务省还创立"国际电视节在东京"，通过参展法国戛纳电视影视展览会（MIPCOM）、新加坡亚洲电视论坛展览会（ATF）、美国迈阿密国际电视节（NATPE）、中国香港国际影视展（FILMART）等国际知名的内容产业交易市场，向世界宣传日本的文化创意产品。

日本外务省是利用文化活动从事外交的重要机构，其驻外使领馆以及外围机构国际交流基金会是执行外交政策的主要力量。20世纪后半期，外务省主要利用传统文化进行文化外交。同时，外务省还通过国际交流基金会、驻外使领馆为流行文化中的影视作品开拓海外宣传渠道。对于发展中国家，国际交流基金会则采取无偿提供电视节目等方式来促进受援国对日

---

① JAMCO：『JAMCOの活動』，https://www.jamco.or.jp/jp/about/。（上网时间：2023年2月21日）

本的认知与理解，从而提高日本的国际形象。进入 21 世纪以后，日本影视作品继续以这些方式传播，例如，电视连续剧《阿信》的国际版无偿提供给阿富汗，将《Project X 挑战者们》国际版无偿提供给伊拉克，通过驻外使领馆、国际交流基金会的海外据点在当地介绍宣传日本文化等。同时，关于日本现代流行文化的活动也明显增多。2004 年，国际交流基金会在威尼斯美术展会上举办"御宅"展览。外务省于 2008 年任命卡通形象哆啦A梦成为动画文化大使，2009 年选定为可爱形象大使。自 2008 年起，举办国际漫画展，并颁奖给外国漫画家。外务省还协助文化厅派遣日本专家到驻外使领馆、日本屋展馆等宣传日本品牌。日本著名动画电影导演今敏作为专家被派往瑞典、挪威等地宣传日本文化的魅力。国际交流基金会还在韩国、印度尼西亚、巴西等国家介绍日本动画、漫画。自 2007 年起，日本国际交流基金会相继在中国成都、南京等地建立"中日交流之窗"，与中国民众，尤其是年轻人进行面对面交流，引导其通过杂志、漫画、书籍、互联网等方式领略日本流行文化的魅力。"日本博览会"是由法国粉丝举办的用于介绍日本文化的大型活动，日本外务省驻外使馆的工作人员也常常光顾。

　　日本文化厅也是对外传播日本多彩文化、推动国际文化交流的重要部门。在 20 世纪，文化厅在外务省协助下，派遣文化交流使到世界各地，加强日本文化的传播。自 1997 年起，文化厅开始举办媒体艺术节，致力于电影、电视节目、动画、漫画等媒体艺术的振兴，并将获奖作品向世界推广。进入 21 世纪后，除了承继 20 世纪的活动之外，文化厅还委托公益组织日本电影国际促进协会（UNIJAPAN）支援参加国际电影节的日本电影和电影摄制团队。日本电影国际促进协会对参展的日本电影提供外语字幕制作服务、为参加电影节提供资助等。日本文化厅自 2010 年起开始对国际合作拍片实施新的支援政策，通过在资金筹措方面给予相关支持，积极促进开拓海外市场、振兴产业政策、利用电影推动观光产业发展。① 文化厅还重点加强国内活动向海外传播，提倡双向的国际文化交流，一方面主动"走出去"，在海外举办艺术节、参展国际大型活动宣传日本；另一方面积极"请进来"，通过加强国际性的媒体艺术节活动来吸引国外艺术家等聚集东京展开文化交流。

---

① ［日］岩本憲児著：『日本映画の海外進出——文化戦略の歴史』，森話社 2015 年版，第 307 頁。

第四章 日本现代流行文化国际传播的推动因素

日本经产省及外围机构日本贸易振兴机构（JETRO）是为内容产业出口提供支援的重要机构。20世纪，日本传统影视作品大多通过国际文化竞赛、或是通过节目交换、无偿援助等方式传播到海外。有的影视制作单位因获益太少而把精力主要放在国内市场。因此日本经产省参与流行文化国际传播的机会并不是很多。20世纪60年代，日本贸易振兴机构前身日本贸易振兴会与日本电影制作者联盟共同成立电影交流中心来开拓欧洲国际电影市场。至21世纪，情况发生很大转变。由于日本陆续推出多个国家战略，均以振兴经济为首要目标。因此，经产省成为执行国家战略政策的重要部门。日本贸易振兴机构于2003年更名，成为一般财团法人，其主要任务是通过提供海外商务信息、斡旋海外贸易、支援国际交易会出展等方式协助从事内容产业的企业拓展海外商机。除了支援电影作品参展国际电影展以外，自2004年起，在每年举办东京国际电影节之时，经产省会组织举办电影、电视节目的国际交易市场（TIFFCOM），在赢得商机的同时也扩大了电影文化的国际交流，并增加日本影视节目以及日本的国际存在感。2004年，非营利组织影像产业振兴机构（VIPO）成立，专门助力内容产业开拓海外市场等。2007年，日本经产省创办日本国际内容产业节（CO-FESTA），主要由影像产业振兴机构负责运营。该活动与东京国际电影节、国际动漫节同期举办，意图向海外买家大力宣传日本的软实力。日本国际内容产业节还参展世界各地与日本流行文化相关的活动，参展中国上海世博会便是其中一例。2011年，在经产省主导下，全日本娱乐工厂（ALL NIPPON ENTERTAINMENT WORKS）成立，为国际合作的电影提供资金支持，助力媒体艺术在海外拓展事业和创意产品在海外开拓基金（JLOP），为流行文化的本地化及推介提供支援。此外，经产省还利用日本文化创意产品展销会（The Japan Contents Showcase）来传播信息，以利于日本娱乐、内容产业的发展。

以上是日本政府的几个与现代流行文化国际传播相关的省厅，分别依据国家战略政策以及自身职责所采取的主要行动。进入21世纪，部分政策措施需要这几个主要省厅共同执行。例如，与外国洽谈对文化节目的限制、打击海外盗版行为等内容。在经产省和文化厅呼吁之下，2002年，内容产业海外流通促进机构（CODA）成立，积极采取对策取缔海外盗版的流通，以促进日本电影、动画、电视节目、游戏等内容产业拓展海外市场。此外，几个主要省厅还常常参与同一国际性活动。例如，"日本博览会"是由法国人创办的介绍日本流行文化、传统文化的欧洲最大的粉丝文化活动。2010 年，经产省、外务省、文化厅、观光厅等合作共同参展，国际交流基金会、日本贸易振兴机构等也共同举办介绍日本的活动与研讨会。2010 年，为推动文化产业出口海外，总务省、文化厅、经产省一改以往各自为政的做法，它们整合资源，统一标识，一致行动，在中国香港影像产品交易会、新加坡亚洲电视论坛及展销会（Asia TV Forum & Market）等亚洲知名的创意产业国际性活动上设立"日本展示厅"，统一形象，提高其在亚洲的存在感。

21 世纪的日本政府推动流行文化国际传播的特点可以用"积极改变"和"全面加强"这两个关键词来概括。

首先，日本政府对待现代流行文化的态度发生明显改变，态度上的改变所带来的行为方面的改变也是显而易见的。在国际文化交流、文化外交方面向来以传统文化为手段的日本政府已经把流行文化这一辅助手段推到台前，并将与之相关的文化产业战略、品牌战略、"酷日本"战略等提升至国家战略的高度。显然，政府的这种积极作为的意图是利用日本流行文化在世界的吸引力和影响力来提振经济、获取新兴市场、提高国际存在感和好感度以及提升国家形象。有学者指出，"日本这种希望通过流行文化来提高国际形象的战略，在世界上实属罕见"。[①] 当然，值得注意的是：日本政府对于现代流行文化的定位也非常明确。在国家战略政策中，现代流行文化仅仅是一个很好的切入点，日本政府希望借此"唤醒世界各国对日本广泛而深入的兴趣，强化外国普通民众对日本文化的关注"。[②] 从前面提到的系列国家战略报告中也能明显感受到这一点。或许在日本政府看来，流行文化的"酷"只是引子，整个日本文化的"酷"才是主角；流行文化产品只是"酷"的一小部分，各式各样的文化产品才组成日本"酷"的整体；流行文化产业的"酷"能引发其他产业的发展才算是真正的"酷"。

其次，日本政府希望通过流行文化达到的目标也有很大改变。在 20

[①] 秋菊姬：「『クール・ジャパン』ネーション——日本のポピュラー・カルチャー振興政策」，[日] 谷川建司、王向華、吳咏梅編著：『サブカルで読むナショナリズム』，青云社 2010 年版，第 51 页。

[②] 日本"推进文化外交恳谈会"：《创造"文化外交的和平国家"：日本》，霍建岗译，载王敏著：《生活中的日本——解读中日文化之差异》，王秀文等译，吉林大学出版社 2009 年版，第 141 页。

第四章　日本现代流行文化国际传播的推动因素

世纪"通过文化交流促进国际理解、减少负面形象"的目标基础上，21世纪的目标显然大大加重了"提振经济""提升国家形象"的分量。流行文化的国际传播，既包含文化交流促进国际理解的这一方面，也包含文化产品通过国际贸易获得利润的另一方面。在日本流行文化当中，能够凸显经济价值的是动画、漫画和电子游戏。而它们的文化价值和社会地位在20世纪末至21世纪初才得到日本政府的认可。日本政府决定利用现代流行文化，是因为与这些风靡世界的日本现代流行文化的典型代表所显示的经济价值有很大关系。依靠日本流行文化的吸引力获得新兴国家的市场，并带动日本内容产业，甚至使更大范围的日本产业进入海外市场，是日本政府布下的经济大棋局。

最后，行动方面也体现出日本政府的积极性和主动性。为早日达成清晰的战略目标，日本政府不仅提供资金支持，还提供全方位的支援。日本政府更加强调省厅部门之间的协同合作。通过省厅联络会议共同研讨并制定决策；在对外宣传的行动中也减少各自为政的情况，采用统一的代表国家形象的品牌。例如，总务省、文化厅、经产省，及其所管辖的机构联手合作创建"日本展示厅"，以这种方式亮相海外各大创意产业交易市场，既能展示日本的整体形象，也能提高行动的效率。

21世纪的日本政府推动流行文化国际传播的另一大特点是"全面加强"。通过分析日本现代流行文化传播过程中的要素，可以清楚地认识到这一点。日本政府作为传播者，加强对外传播的意识明显增强，体现出高调、积极、实干的形象。一方面，它注重增加在海外发声的机会，不光在驻外使领馆、文化中心等驻外机构加大宣传力度，还通过举办国际性活动、在日本流行文化的主要流行地区扩大对外传播。以令世界瞩目的"日本主义2018"[①] 为例，法国是日本文化对外传播的重点对象国之一。[②] 2018年正值日法两国建交160周年，为表庆祝，日本政府联手法国共同举

[①] "日本主义2018"的全称是"日本主义2018：相互影响之魂"，是日法两国为庆祝两国建交160周年而共同策划的大型文化活动的主题。"日本主义"，是指19世纪后半期，日本葛饰北斋、喜多川歌麿、歌川广重等画师创作的浮世绘对欧洲印象派艺术家产生很大影响，并在当时欧美国家艺术领域形成一股喜爱日本美术工艺品的热潮。

[②] ［日］近藤誠一：『文化の力で日本と外交をもっと元気にしよう』，外交編集委員会編：『外交 Vol.3』，時事通信社2010年版，第20頁。

办"日本主义2018"这一为期8个月的大型活动。日本政府利用此项目以前所未有的规模对外传播本国文化，为日本外交树立起文化标杆。①"日本主义2018"的独特性主要体现在以下三方面：一是大规模、全方位地介绍日本文化。此次活动规模之大、历时之长、活动之丰富、内容涵盖之全面实属罕见。在长达8个月的时间里，日本在法国举办了诸如展览、舞台公演、系列电影放映会、日本生活文化体验等丰富多彩的文化活动。日本所宣传的本国文化既包括被称作"日本文化原点"的绳文文化，也包括琳派美术、能乐、歌舞伎等优秀传统文化，还包括动画、漫画、游戏等现代流行文化；不仅有来自京都、东京等大城市的文化，也有日本各地的传统节日、工艺品等。二是此项大型活动与日本的国家利益直接挂钩并实现多重目标。国际交流基金会的增田是人在谈到该活动的意义时明确指出："举办'日本主义'并未仅仅停留在举办为期几个月的文化艺术活动上，那种如同烟花般单纯一次性的活动毫无意义。我们期盼通过介绍日本当地的文化节日、传统工艺品等宣传日本的魅力，以便吸引更多国外游客前往日本观看2020年东京奥运会、残奥会。我们还将世界规模的和食热纳入视野，希望能为日本酒、日本茶等日本产品扩大海外销路做出贡献。换言之，我们对此项活动的定位就是与国家利益直接相关的大规模项目。"② 不仅如此，日本还期待"通过日本的审美意识、价值观为解决世界棘手问题做出贡献"③。此外，日本还希望通过举办此项活动，使日本人，尤其是日本年轻人了解到日本文化在海外的受欢迎程度，鼓励他们充满自信地走向世界。三是日本与法国相关部门与机构展开合作，借助外力确保文化作品符合对象国受众的需求。例如，"日本主义2018"大型活动包括题为"日本电影100年"的大型放映活动。日法两国专家从日本电影百年历史中共同

---

① ［日］吾郷俊樹：「日仏友好160周年を迎えた文化交流（下）～19世紀の『ジャポニスム』から『ジャポニスム2018』まで～」, https://www.mof.go.jp/public_relations/finance/denshi/201811/html5.html#page=37.（上网时间：2021年7月14日）

② ［日］吾郷俊樹：「日仏友好160周年を迎えた文化交流（上）～19世紀の『ジャポニスム』から『ジャポニスム2018』まで～, 201810i.pdf」, https://dl.ndl.go.jp/pid/11381359_po_201810i%20(1).pdf.（上网时间：2021年7月14日）

③ ［日］吾郷俊樹：「日仏友好160周年を迎えた文化交流（下）～19世紀の『ジャポニスム』から『ジャポニスム2018』まで～」, https://www.mof.go.jp/public_relations/finance/denshi/201811/html5.html#page=45.（上网时间：2021年7月14日）

第四章　日本现代流行文化国际传播的推动因素

挑选出119部日本电影,将其分成三部分,并按照年代顺序分三期上映。法国电影专业人士参与活动设计,势必在一定程度上使日本电影更加符合法国市场需求,从而促进日本电影的有效传播。由此可见,要想使文化对外传播活动取得成效,离不开活动前的周全考虑与精心设计,并且最好能够和对象国行内人士展开务实合作。

另一方面,日本也开始注重加强在国内的对外传播。首先,通过国内举办的国际性活动来增加国际交流的机会。其次,传播渠道方面,日本政府积极创新,在现有渠道的基础上增加新途径。例如,与国外大型国际性活动的主办方协商合作,在该活动中增设日本环节;在日本国内创办新的大型国际性活动以及国际交易会场等。再次,传播内容方面,以动画、漫画、电子游戏为代表的日本现代流行文化显然是新设内容。不仅如此,从日本政府出台的国家战略中可以看出,日本希望传播到海外的文化扩大到饮食、时尚等生活文化,甚至延伸得更远。凡是外国人觉得有魅力的日本文化都可以是国际传播的内容。最后,受众方面,国外年轻人群体是消费流行文化产品的绝对主力。日本政府积极推动流行文化、生活文化的国际传播,显然意在增加大量年轻的国外受众。

为提振日本经济、提升日本的国家形象以及在国际社会的存在感,日本政府以流行文化、生活文化等现代日本文化为切入点,推出一系列经济与外交战略与行动计划,意图推动日本内容产业等"走出去",获得海外新兴市场,通过助力日本文化国际传播来促进国际交流与国际理解,从而收获国际民众的好感度、好印象。无论是从作为传播者的日本政府的主动性、传播内容的国际化,还是从传播渠道的创新性,以及国外受众的广泛性来看,日本政府的推动作用都是积极的并值得肯定的。

目前,能够直接反映日本政府对流行文化国际传播的推动作用的客观数据尚不多见。2013年,日本首相安倍晋三在演说中提到远景规划,即五年后电视节目出口额要提升至2012年额度的5倍。日本如愿以偿,2018年底,日本电视节目出口额达到了519.4亿日元,基本完成了预定目标。[①]

---

① [日]総務省:『令和2年版情報通信白書』:『放送コンテンツの市場動向』,https://www.soumu.go.jp/johotsusintokei/ja/r02/html/nd251940.html。(上网时间:2021年1月14日)

可以说，这是日本政府的一项值得称道的业绩。但是流行文化国际传播的效果无法像经济政策所产生的效果那样立竿见影，加之，现阶段也无法判定日本流行文化国际传播的效果当中有多少比例是政府推动的直接效果。不过，我们可以从近几年国家品牌、软实力指数等国际知名排行榜中，获知日本的整体情况以及日本文化受关注的情况。2018年5月，日本内阁文化经济战略特别团队发表《平成29年国家品牌相关指标调查最终报告书》。该调查通过梳理国家品牌指数（NBI）、"全球软实力30"（30个国家的软实力排行榜）等当前世界知名的六大国家品牌排行榜，分析国外不同国家对日本和日本国民的印象。调查结果显示，除了"The Good Country Index"（好国家指数）之外，其他5个指数排行榜中，日本均排在前十名以内，在亚洲国家和地区中，日本处于数一数二的位置；在这几大排行榜中，日本文化是获得高度评价的一个项目；其中，韩国推出的国家品牌指标（SERI-PCNB NBDO Nation Brand Rankings）调查结果显示，获得高度评价的项目是现代文化。报告还指出，日本部分具有代表性的企业品牌为日本形象做出了贡献，其中就有任天堂和索尼等公司。① 此外，通过调查2019年和2020年世界最佳国家排行报告，可以发现日本与日本文化均进入世界前十名；而如果按照亚洲国家和地区来排序，日本位列第一。此外，2018年和2019年的"全球软实力30"指数报告中有两点值得关注：其一，2018年的报告指出，日本料理和流行文化在世界范围内受欢迎的程度继续增长，特别是在年轻人当中。② 其二，在2019年的报告中提到，反映日本文化影响力的指标大幅攀升，位列世界第六。报告在分析日本的优势时指出，"事实证明，高调举办国际活动对日本是件好事，表明日本很清楚如何利用其广泛的文化资产"；"体育外交已被证明是一个非常有用的工具，我们期待看到日本利用赛事平台，向世界展示当今日本文化及其对创新的偏好。2019年橄榄球世界杯和二十国集团峰会是建立日本软实力储

---

① 『平成29年度国家ブランドに関する指標調査最終報告書』，2018年5月15日，https://www.bunka.go.jp/tokei_hakusho_shuppan/tokeichosa/pdf/r1393019_02.pdf。（上网时间：2021年1月15日）

② "The Soft Power 30: A Global Ranking of Soft Power Report 2018," p.76, https://softpower30.com/wp-content/uploads/2018/07/The-Soft-Power-30-Report-2018.pdf. （上网时间：2018年8月10日）

第四章 日本现代流行文化国际传播的推动因素

备的机会"①。

以上数据表明，日本文化对国家品牌的提升起到一定作用，尤其是日本现代流行文化国际传播的广度仍在扩大、深度仍在拓宽，举办国际赛事和活动是展示本国文化魅力、提升文化影响力的重要机会，同时也有利于文化软实力资源的开发与传播。由此联想到日本政府推动"酷日本"等战略的实施过程，有两点令人印象深刻：一是日本政府相关部门的通力合作。例如，总务省、文化厅、经产省，及其所管辖的机构联手创建"日本展示厅"，以统一的日本整体形象亮相海外各大创意产业交易市场便是典型案例。在由日本内阁官房、文化厅发表的《文化经济战略行动计划2018》报告中，为提高日本在国际社会的存在感，内阁府、文化厅、外务省、农水省、经产省、观光厅、环境省等各个部委均有具体的行动计划并各司其职。二是日本举办国际活动、搭建文化经济交流平台。创办日本国际内容产业节、日本前首相安倍晋三亲自扮演卡通形象亮相里约奥运会闭幕式、东京推出集传统文化与现代文化于一身的炫酷奥运宣传片、"日本主义2018"等等，这些都是日本利用流行文化等元素积极宣传的重要活动。除了创建国际交流平台之外，为部分产业拓展海外市场提供资金与信息支援、制定并完善知识产权相关法律等内容也是唯有政府才能担当的事情。日本政府的这些积极作为，势必收到良好效果。

---

① "The Soft Power 30：Japan，" https：//softpower30.com/country/japan/。（上网时间：2021年1月15日）

第五章　日本现代流行文化的国际传播对提升国家形象的贡献

日本现代流行文化的国际传播对其自身形象的改善、国家负面形象的改善，以及国家全新形象的确立都起到积极作用，从而为日本整体国家形象的构建与提升做出了贡献。

第一节　日本现代流行文化自身形象的改变

国家形象是本国民众与国际公众对一国政治、经济、外交、文化、社会、自然环境等方面印象的总体评价。其中，文化是构成国家形象的一个基本要素，文化形象是国家形象的一个重要组成部分，是国家形象中颇受关注的对象。在经济全球化、信息化和网络化的背景下，人们对某个国家形象的感知，主要依靠当地主流媒体，还有众多文化交流活动。[①] 流行文化便是其中一种。在国际传播中，流行文化随着文化商品的流通、大众媒体传播、人际传播等走向世界，同时，它也作为国家文化形象被传播到世界各地。因此，流行文化自身形象的好坏势必会对国家形象产生重要影响。在长达半个多世纪的国际传播过程中，日本流行文化经历了从被蔑视、被排挤到逐渐被接受、被认可，再到受追捧的过程，这在现代日本动画和漫画领域体现得尤为突出。本节以现代日本动画和漫画为例，重点阐述日本流行文化自身形象改变的过程，以及它对国家形象的影响。

---

① 范红主编、郑晨予副主编：《国家形象研究》，清华大学出版社 2015 年版，第 29 页。

第五章　日本现代流行文化的国际传播对提升国家形象的贡献

一、日本动画形象的转变

"anime"一词是英语词典对日本动画（アニメ）的音译名称。不同词典对日本动画的解释不尽相同，但有两点是一致的：一是指日本动画电影或电视动画；二是常以科幻为主题。熟悉日本动画的人都知道，日本动画题材包罗万象，科幻只是其中较为流行的一种。由此可见，西方国家对日本动画的整体认知与日本动画本身的实际情况之间存在偏差。同时在某种程度上也反映出传播到西方国家的日本动画多以科幻类动画为主。《英汉大词典》里的解释还提到日本动画片包含色情内容；《新牛津英语词典》里的解释则添加了一句"有时包含暴力或明显的色情内容"。显然，词典提示的这些负面信息是日本动画的一个软肋。这在20世纪60年代手冢治虫的电视动画《铁臂阿童木》中就已经露出端倪，其中出现了暴力残酷的镜头以及背景画面中的裸女绘画等信息。对于美国商家而言，是绝对无法允许这些内容出现在少儿动画节目当中的。因此，他们在改编时删除了相关段落。之后的日本动画片也普遍具有类似内容，甚至出现了成人色情动画。日本动画因此受到欧美国家的诟病，"廉价""暴力""色情"成为其关键词[①]。20世纪60年代末，美国几乎中断了进口日本电视动画，其中一个重要的原因就是新出的动画中包含较多的暴力场景。[②] 法国是欧洲引进日本动画的主要国家之一，社会党议员塞格琳·罗雅尔女士曾于1991年著书批评日本动画，在当时成为热门话题。[③] 不仅如此，1990年之前，在欧美国家的艺术领域，动画电影仅仅被视作专为少儿设计的一门二流艺术。[④] 在欧美国家动画领域的专业人士眼中，日本动画充其量就是一个二流产品，根本无法与欧美国家的动画相提并论。

---

① ［日］增田弘道著：『もっとわかるアニメビジネス』，NTT出版2011年版，第68页。

② ［美］フレッド・ラッド、ハーヴィー・デネロフ著：「アニメが「ANIME」になるまで——『鉄腕アトム』、アメリカを行く」，［日］久美薫訳，NTT出版2010年版，第107页。

③ ［日］浜野保樹著：『模倣される日本——映画、アニメから料理、ファッションまで』，祥伝社2005年版，第47页。

④ ［日］草薙聪志著：『アメリカで日本のアニメは、どう見られてきたか?』，徳間書店2003年版，第190页。

长期以来，动画领域的传统观念认为，动画只是儿童观看的娱乐节目。这一观念尤其在欧美国家的民众心中根深蒂固。直到日本导演大友克洋的《阿基拉》横空出世，这一观念才被彻底颠覆。1989年动画电影《阿基拉》在美国公映，1990年在英国举行特别展映，"大友克洋以此影片宣告了'动画不是儿童的专属，也可以适合成年人观赏'"。① 世界一流导演詹姆斯·卡梅隆等欧美国家著名电影人均一致认可这种观念。在英国，《阿基拉》"彻底改变了英国人对动画的看法：以往大部分人认为动画只是礼拜六早上给儿童观看的消遣节目，然而这个动画电影使得他们重新审视动画的价值"。② 不仅如此，英国粉丝团体的活动也从地下转至地上，开始积极发展粉丝文化。这些变化对日本动画的意义有三点：一是它的艺术性开始获得欧美国家专业人士的认可，由此开启日本动画走向世界流行文化中心之路。二是它作为文化产品开始名正言顺地大量流通到欧美国家。此后，美欧等国的商家开始主动引进日本动画，日本动画由此重新在欧美国家广泛传播。三是在日本流行文化的熏陶下，国外受众发展出属于自己的独特的年轻人文化。世界各地都有动画节、角色扮演大会等粉丝文化活动，而这些活动的原点均为日本动画。

日本动画进入国内电影主流的标志是1998年在日本公映的宫崎骏动画电影《幽灵公主》。③ 该动画突破了以往动画简单叙事的特点，呈现出宏大而又复杂的主题。而且，在日本国内的票房成绩高达196亿日元，成为20世纪日本电影史上票房最高的电影，还超过了美国电影《E.T. 外星人》的票房。国内媒体给出的最重要的评价是："它瓦解了此前强加给动画的'儿童动画当然是迪士尼最好'的固有观念。"④ 这表明，这部电影的成功使它不再只是动画粉丝的电影，而成为名副其实的"国民电影"。在美国，使人们彻底改变对日本动画认知的是《精灵宝可梦》。它的电视动画首先登陆美国并大受欢迎，之后，与它相关的电子游戏、卡片交换游戏等也相

---

① ［日］浜野保樹著：『模倣される日本——映画、アニメから料理、ファッションまで』，祥伝社2005年版，第48頁。
② 王向华等编著：《泛亚洲动漫研究》，山东人民出版社2012年版，第14页。
③ ［日］山口康男编著：《日本动画全史——日本动画领先世界的奇迹》，于素秋译，中国科学技术出版社2008年版，第125页。
④ 同上书，第125页。

第五章　日本现代流行文化的国际传播对提升国家形象的贡献

继进入美国市场。1999年，剧场版动画《精灵宝可梦：超梦的逆袭》在美国3000多个影院放映，票房位列美国榜首，获得空前成功。日本动画电影在国际上获得高度认可是在21世纪初。世界著名的国际电影节开始专为长篇动画设立奖项，表明动画电影地位的提升。2002年，《千与千寻》在柏林电影节获得金熊奖，2003年又荣获美国奥斯卡金像奖，扬名世界。从此，欧美国家对日本动画电影的态度发生了转变，它被当作一门高级艺术来对待，这也"意味着日本动画片开始成为当代日本文化的代表"。[①]由此可见，日本动画的形象发生了翻天覆地的改变，自20世纪末起，真正以较为正面的形象展现在全世界观众面前。《精灵宝可梦》之后，日本的电视动画片也开始大量进入欧美国家市场，主要在专门的动画频道和有线电视播放。[②]尽管之前提到的日本动画中依然存在暴力等画面，但是人们似乎更加关注日本动画，尤其是日本动画电影画面的美感、故事情节的深度、拍摄技术的高超。关于日本动画整体形象改变的问题，有人曾考察过日本动画对"80"后、"90"后美国人的影响。研究数据显示，"在美国，人们对动漫的看法和刻板印象发生了转变，人们正在把边缘文化转变为更加主流的流行文化。但要想让强烈的负面标签完全消失，时间可能太短"。[③]该研究还提到，参与调查的人使用诸如"有趣的""丰富多彩的""戏剧性的""艺术性的"等词语来形容动漫，原来的"暴力"等负面词语则仍然存在，但排序已经靠后。由此可见，对于日本动画，欧美国家民众不仅在观念方面有所改变，在整体印象方面也产生了变化，甚至开始将其视作主流的流行文化。

二、日本漫画形象的转变

日本漫画的国际传播速度远比动画的传播缓慢。那是因为，文字翻译、版式修改等原因使引进漫画比引进动画要麻烦得多，因此，国外出版

[①] ［日］津坚信之著：《日本动画的力量——手冢治虫与宫崎骏的历史纵贯线》，秦刚、赵峻译，社会科学文献出版社2011年版，第42页。

[②] ［日］増田弘道著：『もっとわかるアニメビジネス』，NTT出版2011年版，第69页。

[③] Phenomenon Samantha, Nicole Inëz Chambers, "Anime: From Cult Following to Pop Culture," The Elon Journal of Undergraduate Research in Communications, Vol. 3, No. 2, Fall 2012, p. 94.

商通常不会考虑引进但也偶有例外。20世纪80年代，意大利曾经翻译出版了动画《小甜甜》的原版漫画。但日本漫画的国内发展势头良好，市场繁荣，利润要比出口大得多，所以，日本出版商也不愿主动出口。基于以上原因，漫画最初并非通过正规的商业渠道流向世界。当时，亚洲盗版盛行，日本漫画多以零散的形式流入欧洲，关于日本漫画的负面信息也很常见。弗雷德里克·肖特在其著作《漫画！漫画！》中将漫画解释为"道德放纵的图画"，"从此漫画这个词便在西方蒙上了污名"。①日本的成年人在上下班的电车上若无其事地翻阅着充斥暴力和色情内容的漫画，这种令人瞠目的情景时常被外国人提及。1987年，美国《华尔街日报》的一篇报道提到："日本的成年人仍在阅读漫画并沉浸在幻想之中"②，"这形象不断加深西方对日本人及其漫画杂志的轻蔑态度③。"

日本漫画（まんが）的罗马字拼写是"manga"。该词在英语词典中的解释除了"日本漫画、日本图画书"以外，也有负面信息。例如，《牛津高阶英汉双解辞典》（第八版）中提到日本漫画常有暴力或色情内容。《新牛津英语词典》中也提到了相似内容。可见，暴力和色情内容也是部分漫画的特色。由于日本动画素材大多来自于日本漫画，因此，日本动画中有此特点就不足为奇了。

改变日本漫画在国外负面形象的契机是《阿基拉》这部漫画作品。"《阿基拉》为欧洲打开了日本漫画的大门。"④ 它由美国漫威漫画公司于1988年翻译出版，并引起轰动。《阿基拉》的故事内容属于赛博朋克科幻小说类型，与欧美国家年轻人的趣味相符，因而获得欧洲多个国家读者的青睐。比利时、法国、德国等国相继出版了译本，收益颇丰。之后，日本漫画也陆续进入欧美国家市场。题材多样、故事丰富的日本漫画给欧美国家的出版商提供了多样的选择。欧美国家引进的漫画主要有诸如《龙珠》等奇幻冒险类、《美少女战士》等少女漫画类。这些漫画描绘的多为励志成长故事，角色形象多为平凡而真诚的英雄，他们为友情、亲情等努力拼

---

① [英] 保罗·格拉维特著：《日本漫画60年》，周彦译，世界图书出版公司北京公司2013年版，第9页。
② 同上书，第9页。
③ 同上书，第9页。
④ 同上书，第154页。

第五章　日本现代流行文化的国际传播对提升国家形象的贡献

搏,历经千难万险后终于赢得胜利。这些故事不仅充满乐趣,而且故事中的英雄人物也为处于青春期、人格形成期的青少年树立了榜样,对他们人格的形成产生了积极影响。而且,漫画中的奇思妙想唤醒了粉丝的想象力,加上创作成本低廉,无疑为粉丝点燃了成为漫画家的希望,日本漫画因此又获得了欧美国家的大量粉丝。创作与日本类似的漫画杂志、参加漫画市场与相同爱好者交流、购买自己心仪的衍生产品等活动成为漫画粉丝们崭新的生活方式。作为漫画杂志、故事漫画单行本的消费者,他们的意见建议愈发得到重视。粉丝们渴望获得未经删改、翻译的日本原版漫画作品的呼声越来越高,出版商随机应变,直接引进日本原版漫画作品。日本最著名的漫画杂志《少年 JUMP》的美国版本和德国版本均与日本漫画杂志特点相似,欧美国家漫画行业的这一改变对日本漫画而言意义重大。因为,它意味着欧美国家漫画行业的出版开始沿用日本漫画的出版规则,将版式设计从传统的左开本和横写文字转变为日本的右开本和竖写文字。这表明,日本漫画已经成为部分规则的制定者,并且还具有相当高的创作水平。有英国学者评价日本漫画:"日本人已经把漫画发展成为影响巨大的大众文学,与看似唯我独尊的电视和电影势均力敌。事实上,漫画已超越了日本的电视和电影;许多成功的电视和电影作品都是由漫画改编的。"①

三、国际传播对日本现代流行文化形象转变所起的作用

如前所述,动画、漫画等日本流行文化从原来具有暴力、色情、廉价等负面形象逐渐转变为"酷"的代表。然而,仔细分析就不难发现,从整体来看,日本的动画、漫画中依然存在那些糟糕内容,日本似乎并未做针对性的整改。而且,绝大多数日本流行文化在创作时的目标是针对国内市场的,并非专为国外受众量身定制。由此可见,动画、漫画等日本流行文化形象的改变是另辟蹊径的结果。那么,究竟是哪些因素促成这种转变、促使国外受众"路转粉"呢?国际传播在此转变过程中又起到怎样的作用呢?

首先,传播者方面。在日本动画、漫画风靡全球之前,日本官方对它

---

① [英]保罗·格拉维特著:《日本漫画60年》,周彦译,世界图书出版公司北京公司2013年版,第10页。

们的传播似乎并未起到多大作用。因为毕竟动画、漫画的确存在明显的负面内容，所以面对国外受人的指责，他们只能无奈承受并极力避免在文化交流过程中出现尴尬。例如，1991年，日本在英国筹备日本文化节时，主办方与英国牛津现代艺术博物馆就参展日本漫画的具体内容发生分歧，因"日本主办方不愿意过多展出具有成人色彩和令人难堪的漫画"而最终导致项目流产。① 事实上，日本官方认可日本流行文化的艺术价值，并公开对外宣传是日本流行文化在国际获得好评之后的事情。对于绝大多数日本流行文化产品的制作者而言，国内繁荣而广阔的市场才是他们作品的最佳出路。只有在国内市场做得出色，才有可能引发国外关注。因为，作品在国内是否获奖、受欢迎程度高低等是国外商家重点关注的对象。从这个角度来说，创作富有特色的文化产品是日本艺术家们的唯一目标，也是他们对流行文化国际传播的最大贡献。相较而言，日本国内外商家的作用较为突出。作为文化产品引进方的国外商家更加熟悉本国市场，对本国受众需求的把握也更为精准。因此，可以说，他们的选择、改编和宣传为流行文化产品跨越国界、跨越文化障碍起到重要作用。例如，商家选择引进的动画电影《阿基拉》完全不同于以往的日本动画作品，它颠覆欧美国家民众对动画认知的同时，也为日本动画重新顺利进入欧美国家市场开辟了道路。但是，形象转变并非一蹴而就，而是需要一个较为漫长的过程。多部日本人气电视动画和动画电影的引进逐渐增强了日本动画在国际市场的存在感，也促使日本动画的改编版更加接近原版，使国外受众能够体味原汁原味的日本动画。在宣传方面，也离不开国外商家的积极运作。如果没有美国迪士尼公司的助力，宫崎骏导演的动画电影以及宫崎骏的艺术成就在欧美国家就无法顺利获得高度认可。《精灵宝可梦》的电视动画能够在美国主流电视网络播放，其动画电影能够在美国3000多家电影院公映，没有美国商家的操盘则绝对无法做到。当然，日本国内商家的通力合作与高超的营销战略也功不可没，这也是日本流行文化得以在国际广泛传播的重要因素。例如，《精灵宝可梦》先推电视动画、后推游戏、再推动画电影的顺序体现出国内商家的营销策略，这种媒介融合的战略战术首次在美国推

---

① [英]保罗·格拉维特著：《日本漫画60年》，周彦译，世界图书出版公司北京公司2013年版，第9页。

第五章 日本现代流行文化的国际传播对提升国家形象的贡献

出便获得了空前成功。

其次，传播渠道方面。因科技进步而带来的新增渠道主要分成三类：其一，数字技术带来了全新的大众传播媒体。20世纪80年代的录像机和录像带、20世纪90年代的VCD、21世纪的DVD等完全突破了观赏影视作品的时空限制，为影视文化产品开辟了新的市场和商业销售渠道。其二，20世纪90年代后期，互联网的强大威力又使得影视文化产品瞬间传遍世界各地，好产品再也不必为"酒香还怕巷子深"发愁。传统的大众传媒也纷纷在网络空间找到新的发展平台，开辟了崭新而又极为广阔的市场空间。其三，网络的发达和全新移动终端的发明也促使人人有机会成为自媒体，可以随时随地公开发布自己的意见建议等。同时，网络上出现大量的粉丝群体网站，成为崭新的人际交流渠道。网络中的有益信息还可以从汇聚成有关日本流行文化的口碑，成为国际传播强有力的助推器。

再次，内容方面。自20世纪80年代起，日本流行文化的国内市场空前繁荣，新奇有趣的文化产品层出不穷，质量也日益提高。另外，国外商家的选择余地增大，就更容易挑选到符合本国市场需求的文化产品。如前所述，购买文化产品的决定权在国外商家和受众手上，他们在选择时自然会考虑满足受众的需求。值得注意的是，什么样的文化产品符合国外受众需求？由于国外受众千差万别，因此日本的流行文化创作团队很少会针对国外受众的喜好去创作，而且，如前所述，当时绝大多数日本艺术家只专注于作品在国内市场的情况。通过查找文献资料可以发现，时代思潮对于预测受众需求的重要性。20世纪80年代，后现代主义思潮席卷世界，在它的影响下，与内容相比，人们更加注重外表、包装；与物质需求相比，人们更加注重消费那些能给生活带来更多乐趣、风格更为酷炫的事物。[①]这种现象波及全球，欧美国家和日本自然也不能例外。在这种思潮下，"科幻小说、科幻电影、或科幻漫画承担起时代先锋的角色"。[②] 对未来世界的描绘、后现代启示录式的色调、富于刺激性的表现技巧等等是文化作品的主要表现特点，具有强烈的艺术感染力。观察20世纪80年代流通到

[①] [日] 北野圭介著：『日本映画はアメリカでどう見られてきたか』，平凡社 2005年版，第179页。

[②] 同上书，第194页。

欧美国家的日本流行文化作品就不难发现，日本导演大友克洋和押井守的科幻动画电影与这些特点相吻合，也正是由于他们的作品获得欧美国家专业人士的高度评价，才为日本流行文化，尤其是电视动画与动画电影再次叩开了欧美国家市场的大门。当然，出路并非只有一条，宫崎骏导演的动画电影走的则是传统的动画电影的路线，但又有改进与升华。与欧美国家的动画电影明显不同的是，宫崎骏电影的目标观众不只针对少儿，而是覆盖全年龄段；作品内容既能回归本真、表现质朴情感，又有宏大的主题，体现出对环境、战争、人与自然的关系等方面的深刻内容，并且在影片结尾都有升华。因此，宫崎骏作品获得欧美国家同行的高度认可自在情理之中。

最后，受众方面。数字技术、卫星通信技术、多媒体技术、网络技术等高科技带来更多接触日本流行文化的机会，从而吸引大量不愿通过电影院、电视来获得信息的普通民众。而且，粉丝和普通民众均可以通过网络获取大量影视作品的相关信息，这无疑也大大拓宽了受众的知识面，激发起受众对日本流行文化更多的兴趣，实现"路转粉"的转变。粉丝群体中，有一类人值得关注，即业内专业人士。例如，电影界的乔治·卢卡斯、史蒂文·斯皮尔伯格、马丁·斯科塞斯等，他们既是好莱坞著名导演，又是黑泽明的忠实粉丝，而且有的导演与日本导演交情匪浅。例如，詹姆斯·卡梅隆与大友克洋、押井守是好友，约翰·拉塞特非常崇拜宫崎骏，与之成为好友。在世界电影娱乐中心的美国，黑泽明、大友克洋、押井守和宫崎骏等日本导演的名声如雷贯耳，不仅与他们的艺术成就息息相关，还与他们美国朋友的协助有关。例如，宫崎骏及其电影能够于21世纪初顺利进入世界电影主流并立于世界电影艺术之巅，离不开约翰·拉塞特的宣传推介。粉丝群体中还有一个值得关注的现象：粉丝们利用网络建立起由共同爱好者组成的网站。线上人际交流渠道的开辟，无疑是增加了另一个崭新的交流平台。这个平台与线下人际交流相平行，不仅是粉丝加强联络的纽带，而且网络平台上粉丝们较为深入的信息沟通与思想沟通无疑又会增加粉丝对流行文化的喜爱，粉丝成为铁杆粉丝的机会大增，从而也会提高国际传播的广泛度。

第二节 对日本负面形象影响的抵消

第二次世界大战后，日本在国际社会的负面形象一直存在，只是在不同时期显现出不同的样态。显然，这些负面形象与日本希望构建的国家形象截然相反。因此，日本文化外交通过影视作品的国际文化竞赛、电视节目交换、无偿提供等方式逐步消除误解、抵消负面形象。

一、战后日本的负面形象与文化外交

第二次世界大战后，战败国日本的形象跌至深渊。一方面，日本多年来的侵略行为给亚洲各国民众带来深重灾难，军国主义的侵略形象久久挥之不去。另一方面，处于驻日盟军司令部占领下的日本一无是处，不得不承受彻底改革的洗礼。1947年，"和平宪法"得以颁布，意味着日本放弃战争和武力，有望成为一个和平民主的国家。20世纪50年代，在"吉田路线"的"重经济、轻军备"理论思想指导下，日本抓住时机实现了经济复兴。1964年，日本凭借丰厚的财力成为国际货币基金组织（IMF）的成员，后又加入经济合作与发展组织（OECD），成为资本主义发达国家中的一员。伴随着国际贸易的发展，20世纪60—70年代，日本因将产品倾销至国外使欧美及亚洲国家民众明显感受到日本经济的冲击与威胁，因此，"劣质产品的代名词""经济动物"等新的负面形象陆续出现，欧美及亚洲国家民众的反日情绪高涨。20世纪80年代，日本经济继续一路攀升，投资与贸易在国际上都产生了很大影响，同时日本与欧美国家之间的贸易摩擦也在不断发生，导致欧美国家对日本产生厌恶感并抛出"日本异质论"。"这种观点认为，不仅日本的政治、经济体制与众不同，其文化和价值观也与众不同，因此按照欧美的标准来看，乃是一个具有'异质文化'社会的国家。"[①] 在日本著名学者青木保看来，"异质"一词带有"侮蔑性的情感"，意指日本不但与众不同，还属

[①] [日]青木保著，王敏主编：《异文化理解》，于立杰、陈潇、吴婧译，中国青年出版社2008年版，第84—85页。

"劣等"。① "'日本异质论'不单会引发经济政治方面的问题,还伤害了日本的对外形象。"②

综上所述,日本在国际社会的负面形象一直存在,只是在不同时期显现出不同的样态。显然,这些负面形象与日本希望构建的国家形象截然相反。因此,20世纪后半期,日本在积极塑造"信奉和平""经济发达"等国家形象的同时,也在为消除负面形象、及时止损而努力。众所周知,一个国家在实施国际战略与对外政策时,通常会采用政治、军事、经济、文化这四种手段。可对于战后初期的日本而言,几乎没有能够利用的手段。政治方面,长期受到美日同盟庇佑的日本无法与美国完全平等相处;为避免重新激发亚洲国家对军国主义的仇恨,日本对亚洲国家的政策更是慎之又慎。军事方面,日本"和平宪法"的规定以及日本对和平民主的渴望都意味着军事手段的失效。经济方面,日本依靠东西方冷战的契机实现经济复兴,并很快成为资本主义国家第二大经济体,但与第一大经济体美国相比,还只是一个"小巫",科学技术也远远落后于欧美国家。尽管日本凭借"赔偿外交"平复了东南亚国家民众的仇恨情绪、通过"经济外交"打开了东南亚市场的大门,但因经济摩擦加剧、贸易严重失衡等因素导致东南亚国家民众反日情绪高涨,甚至出现反日运动。因此无论是针对欧美发达国家,还是针对亚洲发展中国家,要想改善与别国的关系,日本能够尝试的手段唯有对外文化交流。

文化外交的主要目的是"通过美术、表演艺术、语言教育等文化形式提高一个国家的形象和声望"③。通过文化的国际传播来影响他国民众及舆论,从而达到外交目的,这一做法早已被欧美国家运用得炉火纯青,并且效果显著。法国作为文化大国的形象、美国作为世界流行文化娱乐中心的形象早已深入人心。不仅如此,文化对缓解国家间的紧张关系、加强安全保障等也起到积极作用。例如,1958年,处于冷战状态的美国与苏联签订

---

① [日] 青木保著,王敏主编:《异文化理解》,于立杰、陈潇、吴婧译,中国青年出版社2008年版,第85页。
② [日] 小仓和夫:『日本の文化外交——回顧と展望』,大芝亮编:『日本の外交第5卷对外政策課題編』,岩波书店2013年版,第256页。
③ [日] 小仓和夫:《日本文化外交》,本文是英文小册子《Japan's Cultural Diplomacy》主要内容的汉译文本,第2页。

第五章　日本现代流行文化的国际传播对提升国家形象的贡献

了关于"文化、技术和教育领域的交流协议",通过在艺术、教育、技术等多个领域开展广泛交流来缓解美苏两国间的紧张情绪并促进相互理解。[①]又如,日本学者充分认识到文化对于安全保障的重要性。名和太郎指出,法国巴黎、日本京都和奈良在战争中未被轰炸的原因是为了保护文化遗产,由此得出结论"拥有文化力量也和安全保障存在密切联系"[②]。金山宜夫在《新文化立国论》中提到,"文化国家还有更为重要的意义,这就是'通过国际信息活动加强安全保障'。信息力可以避免战争,并通过当事人谈判解决争端"。[③]青木保反复强调,"当今世界,文化是关系到一个国家、一个社会、一个地域'安全保障'的重大问题"[④]。

第二次世界大战后,日本对本国文化显示出极不自信的态度。那是因为,战争使日本的传统文化遭受重创,而且战后欧美发达国家文化如潮水般的涌入又给日本文化带来强烈冲击。同时,战败后的日本意识到先进的科学技术才是使日本重新崛起、打败敌方的重要因素,因此致力于科技进步与经济实力的提高,不太重视本国文化的发展,甚至有轻视之嫌。日本影评家将电影《罗生门》的获奖归因于"评奖者出于对东洋异国情调好奇的结果"。黑泽明甚至提出质疑:"本民族人为什么对本民族的存在毫无自信?为什么对异域的东西那么尊重?对自己的东西就那么轻视呢?"[⑤] 另外,日本对文化外交又持有谨慎态度。日本的"文化外交"一词最早出现在1931年吉田茂担任大使时与意大利签订的文化协议上。[⑥] 由于战争时期日本对亚洲的文化政策均为强制推行的政治宣传,带有强烈的法西斯意味,因此,战败后的日本不仅在很长一段时期并未积极推行对外文化政策,还避讳使用"文化外交"一词。日本恢复文化自信的开端正是电影

[①] [日]大場吾郎著:『テレビ番組海外展開60年史——文化交流とコンテンツビジネスの狭間で』,人文書院2017年版,第41—42頁。

[②] [日]名和太郎著:《经济与文化》,高增杰、郝玉珍译,中国经济出版社1987年版,第86页。

[③] 同上书,第107页。

[④] [日]青木保著、王敏主编:《多文化世界》,唐先容、王宣译,中国青年出版社2008年版,第108页。

[⑤] [日]黑泽明著:《蛤蟆的油》,李正伦译,南海出版公司2006年版,第269页。

[⑥] [日]渡邊啓貴著:「フランスの『文化外交』戦略に学ぶ——『文化の時代』の日本文化発信」,大修館書店2013年版,第102頁。

《罗生门》的偶然获奖。在意大利电影人斯特拉米杰莉女士的积极推动下，电影《罗生门》代表日本参加威尼斯国际电影节并斩获大奖。此事令日本电影界感到意外，甚至连黑泽明本人都是获奖后才得知自己的电影被选送参加国际比赛。显然，《罗生门》获奖意义重大。它使日本人意识到参加国际电影节等国际文化活动不仅可以"回归"国际社会、增加本国文化在国际上的存在感，还能打开国际市场的销路，通过国际贸易出口创汇，从而为"贸易立国"政策做贡献。它还有助于日本提高积极性，利用电影《罗生门》来开展海外文化活动。20世纪50年代前半期，日本电影在国际上屡获大奖，日本也逐渐恢复文化自信，开始通过国际文化振兴协会在海外举办日本美术、文化等相关展览来宣传树立"爱好和平"的日本新形象。

在国外开展文化交流活动时，日本利用的文化资源主要是传统文化，如茶道、插花、歌舞伎等。优雅的传统文化体现了日本文化的精髓，而且"与流行文化所展示的政治重要性相比，高雅文化交流对政治的影响更加一目了然"[①]。然而，传统文化一方面具有优雅、唯美等特点，另一方面，它也会因为其所蕴含深奥的象征性含义，难以被广大国外受众所理解，这必然会影响对外文化传播的广度与深度。第二次世界大战后，日本现代流行文化逐步发展起来，但因长期被排除在主流文化之外，无法成为日本文化的代表，因此其艺术性和思想性无法与优雅的传统文化相提并论。但是，流行文化通俗易懂、喜闻乐见等特性使其对大众具有普遍的吸引力。随着科技的进步，尤其是传媒技术、数字技术、网络技术的进步，电影、电视、卫星电视、录像、VCD、DVD、网络等新型大众传播媒体的不断涌现，无疑加速了文化的国际传播。影视作品等流行文化的载体本身就是大众传播媒体，再加上流行文化的娱乐性、大众性等特点，使得流行文化更加容易并更加广泛地传播到世界各地。可以说，日本现代流行文化对文化外交所起的作用逐渐显现出来。

二、日本利用流行文化搞外交的举措

谈及文化外交时，小仓和夫指出，"日本的文化外交始终以消除日本

[①] [美]约瑟夫·奈著：《软力量——世界政坛成功之道》，吴晓辉、钱程译，东方出版社2005年版，第48页。

第五章　日本现代流行文化的国际传播对提升国家形象的贡献

的负面形象为目标"①。作为日本文化组成部分的日本现代流行文化自然也参与其中，起到一定的作用。在国际关系中，国家之间发生文化关系，主要采取两种方式，即参与国际文化竞赛和文化交流活动。国家通过这两种方式参与国际文化交流，一方面可以提升本国文化的国家形象、提高本民族的文化自信，另一方面也有助于加强国家间的友好关系、促进相互理解、消除误会，从而减轻负面形象的影响，对维护本国周边安全、本地区的和平稳定起到积极作用。如前所述，第二次世界大战的惨痛经历导致亚洲国家民众难以消除对日本军国主义的仇恨，以及失去家园和亲人的伤痛。为此，日本政府着手对东南亚进行相关赔偿，并将赔偿与日本经济复兴联系起来。冷战期间，美苏两国为缓和紧张局势和促进相互理解而签订文化、教育、技术等方面的协议案例，为日本提供了加强国际交往的新思路。于是，日本通过影视作品逐步走上国际舞台，并展开国际文化交流活动。

（一）参与国际文化竞赛

第二次世界大战后，各种国际文化竞赛陆续恢复。"通过正大光明的方式，由各国努力参与的各类文化竞赛和奖项角逐，是建设多元的国际文化友好关系、促进交流和沟通、保持和平和繁荣的有效方法。"② 其中，影视作品的国际竞赛令人瞩目。影视作品参选国际各大电影节、电视节，不但可以提高本国文化在国际上的存在感，还能使获奖作品大大提升本国的国家形象。与电影节、电视节挂钩的是影视作品交易市场，它们是各国影视作品通过国际贸易得以传播到世界各地的重要渠道。

在电影方面，1951年，《罗生门》的获奖开启了日本电影走向世界、振兴贸易、出口创汇之路。20世纪50年代是日本电影在国际获奖的第一个高潮期。《源氏物语》《西鹤一代女》《雨月物语》《七武士》《地狱门》等电影相继亮相著名国际电影节并获得大奖，这表明日本电影在艺术性、叙事结构、电影技巧等方面获得欧美国家的高度认可，欧美国家因此开始

---

① ［日］小倉和夫：《日本文化外交》，本书是英文小册子《Japan's Cultural Diplomacy》主要内容的汉译文本，第11页。
② 潘一禾：《文化与国际关系》，浙江大学出版社2005年版，第43—44页。

意识到日本电影的存在,并提高了对它的关注度。日本从国际电影节、国际电影交易市场中获得荣誉与外汇的双丰收,不仅极大提高了自信心,还在1954年联合亚洲电影同行成立了东南亚电影制作者联盟,举办了东南亚电影节,通过相互切磋交流,开拓东南亚市场。参加东南亚电影节的各国代表均为来自商界、学界等的精英,掌握着舆论场上的话语权。他们"对日本抱有好感,该国的对日舆论也就相应会出现好转,因此这层政治效果无法忽略"。[①]

在电视方面,日本于1961年参加了蒙特卡洛国际电视节,朝日电视台的《穴》和《执行前三十分钟》这两部作品分别获得了导演奖和剧本奖。1962年,在戛纳国际电影节的电视电影竞赛单元,日本电视台选送的纪录片《老人与鹰》获得最高奖项。《老人与鹰》的获奖使得日本电视工作者对纪录片的制作信心倍增,并积极参加国际比赛。此后,日本还参加了意大利艺术节、美国艾美奖等多个国际文化竞赛活动,并有多部电视节目在国际获奖。可以说,日本的电视节目参与国际文化竞赛,其目的和经历与日本电影参展国际电影节基本相同,旨在通过参赛了解影视制作的国际水平、获得奖项以及打开电视节目的海外市场。因此,对于具体的制作单位而言,参与国际文化竞赛是有利可图的。而流行文化在国际舞台上频繁亮相并获得佳绩,显然对日本大有裨益。影视作品的获奖不仅提升了日本的国家形象,还通过商业渠道传播到其他国家与地区,为海外观众了解日本提供了机会。虽然每部影视作品的观众未必众多,但积沙成塔、积水成渊,日本影视作品在国际上的存在感和口碑也积累起来,并随着时间的推移逐渐形成国外受众对日本的好感。

(二)开展对外文化交流

日本利用日本现代流行文化开展对外文化交流具有以下四个特点:

第一,对外文化交流活动的开展显现出一定的积极性。例如,联合国教科文组织的外围机构国际演剧协会(ITI)在世界主要地区设有支部。该协会的日本支部成立于1951年,并将每年5月设定为国际演剧月,从参展

[①] [日]岩本憲児編著:『日本映画の海外進出——文化戦略の歴史』,森話社2015年版,第188页。

第五章 日本现代流行文化的国际传播对提升国家形象的贡献

的广播和电视节目中挑选出优秀作品，完成翻译台词、配上剧照等工作之后发送给国际演剧协会的各个支部，并拜托各支部推荐给广播电视台。① 可以说，这是日本主动向国外选送电视剧的初步尝试，也可以看作日本利用电视文化回归国际社会的具体表现。又如，冷战期间，美日两国签订文化、教育、技术等交流协议后，以电视节目交换为目的向海外选送电视节目的活动便开展起来。② 不仅是日本半官方的电视台日本广播协会十分重视，作为民营电视台的日本电视台、富士电视台等也都积极与国外的相关机构签订合作协议，积极开展电视节目交换活动。它们不仅与西方资本主义国家，也和社会主义国家的广播电台、电视台签订协议，开展"电视外交"③。这些活动通常由电视台高层发起，他们都带有强烈的使命感。④ 为增进与他国的相互理解，他们通过交换电视节目的方式达到文化外交的目的。不仅如此，亚太多个国家的放送机构联合组成亚太放送联合会（ABU），促进节目交换活动的顺利开展。

第二，开展日本流行文化交流活动的主体以半官半民机构和专业社会团体为主。举例来说，日本广播协会是日本最大的广播电视台，由日本总务省管辖。国际交流基金会是外务省的一个外围机构，推动文化艺术交流是它的一项重要职责。这两个机构均为具体开展对外文化交流活动的机构。其中，日本广播协会非常重视电视节目的交换，目的在于"不仅要让他国民众知晓日本人和日本文化，还要让日本人了解外国人和外国文化"，从而促进国际交流和相互理解。⑤ 国际交流基金会成立的目的就是"为了使他国加深对日本的理解并促进国际友好亲善，通过高效开展国际文化交流事业为世界文化的提升以及人类的福祉做贡献"⑥。它的主要业务之一就是向外国人介绍日本文化，其中就有向海外介绍日本影视作品一项。1964年，日美文化教育电视节目交流协会成立。"该机构由邮政省、外务省、

---

① ［日］大場吾郎著：『テレビ番組海外展開60年史——文化交流とコンテンツビジネスの狭間で』，人文書院2017年版，第29—30頁。
② 同上书，第42页。
③ 同上书，第45页。
④ 同上书，第47页。
⑤ 同上书，第43页。
⑥ ［日］松村正義著：『新版国際交流史——近現代日本の広報文化外交と民間交流』，有限会社地人館2002年版，第363頁。

文部省共同管辖",① 主要负责节目交流实际事务、调查研究、资料制作等工作。此外，日本一些社会团体组织对流行文化的传播也起到了积极作用。例如，20世纪50年代，尽管中日两国尚未恢复邦交正常化，但在这种敏感的特殊时期，民间交往却仍在继续。日中友好协会和日中文化交流协会这两个友好团体在这一非常时期对两国的电影交流做出了重要贡献。其中，日中文化交流协会向中国推荐日本电影，还组织两国电影人互访交流。当时，中国从日本引进电影，既有中方购进的，也有日方免费赠送或通过交换方式获得的。

第三，日本流行文化的主要传播地点以亚洲为主。在20世纪70年代之前，影视作品等日本现代流行文化主要倾向于向欧美国家传播。通过参展国际文化竞赛或以节目交换方式向发达国家传播本国影视作品，一方面是为了促进国际友好与相互理解，另一方面，也是为了获得国际社会的认可，并通过交流学到具有国际水准的影视作品的制作方法。总体来看，日本的影视作品在一定程度上获得了国际社会认可，但在水准方面与发达国家的差距也较为明显。日本流行文化在亚洲的传播则是另外一番景象。20世纪70年代以前，日本对电视节目出口亚洲国家一直持谨慎态度，主要原因是经济收益过低，再加上日本担心会被亚洲国家误解为"文化侵略"②等。当时传播的内容以纪录片、介绍日本传统文化的电视节目居多。进入20世纪70年代，电视业的飞速发展导致亚洲地区电视节目需求量大增，日本的影视作品成为重点关注对象，而且其水准比亚洲国家要高出许多，因此，它成为了首选。电视节目中反映日本现实社会文化生活的节目较多，因为亚洲国家文化的相近性，亚洲民众比较容易接受日本的电视节目，所以，日本流行文化的传播重心自然就转向亚洲。影视作品中展现出来的日本城市的发达程度、亲情、友情、爱情等人物情感的细腻刻画、人物造型的靓丽时尚等等，无不对亚洲受众造成强烈的影响，使人们感受到前所未有的震撼与新鲜感，令人憧憬和向往。可以说，日本现代流行文化在亚洲的传播效果十分显著，其影响力也显而易见。20世纪80年代播放

---

① ［日］大場吾郎著：『テレビ番組海外展開60年史——文化交流とコンテンツビジネスの狭間で』，人文書院2017年版，第98頁。

② 同上书，第114页。

第五章 日本现代流行文化的国际传播对提升国家形象的贡献

的日本电视剧《阿信》所产生的影响力可谓空前绝后，在亚洲不同国家民众中均产生共鸣。故事中不仅蕴含着对命运、愿望等人类永恒课题的探讨，而且主角阿信坚忍不拔、乐观向上的精神也鼓舞了无数民众，其中展现出来的现代信息更是激发起人们的兴趣⋯⋯毋庸置疑，这些内容有助于增加民众对日本的好感，减少日本的负面形象在人们心中的影响。学者岩渊功一指出，"值得关注的是，日本向东亚、东南亚出口流行文化，与其说是一种商业机会，不如说是它提高了日本在该地区的国家形象，甚至有可能缓解、抹掉该地区民众因日本的侵略史而留下的后遗症"，①"可以认为，日本流行文化有助于推动文化外交这一使命"②。

第四，日本流行文化的国际传播受政治经济影响十分明显。政治影响方面，例如，中日两国签订《中日和平友好条约》以后，两国关系进入蜜月期。当时大量日本影视作品被引进中国，一经公映便引起轰动。"当时的日本电视剧的影响力之大，不仅对中国社会的变革和中国人的变化产生作用，在良好的中日关系背景之下，也改善了中国人对日本和日本人的负面印象。"③ 然而，21世纪初中日关系处于遇冷期，日本影视作品在中国公开渠道播映的机会明显减少。又如，20世纪70年代，当反日情绪高涨时，泰国民众以日本电视节目低俗为由要求电视台禁播；当泰日关系转好之际，尽管部分日本电视节目里仍充斥暴力与色情等信息，但不再出现要求禁播的呼声。④ 在经济方面，20世纪80年代后期，随着美日贸易摩擦加剧，"日本异质论"观点甚嚣尘上。但当贸易摩擦缓解后，日本流行文化的与众不同成为其在欧美国家逐渐流行起来的一个重要原因。诚然，"日本异质论"观点于20世纪90年代被很少提及的原因较为复杂，但其中少不了日本政府的积极作为。日本政府于1988年提出国际合作构想，把加强国际文化交流作为日本开展国际合作的三大支柱之一，并且成立日美中心，以便日美两国围绕世界共同课题展开学术交流与合作。这些努力所起

---

① ［日］岩渕功一编：『超える文化、交錯する境界——トランス・アジアを翔るメディア文化』，山川出版社2004年版，第126页。
② 同上书，第127页。
③ ［日］大場吾郎著：『テレビ番組海外展開60年史——文化交流とコンテンツビジネスの狭間で』，人文書院2017年版，第181—182页。
④ 同上书，第120—121页。

的作用不容忽视，但日本流行文化领域中部分影视作品获得欧美国家专业人士的认同，主要还是因为其本身艺术水准之高以及符合欧美国家受众的心理期待。

（三）通过商业途径传播日本流行文化

值得注意的是，多数情况下，日本现代流行文化都是通过商业途径传播到世界各地。显然，这是流行文化的商品特性决定的。经过国内市场激烈竞争而胜出的文化产品，在获得利益、为文化产品制作方赚取生存与发展资本的同时，也成为国际市场的有力竞争者，吸引更多海外受众的关注，有的甚至还成为文化外交的重要资源。

例如，在电影方面，《罗生门》《雨月物语》《东京物语》等均获得过国际大奖，这些影片成为海外发行商重点关注的对象。黑泽明、沟口健二、小津安二郎等电影巨匠也随着影片成为电影界专业人士的重点研究对象。在美国，日本影片大多在影院规模较小的电影直营馆、艺术影院公映，或是在诸如艺术节等某项艺术活动中作为特别单元上映。尽管观影人数不多，但其深深吸引了美国好莱坞一批杰出的电影导演。从他们执导的电影中，无论是故事情节，还是动作设计、摄影技术，都能看出他们模仿日本电影巨匠作品的痕迹。在美国，对日本电影史、电影巨匠的研究也不在少数。尽管学者们各抒己见、意见不一，但他们的研究足以体现日本电影巨匠作品高超的艺术水准，可见日本电影在美国电影界与学界的影响力。上述美国知名导演、知名学者掌握着一定的舆论话语权，因此他们关于日本电影的言论又会影响美国乃至其他国家的受众。

在电视方面，20世纪70—90年代，通过商业途径传播到海外的日本电视节目不胜枚举。20世纪70年代后期，日本电视台曾经以中国古典名著《水浒传》《西游记》为题材拍摄了电视剧，并出售给英国广播公司（BBC），在英国放映后大获成功。"这是一件划时代的大事，为提高日本电视剧在海外的评价做出了重要贡献。"[①] 日本电视动画片也是在20世纪70年代后期登陆欧洲大陆，放映后也获得成功，俘获了欧洲青少年的心。

---

① ［日］大場吾郎著：『テレビ番組海外展開60年史——文化交流とコンテンツビジネスの狭間で』，人文書院2017年版，第129頁。

第五章　日本现代流行文化的国际传播对提升国家形象的贡献

可是，由于负责引进外国电视节目的发行商在改编时出于种种考虑，隐去了代表日本的元素，观看节目的欧美青少年当时完全不知节目是出自日本。这种情况一方面表明日本电视动画的普遍吸引力，另一方面也反映出日本电视动画的影响力受到损害。不管怎样，日本电视动画陪伴欧洲青少年的成长是客观事实，而且他们在人格形成的时期接触到新鲜、奇幻、又励志成长的日本电视动画，无疑会在心中留下难以磨灭的印记。有些欧洲人甚至自豪地表示，他们是看日本动画片长大的，因此这些人的存在，为日后日本电视动画风靡世界，打下了坚实的受众基础。在亚洲，由于当时亚洲国家和地区的电视制作水准较为低下，但各国对电视剧的需求远远大于国内供应，在这种情况下，制作水准较高的日本电视节目便成为众人眼中的"香饽饽"。当时，中国大陆曾经引进过不少国家的电视节目。但"与同时期在中国播映的美国、墨西哥、巴西的电视剧相比，日本的电视剧无论在艺术质量，还是在社会效果上都可以说是出类拔萃的"①。不仅如此，20世纪90年代中期，亚洲的电视台、中介商还对引进日本电视节目表现出极大的热情。"在电视节目销售方面，买方和卖方出现了温度差。"②因为售价较低，日本的电视台获利并不多，所以，他们并没有积极推销日本节目，可见日本电视节目在亚洲的受欢迎程度。在日本流行文化的主要传播地中国香港，日剧的影响显而易见。它不仅"刺激了香港流行文化"，还"令香港年轻人对日本产生浓厚兴趣"，"日本流行文化已成为香港青少年文化的一部分，其影响力不下于本地流行文化"③。学者吴咏梅指出，"日本流行文化，以其独特的魅力和新鲜感吸引了中国的'80'后城市年轻人，并在他们的成长过程及其亚文化的形成过程中留下深刻的轨迹"④。由此可见，日本流行文化对于中国的流行文化，以及年轻人的成长均产生了较为积极的影响。这种影响无疑会使年轻人对日本流行文化、日本、日

---

①　刘文兵：《日本电影在中国——第一部中日电影交流通史》，中国电影出版社2015年版，第236页。

②　[日]大場吾郎著：『テレビ番組海外展開60年史——文化交流とコンテンツビジネスの狭間で』，人文書院2017年版，第240页。

③　吴伟明：《日本流行文化与香港》，商务印书馆（香港）有限公司2015年版，第211页。

④　吴咏梅、王向华、[日]谷川建司编著：《越境的日本流行文化》，山东人民出版社2010年版，第202页。

本人产生好感，而这种好感又必然在一定程度上消除对日本的部分误解，从而抵消日本的部分负面形象。

第三节 日本国家新形象的确立

众所周知，一个国家的形象具有两个不同的方面，它既指来自他国公众的评价，也指一个国家对自身形象的构建。一般而言，即便在同一时期，这两方面的国家形象也未必一致。日本也不例外。20世纪90年代，当日本正在为泡沫经济崩溃、政权频繁更迭而烦恼并竭力维持经济大国形象的时候，日本现代流行文化悄然且快速传播至世界，并且在国外的影响力越来越大。文化大国、日本流行文化之"酷"最终在20世纪末、21世纪初成为外国人眼中的日本新形象。同时，日本也逐渐意识到本国流行文化在世界的影响力。在获得国际社会对日本流行文化的艺术性、思想性的高度评价之后，日本抓住时机，着手探讨流行文化对日本的意义，并将其作为文化外交的重要抓手。日本还在此基础上提出"酷日本"战略，意图通过展现日本魅力将日本独特的产品与服务推广至全世界，拓展海外市场并创造相关产业的就业机会。

一、国际社会对日本印象的改变

（一）21世纪日本新形象

21世纪初，反映外国人眼中日本新形象的标志性事件是美国记者道格拉斯·麦克格雷于2002年6月在美国杂志《外交政策》上发表题为《日本国民酷总值》的文章。他曾受到日本一个民间组织的邀请，前往日本居住两个月进行实地考察，随后将在日本的这段经历和自身感受写成论文。文章一经发表，便闻名于世。标题中"国民酷总值"这一说法是文章的一大亮点。其中，"酷"一词为英语"cool"的音译，日语称作"クール"。它是一个褒义词，表示"极有魅力的、时髦的、酷的、棒的"的意思，多用于非正式场合。麦克格雷首创"国民酷总值"，并把它当作衡量一个国家大众文化实力的重要指标，令人耳目一新。他在文中还提到，"日本正在构建另一个崭新的超级大国"，"它并没有被其政治和经济方面的低迷所击垮，相反，日本全球性的文化势力却在默默地增强。从流行音乐到家用

第五章　日本现代流行文化的国际传播对提升国家形象的贡献

电器、从建筑到时装、从动画到日本传统饮食，与80年代的经济超级大国相比，准确地说，现在的日本就是一个文化大国"。①"日本逐渐掌握了巧妙传播独特的大众文化的手法。"② 由这篇文章可知，外国人眼中的日本形象发生了两个重要转变：一是日本已由经济大国转变为文化大国；二是相对于传统文化，日本流行文化的"酷"更能展现强大的文化影响力。来自世界流行文化中心的美国记者对日本的这一崭新评价，令日本人感到些许意外。学者浜野保树在谈及此文章时提到，"评价日本的标准突然从经济转换成了文化，尤其是流行文化"。③ 毋庸置疑，这是对现代日本文化的肯定，是对经济持续低迷十多年的日本的重新认可，它促使日本重新审视自身流行文化的优势所在，从而拨开云雾，从文化角度寻求发展的新希望。

麦克格雷在文章中提及的日本的"酷"包罗万象，不仅有流行音乐、时装、动画等流行文化，还包括饮食、建筑、家用电器等。其实，不单是麦克格雷，外国人眼中的"酷日本"已经超越传统文化、流行文化以及高科技的范畴，呈现出异常丰富的内容。日本广播协会有一档名为"酷日本"的节目，旨在发掘外国人眼中的日本"酷"文化。在制作第100期节目时，日本曾经以100名外国人为对象做过一次问卷，调查外国人眼中最酷的日本事物。结果显示，在外国人发现的最酷的前20种日本事物中，既有带清洗功能的坐便器、自动售货机、新干线等体现人性化设计、方便快捷的科技产品，也有赏红叶、烟花大会、神前式婚礼等体现日本风俗习惯的文化活动，还有诸如胶囊旅馆、立体停车场、漫画咖啡馆等给人全新体验的新鲜事物。④ 总之，这些事物都与生活息息相关，体现出日本特色。尽管这些在日本人看来都是理所当然的事物，但在外国人眼中却是日本生活文化魅力的具体体现。

---

① ［美］道格拉斯·麦克格雷：《日本国民酷总值》，《外交政策》2002年6月，［日］神山京子訳，『世界を闊歩する日本のカッコよさ』，中央公論編集部：『中央公論』2003年5月号，第135頁。

② 同上书，第135页。

③ ［日］浜野保樹著：『模倣される日本――映画、アニメから料理、ファッションまで』，祥伝社2005年版，第11頁。

④ ［日］堤和彦著：『NHK COOL JAPAN かっこいいニッポン再発見』，講談社2013年版，第13—14頁。

(二) 日本现代流行文化的重要作用

虽然美国记者道格拉斯·麦克格雷的那篇著名文章使日本人意识到国外对日本的评价标准突然发生很大改变，但可以肯定的是，在外国人眼中对一个国家形象的认识绝对不会一蹴而就，而是经历了较为漫长的过程。

回顾历史就不难发现，日本自20世纪80年代后半期以来就诸事不顺。尽管日本当时已经是经济大国，但国际贸易摩擦的加剧引发外国，尤其是欧美国家的强烈不满。美国等西方国家有意"敲打日本"，对日本实施报复政策，同时还抛出"日本异质论"，从政治、经济、文化等各方面加以蔑视与诋毁。在此背景下，日本流行文化的传播自然也不会一帆风顺。20世纪80年代，日本现代流行文化虽然在亚洲地区的传播较为顺利，但也并非毫无阻碍。"1987—1992年是日剧在中国香港的冷却期，数量及收视率都大幅下滑；这也是日本国内日剧的衰落期。"[①] 日本国际交流基金会向亚洲、中东、中南美洲的发展中国家免费赠送电视剧《阿信》，掀起了"阿信热"。"尽管《阿信》证明了日本电视剧具有世界性，可谓意义重大，但'阿信热'并没有升华成日本'电视剧热'。"[②] 在日本动画电影界，宫崎骏的几部电影在国内均实现了票房与口碑双丰收，但其走向国际的道路也经历了较大的挫折。《风之谷》被美国发行商购买放映版权后遭到大幅删改，导致观众看得莫名其妙，票房自然不尽如人意。在欧美国家，20世纪80年代的日本动画因为暴力、色情等内容而饱受诟病。另外，日本电影自身发展也是困难重重。"20世纪80年代的日本电影制片厂体系功能日趋衰落，"[③] 日本电影发展"处于极为困难的局面"。[④] 尽管也出现了一些优秀故事片，但并未达到世界级水准。

如前所述，21世纪初，外国人眼中的日本已经从"经济大国"转变为

---

① 吴伟明：《日本流行文化与香港》，商务印书馆（香港）有限公司2015年版，第42页。

② [日] 大場吾郎著：『テレビ番組海外展開60年史——文化交流とコンテンツビジネスの狭間で』，人文書院2017年版，第197頁。

③ [日] 四方田犬彦著：《日本电影110年》，王众一译，新星出版社2018年版，第242页。

④ 同上书，第248页。

第五章　日本现代流行文化的国际传播对提升国家形象的贡献

"文化大国",已经成为"酷日本"。然而,在20世纪80年代,日本似乎并未露出这方面的端倪。那么,在20世纪90年代,影视媒体等日本流行文化经历了怎样的发展并助力外国人眼中"酷日本"的形成呢?事实上,自20世纪90年代起,日本流行文化在艺术性、思想性、技术性方面陆续获得世界同行专家的肯定。最为典型的案例是:1990年,黑泽明获得美国第62届奥斯卡电影终身成就奖;1990年,大友克洋的《阿基拉》获得欧美国家电影业界的一致好评,并彻底颠覆了欧美国家民众对动画的一贯认知。欧美国家的精明商家从中嗅到商机,开始引进日本电影、日本动画,赚得盆满钵满。1993年,宫崎骏的《龙猫》获得美国影评人士的最高评价,认为这部电影的水准与日本迪士尼电影不相上下,是"日本最好的动画片"①。《红猪》在极为注重艺术性的法国安纳西国际动画电影节获得了长篇动画类大奖。随着录像带、VCD等新型媒体的出现,日本影视媒体有了全新载体,这有利于日本流行文化的广泛传播。1996年,押井守的《攻壳机动队》"在美国《公告牌》杂志的家庭用录像作品播放排行榜上排名第一"②。这表明日本动画电影在美国市场获得了一定程度的认可,表明美国也有一定数量的热情粉丝。国际市场在悄然发生改变,一方面,配有字幕的原版动画作品逐渐扩大市场;另一方面,数字技术、网络技术的进步加速了信息传播,日本优秀的动画作品很快在全球传播开来。例如,《龙珠》《新世纪福音战士》《美少女战士》等日本著名电视动画作品在日本播映不久,便迅速传播到国际主要市场,使日本动画的受众从粉丝逐渐扩大到普通民众。尽管每部作品的传播效果有限,但这些作品汇集的能量不可忽视,因为它们的存在为日后日本流行文化走进世界流行文化中心打下了坚实基础。1997—1999年,电视动画版、家庭电子游戏版、电影版《精灵宝可梦》在美国迅速积累超高人气,成为在美国放映的日本电影中票房最高、观影人数最多的作品。电视收视率和电影票房不仅能够衡量影视作品的商业价值,观影人数等数据也可以反映传播的效果。粉丝的数量固然

---

① [日]加藤佐和子/アイシェヌール・テキメン/マグダレナ・ヴァシレヴァ編著:「漫画・アニメに見る日本文化『国際共同研究』」,文京学院大学総合研究所、冨山房インターナショナル2016年版,第105頁。

② [日]津坚信之著:《日本动画的力量——手冢治虫与宫崎骏的历史纵贯线》,秦刚、赵峻译,社会科学文献出版社2011年版,第100页。

重要，但普通受众的数量更能说明传播的广度。可以说，以日本动画、游戏等为代表的日本流行文化于 20 世纪 90 年代末真正开启世界流行模式，同时，日本传统电影的贡献也不可小觑。自 20 世纪 90 年代后半期，日本电影掀起了第二次国际电影节获奖热潮：1997 年，金井昌平的《鳗鱼》在戛纳电影节获得大奖，河濑直美凭借《萌之朱雀》获得导演新人奖，北野武的《花火》获得威尼斯电影节金狮奖，北野武的《菊次郎的夏天》获得 1999 年戛纳电影节提名。进入 21 世纪后，宫崎骏的《千与千寻》于 2002 年获得柏林电影节大奖，又于 2003 年获得美国奥斯卡电影最佳影片。在亚洲，日本流行文化热度持续高涨，《哆啦 A 梦》《圣斗士星矢》《龙珠》《灌篮高手》《足球小将》等动画片先后掀起收视热潮。"1996—1998 年是日剧在中国香港的全盛期"①，不仅是日剧，"20 世纪 90 年代后半期是日本流行文化在中国香港及亚洲的全盛期，中国香港出现了一大群追捧日本年轻偶像及流行玩意的'哈日族'"。②

综上所述，20 世纪 90 年代，以影视文化产品为代表的日本流行文化凭借新鲜趣味、唯美表现、高超技术等特点勇攀世界流行文化高峰，并通过参加国际文化大赛、拓展商业渠道、人际交流等方式不断扩大国际传播的广度与深度。它频频亮相世界舞台，不仅名利双收，也给世界留下深刻印象。"自 20 世纪 90 年代中期以来，日本的大众文化产品和生活方式就变成了席卷整个东亚地区的时尚前沿，成了好莱坞的补充或替代。"③ 由此可见，20 世纪 90 年代的日本流行文化是日本文化国际传播不可或缺的重要内容，是一个非常耀眼的存在。日本现代流行文化是"酷日本"的典型代表，这一说法名副其实。此外，还有一点值得关注：外国人眼中的"酷日本"形象并非是日本刻意打造、迎合国外受众的结果。这一形象的形成是由新媒体的发明、网络等技术的进步、企业的商务战略、内容的原创、全球化的环境等多种因素集合而成的，其中最为重要的还是内容的创新突破。因为，一个国家能给国际社会留下怎样的印象，多数情

---

① 吴伟明：《日本流行文化与香港》，商务印书馆（香港）有限公司 2015 年版，第 43 页。
② 同上书，第 45 页。
③ [美] 彼得·卡赞斯坦著：《地区构成的世界：美国帝权中的亚洲和欧洲》，秦亚青、魏玲译，北京大学出版社 2007 年版，第 170 页。

第五章　日本现代流行文化的国际传播对提升国家形象的贡献

况下不由该国自己决定，这个国家所能做的，就是让自己做到自立自强创新发展，20世纪90年代日本流行文化勇攀世界流行文化高峰的历程就证实了这一点。

二、助力日本构建国家新形象

（一）构建国家新形象的背景

20世纪90年代初期，经济泡沫崩溃，日本遭受沉重打击。之后，日本经济长期低迷，再加上亚洲金融危机来袭，日本金融体系又遭重创，陷入长期的经济大萧条。同时，中国、韩国等周边国家纷纷崛起、实现飞速发展。相较而言，进入老龄化社会且新生儿出生率低下的日本经济则缺乏活力，复苏希望渺茫。这些情况导致日本的国际竞争力下降，它所塑造的"亚洲唯一经济发达国家""其他亚洲国家榜样"等形象也开始黯然失色，在此背景下，"日本开始重新审视其传统的文化外交"[①]。

当然，20世纪90年代给日本带来的并非全是坏消息。20世纪90年代后期，日本现代流行文化传播到海外后引起轰动，这令日本获得些许安慰。例如，在亚洲，《东京爱情故事》《悠长的假期》《一百零一次求婚》《灌篮高手》《龙珠》等日本偶像剧、潮流剧、电视动画片掀起新一波收视热潮。在世界流行文化中心的欧美国家，北野武等导演的真人电影也频繁亮相国际电影节并获得大奖或提名。大友克洋、宫崎骏、押井守等知名导演指导的动画电影，无论是艺术性、思想性还是技术性都获得了电影界专业人士的认可。《新世纪福音战士》《美少女战士》等动画片的播映也吸引了大批年轻粉丝，尤其是原版影视作品开始传播到欧美国家，使得欧美国家受众逐渐意识到自己在成长阶段所喜爱的电视动画来自日本，这一点对日本来说意义重大。20世纪末《精灵宝可梦》亮相电视、电子游戏、电影等多种大众传播媒体，不但在商业上获得成功，宝可梦等几百个精灵形象也风靡世界，与数量庞大的普通受众亲密接触而获得青睐。由此可见，20世纪90年代日本流行文化的国际传播渐入佳境，并最终在20世纪末—21世纪初成为风靡世界的靓丽风景。约瑟

[①] ［日］小倉和夫：《日本文化外交》，本文是英文小册子《Japan's Cultural Diplomacy》主要内容的汉译文本，第9页。

夫·奈曾认为日本仅有经济硬实力，十多年后他在著述中也对日本流行文化作出高度评价："日本的流行文化即便在日本经济衰退后仍在制造潜在的软力量资源。"①

日本虽然很快察觉到上述现象，但并未立刻将日本流行文化视作日本文化外交的重要抓手，因为，沸腾的热潮无法掩饰涌动的暗流，日本现代流行文化中的负面特点仍令日本顾虑重重。例如，部分日本漫画、动画的暴力、色情等特点给整个日本动画，甚至是日本这个国家带来的负面形象挥之不去；国外民众对"日本成年人在电车上翻阅充满暴力、色情信息的漫画杂志"这个现象造成的误解难以消除。不仅如此，在日本国内，漫画、动画等通常被视为通俗娱乐作品，从未被纳入艺术主流。"以漫画、动画为代表的日本流行文化被称作'御宅族文化'，就连本国民众对它的评价也很低，这是现状。"② 20世纪90年代初，日本还出现了"有害漫画"的问题，即少年漫画杂志因出现有关描写性的内容而遭到投诉，并由此引发了有害图书的"驱逐运动"。③ 由此可见，日本漫画、动画等流行文化在日本仅仅被视为大众娱乐，其中有部分内容仍令人难堪，这部分内容传到海外，已经使日本和日本人形象蒙羞。潮流并不意味着被高度认可，潮流也不意味着进入主流。显然，日本政府在主动宣传现代流行文化方面尚缺底气，需要进一步确认日本现代流行文化的实力。

时机很快就来了。2002年，美国记者道格拉斯·麦克格雷的文章《日本国民酷总值》在日本引起较大反响。"来自美国人坦白的支持对于日本人讨论日本流行文化的作用似乎特别重要，远远超过任何可以衡量的经济影响。"④ 紧接着，宫崎骏的动画电影《千与千寻》获得柏林电影节大奖，

---

① [美]约瑟夫·奈著：《软力量——世界政坛成功之道》，吴晓辉、钱程译，东方出版社2005年版，第93页。

② [日]竹田恒泰著：『日本人はなぜ世界で一番人気があるのか』，PHP研究所，2010年版，第21页。

③ [日]竹内オサム、西原麻里编著：『マンガ文化55のキーワード』，ミネルヴァ書房2016年版，第220页。

④ [美]戴维·莱昂尼：《狭路交锋：软权力和日本流行文化在东亚的政治学》，载[美]彼得·卡赞斯坦、[日]白石隆编：《东亚大局势：日本的角色与东亚走势》，王星宇译，中国人民大学出版社2015年版，第204页。

第五章　日本现代流行文化的国际传播对提升国家形象的贡献

2003年又获得美国奥斯卡长篇动画大奖。在具有全球影响力的国际电影节获得大奖，不仅意味着日本动画电影已经具备国际水准，还意味着日本动画电影成功登顶世界电影艺术的最高峰。对于日本而言，这不仅是极大的荣誉，更意味着通俗文化向高级艺术的华丽转变。从此，日本动画被当作日本文化的代表为世界所公认，日本流行文化迅速且广泛传播到世界各地，越来越受到国外受众的瞩目。日本也十分重视本国流行文化的国际传播态势，并开始积极酝酿"酷日本"形象。

（二）日本流行文化在国家新形象构建中的角色担当

日本现代流行文化风靡全球，使世界公众形成了对日本新形象的态度，也为日本文化的对外传播提供了新思路，促进日本对自身形象的重新审视与新形象的构建。日本开始重新审视文化外交的意义，思考国际文化交流新的突破口，并逐渐意识到要把重点从传统文化转向流行文化等日本现代文化。2005年，日本"推进文化外交恳谈会"向首相提交了一份题为《创造"文化外交的和平国家"：日本》的报告书。该报告书提到，"近年来，日本的流行文化与生活文化已被世界各国的普通民众，尤其是年轻一代所接受和喜爱。这一现象既提升了日本、日本人，甚至日本产品的形象，同时也成为经济活力的助推器"。[1] 在谈到现代日本文化的重要性时，报告书把外国人对日本现代文化的关注与向往视作"东风"，并认为"日本应重视这股'东风'，最大限度加以利用"，"要借此来促进世界各国对日本的了解，提升日本的国际形象，从而使之成为建设友好稳定的国际环境的重要力量"[2]。

日本现代流行文化不仅是这股"东风"的重要源头，还是21世纪日本式"酷"的典型代表。前面提到的报告书明确指出日本文化外交的三大理念，其中首要理念是日本文化的对外传播，通过对外传播来展示日本"21世纪的'酷'"。报告书将"酷"的概念界定为"'很炫''很帅''很有型'"，而对"日本式'酷'"的范围则界定为"日本的漫画、动画、游

---

[1] 日本"推进文化外交恳谈会"：《创造"文化外交的和平国家"：日本》，霍建岗译，载王敏著：《生活中的日本——解读中日文化之差异》，王秀文等译，吉林大学出版社2009年版，第141页。

[2] 同上书，第140页。

戏、音乐、电影、电视剧等流行文化及现代艺术、文学作品和舞台艺术等"。① 在谈及日本文化外交的第一大支柱时，报告书指出流行文化"正是日本传统和技术的新'表现'"②，并将其视为对外文化传播的三大"切入点"之一，认为"这可能是对外传播日本文化更有效的手段"③。报告书还建议"政府与民间的相关机构在改善环境、投入资源的时候，尤其应当将重点置于日语教育和流行文化等领域"④。2006 年，时任日本外相的麻生太郎在日本数字好莱坞大学发表演讲，提出文化外交新构想。在谈到流行文化时，他指出，如果一提到日本，外国人眼前就能立刻浮现出"开明、温暖或者帅气、酷"等形象，那么从长远看，日本的意见就容易被理解，日本的外交也就会逐渐顺利展开。⑤ 他还认为，"无法有效利用流行文化的文化外交，甚至可以说是枉为其名"⑥。可见日本政府对日本流行文化以及文化外交的重视程度。

20 世纪末—21 世纪初，以日本动画、电影为代表的日本现代流行文化风靡全球，获得社会价值和经济价值的双丰收。这就使日本强烈关注其在提升文化软实力方面的作用，并开始探讨进一步建设其品牌的可能性，意图将这种文化软实力转化为进一步扩大内需，以及拓宽海外市场的动力。2009 年，日本知识产权战略本部内容·本品牌专门调查会发布题为《日本品牌战略——将软实力产业转化为成长的原动力》报告书。报告书建议，"动画、漫画、电影、电视剧、音乐、游戏等内容产业，饮食、时尚、设计等产业，均为能够创造日本特有的品牌价值相关的产业，应当将这些产业定位为'软实力产业'，并综合推进这些产业的振兴与海外市场的拓展"⑦。这表明，现

---

① 日本"推进文化外交恳谈会"：《创造"文化外交的和平国家"：日本》，霍建岗译，载王敏著：《生活中的日本——解读中日文化之差异》，王秀文等译，吉林大学出版社 2009 年版，第 140 页。
② 同上书，第 142 页。
③ 同上书，第 142 页。
④ 同上书，第 152 页。
⑤ ［日］麻生太郎著：『自由と繁栄の弧』，幻冬舎文庫平成 20 年版，第 283 页。
⑥ 同上书，第 285 页。
⑦ 『日本ブランド戦略の概要について～ソフトパワー産業を成長の原動力に～』，平成 21 年 4 月 6 日，https：//www.kantei.go.jp/jp/singi/titeki2/dai22/siryou1.pdf。(上网时间：2021 年 1 月 12 日)

第五章　日本现代流行文化的国际传播对提升国家形象的贡献

代流行文化将从企业品牌升格为国家品牌，从一般的文化产业提升为国家软实力产业的重要组成部分，也意味着它将被最大限度地用来提高日本在海外市场的经济利益。2011年6月，日本内阁发布《知识产权推进计划2011》，正式将"酷日本"升格为"酷日本"战略。"酷日本"战略中明确提到，"酷日本"所拥有的软实力是日本继续维持在国际社会的存在感和影响力的极为有力的手段。日本意图通过流行文化等多个切入点来吸引更多国外受众关注日本，然后通过展示日本文化的深度来达到战略性扩大日本国际粉丝的目标，再通过与这些粉丝互动合作进一步扩大日本的国际粉丝。① 粉丝的大量增长益处多多，不仅可以带来经济上的庞大收益，还可以不断扩大日本软实力的影响力，提高日本在国际社会的存在感，赢得国外受众的亲近感和好感，从而增加日本外交政策顺利实施的可能性。

在日本系列战略政策的具体实施过程中，日本现代流行文化成为日本文化外交的重要抓手。在21世纪初发生的伊拉克战争，"日本决定采取'软实力'的外交手法减轻负面影响，向自卫队驻扎地的小学生发放日本皇室成员编写的画册、邀请伊拉克国家足球队访日，以及在伊拉克电视节目中播出日本动画片《足球小将》"。② 日本的这种做法起到了一定的作用。麻生太郎于2006年9月在东京秋叶原车站举行街头演讲时曾提到，日本自卫队在支援伊拉克重建家园时，曾将印有《足球小将》的贴画贴在饮用水补给车上。结果，车辆在运输过程中未受到袭击平安到达目的地。③ 麻生太郎出任日本外相后，发表"文化外交新构想"，提出设立动画文化大使、给外国漫画家设立奖项等设想，不久便一一兑现。2007年，日本漫画形象铁臂阿童木接受外务省任命，成为"海外安全大使"。2008年，哆啦A梦成为日本历史上第一个"动画文化大使"。2007年，日本举办首届国际漫画奖，首次认可外籍漫画家。日本外务省的外围机构国际交流基金会主要负责对外文化交流的具体事务。例如，2004年，日本在威尼斯美术展览会上举办了"御宅"展。2005年，国际交流基金会向阿富汗无偿提供

---

① 『クールジャパン戦略（概要版）』，https://www.cao.go.jp/cool_japan/about/pdf/190903_summary.pdf。（上网时间：2021年3月1日）

② ［日］小仓和夫：《日本文化外交》，本文是英文小册子《Japan's Cultural Diplomacy》主要内容的汉译文本，第11页。

③ ［日］麻生太郎著：『自由と繁栄の弧』，幻冬舎文库平成20年版，第193页。

电视剧《阿信》，前面提到的日本动画片《足球小将》在伊拉克电视台的播映也是国际交流基金会无偿提供的结果。2008 年，国际交流基金会在中国成都、长春、南京等城市"建立'面对面交流'中心（中国称为'交流之窗'），向中国青年一代介绍当代日本的文化"。① 此外，日本驻外使馆也积极参与文化外交，比较典型的有日本原西班牙公使山田泰开展"御宅族"外交。"御宅族外交官"是西班牙年轻人对山田泰的称呼。当地报刊有一篇专题报道，标题也运用了这个称呼。与日本"御宅族"的负面形象不同，在西班牙，很少有人会将"otaku"一词与负面形象相挂钩，常用于称呼自己。② 山田泰在担任西班牙公使期间，常常受邀就日本现代流行文化发表演讲，并多次参加诸如漫画博览会等与日本漫画、动画相关的活动，与西班牙的漫画、动画粉丝成为好友。山田泰还以此为契机，利用漫画、动画将日本象棋知识与下法传授给西班牙的动画、漫画粉丝，引导他们进入日本文化的深层，收到良好效果。③ 又如，"日本博览会"是由法国动画粉丝组织的一个日本流行文化盛会。这个于 2001 年起在巴黎郊外举办的盛会最初参观者仅有几千人，2012 年第十一届博览会上，来访者达到了 20 万左右④，成为名副其实的盛会。2019 年，到场人数超过 25 万人。⑤ 2012 年，日本驻法国大使馆、外务省、文化厅、经产省、国土交通省等官方机构纷纷在会场设置展台并举办活动，如联合策划和太鼓、三味线等传统文化的演出，介绍通过动画学习日语、介绍日本的地方城市等。2018 年正值日法两国建交 160 周年，日本与法国相关部门机构合作，在法国举办了题为"日本主义 2018"的大型文化活动。法国总统马克龙出席该活动的开幕式并致辞，他在致辞时谈到对日本、日本人以及日本文化的印象。马克龙指出，"日本拥有闪耀世界的艺术与文化"，"在社会发生巨变的当下，日本具有创造力的艺术家正在唤起年轻一代的狂热。总是追求新鲜事物的

---

① ［日］小仓和夫：《日本文化外交》，本文是英文小册子《Japan's Cultural Diplomacy》主要内容的汉译文本，第 9 页。
② ［日］桜井孝昌著：『アニメ文化外交』，筑摩書房 2009 年版，第 221 頁。
③ 同上书，第 102 页。
④ ［日］渡邊啓貴著：「フランスの『文化外交』戦略に学ぶ——『文化の時代』の日本文化発信」，大修館書店 2013 年版，第 189 頁。
⑤ 『ジャパンエキスポ（フランス）とは』，https://crosslight.co.jp/aboutje/。（上网时间：2021 年 1 月 15 日）

第五章　日本现代流行文化的国际传播对提升国家形象的贡献

法国大众和艺术家将现代日本视作'构思立意、改革创新的可持续性源泉'"。① 相较于20世纪80年代的法国文化大臣贾克·朗以及20世纪90年代初的社会党议员塞格琳·罗雅尔等人对日本动画的批判，法国总统马克龙的这番言论无疑是对日本、日本人和日本文化，尤其是对现代流行文化的充分肯定。在为期8个月的时间里，日本对本国文化开展大规模全方位的宣传，其中也包括日本现代流行文化。在电影方面，日本在"日本主义2018"大型文化活动开幕式上，放映了日本著名导演河濑直美的新作《视觉》；两国电影行业专家合作，从日本百年电影史中挑选出119部电影，在法国分三期播放，其中既有黑泽明、小津安二郎、北野武等国际知名导演作品，也有其他精品和最新作品。在电视节目方面，法国的文化教育专门频道（ARTE）集中播映各种类型的日本电视节目，也播映日法两国电视制作单位合作拍摄的历史剧、游记、大型纪录片等。② 在动画、漫画、游戏方面，日本主要通过举办展览的方式展出日本动画、漫画、游戏作品的原画、模型和影像等内容，并以漫画、动画或游戏为原型创作出2.5次元音乐剧及举办舞台公演。③

---

① [日] 吾郷俊樹：「日仏友好160周年を迎えた文化交流（上）～19世紀の『ジャポニスム』から『ジャポニスム2018』まで～，201810i. pdf」，https://dl. ndl. go. jp/pid/11381359_po_201810i%20（1）. pdf。（上网时间：2021年7月14日）

② [日] 吾郷俊樹：「日仏友好160周年を迎えた文化交流（下）～19世紀の『ジャポニスム』から『ジャポニスム2018』まで～」，https://www.mof. go. jp/public_relations/finance/denshi/201811/html5. html#page=41。（上网时间：2021年7月14日）

③ [日] 吾郷俊樹著：「日仏友好160周年を迎えた文化交流（下）～19世紀の『ジャポニスム』から『ジャポニスム2018』まで～」，https://www.mof. go. jp/public_relations/finance/denshi/201811/html5. html#page=39。（上网时间：2021年7月14日）

第六章 日本现代流行文化国际传播趋势

本章从日本现代流行文化所面临的现实问题、近年来日本流行文化国际传播的实际情况等方面来判断日本现代流行文化今后的发展与国际传播趋势。

第一节 面临的问题

日本现代流行文化国际传播面临三大问题：因国内市场萎缩、人才短缺等造成的发展后劲不足问题；在国际传播中遇到的诸如对国外受众需求的把握、国外受众对日本流行文化魅力的把握、传播渠道等问题；国家间关系、国际经济形势、盗版、天灾人祸等国际环境带来的风险等。

一、发展后劲不足

自20世纪90年代起，日本经济持续低迷，社会老龄化现象愈发严重，导致所有产业都不可避免地受到影响，日本流行文化产业自然也无法排除在外。20世纪90年代初期，日本流行文化产业，如漫画、动画、游戏、电影、电视剧等尚处于上升期，但自20世纪90年代中期达到峰值后，漫画等部分产业开始出现衰退迹象。这种衰退主要体现在国内市场的萎缩、创作逐渐背离国际性、人才短缺等方面。

首先，在国内市场出现萎缩方面，漫画市场便是典型案例。除了前面提到的来自经济、社会方面的原因外，漫画产业也暴露出后劲不足的问题。原本销售不成问题的漫画市场也出现问题，漫画出现供大于求的情况。究其原因，主要是由于"市场结构发生了变化"。[①] 学者中野晴行指出，日本漫画是伴随第二次世界大战以后，在第一次婴儿潮出生的人的成长而发展起来

---

① ［日］中野晴行著：『マンガ産業論』，筑摩書房2004年版，第42页。

的。这些被称作"团块世代"的消费者一直在漫画市场起到引领消费的作用。至 20 世纪 90 年代中期,这批人步入或即将步入知天命之年,"要让那些在第一次婴儿潮出生的人继续消费动画变得愈发困难","再加上少子化和娱乐多样化现象的蔓延,漫画很难获得新消费者"①。2006—2007 年,第二次世界大战后第一次婴儿潮出生的"团块世代"纷纷到了退休的年纪,当他们彻底远离漫画时,国内的漫画市场便出现明显的衰退。而漫画产业出现衰退,又必然引起与之有紧密关联的其他创意产业的衰退。这一点可以从众多经济数据中得到证实。2006 年,日本动画、游戏等市场规模达到高峰后,市场逐渐转入下坡路段,市场规模均逐年缓慢缩小。不仅如此,市场规模的缩小还受到文化产品数字化的影响。进入 21 世纪,信息技术、网络技术的飞速发展给人们生活带来了巨大变化,越来越多的人不再通过电影院、电视机、纸质书籍来接受新鲜资讯,而是通过计算机、智能手机、平板电脑等高科技产品来获取信息。这就导致电影、电视节目、漫画等传统媒体的利用率降低,取而代之的是通过网络平台播放的数字电影、数字电视、电子书籍等新兴数字媒介的崛起。日本经产省于 2019 年公布的《内容产业的世界市场和日本市场的概况》的数据显示,2015 年至今,日本内容产业传统市场的年均增长率均为负数。但是,2015 年—2018 年,日本内容产业数字市场增长势头强劲,年均增长率达到 16%。2019 年至今,虽然日本内容产业数字市场的年均增长率较前五年有所下降,但仍达到 6.8%。② 由此可见,内容产业中数字市场的兴起,在一定程度上抵消了传统市场的负增长,成为扩大市场规模新的有力增长点。当然也需注意到,数字市场的增长势头并非一路攀升,也出现了萎缩的情况。

其次,在创作逐渐背离国际性方面,日本电视剧暴露的问题较为明显。进入 21 世纪以后,日本电视节目"逐渐出现加拉帕戈斯现象"③。20 世纪

---

① [日] 中野晴行著:『マンガ産業論』,筑摩书房 2004 年版,第 43 页。

② [日] 経済産業省:『コンテンツの世界市場日本市場の外観』,令和 2 年 2 月,https://www.meti.go.jp/policy/mono_info_service/contents/downloadfiles/202002_contents-market.pdf。(上网时间:2021 年 3 月 20 日)

③ [日] 大場吾郎著:『テレビ番組海外展開 60 年史——文化交流とコンテンツビジネスの狭間で』,人文书院 2017 年版,第 335 页。加拉帕戈斯现象,这是日本常见于商业领域的词语,主要指在孤立的市场经济环境下独自发展自己固有的特色,结果导致在激烈的国际竞争中面临被淘汰的危险。

90年代，由于日本的青春偶像剧、潮流剧能够引起亚洲观众的共鸣，因而在亚洲国家和地区再次掀起了收视高潮，可后来拍摄的电视剧中有不少题材虽然在日本很受欢迎，却未能引起亚洲观众的兴趣。"'在日本受欢迎的内容在亚洲也同样受欢迎'的模式已经瓦解，日本电视剧正在丧失其所具有的国际性和普遍性。"① 亚洲市场一直是日本电视节目出口的重要对象，而日本电视剧的独自进化不仅意味着日本电视节目优势在亚洲的逐渐丧失，也意味着其国际竞争力的衰减。

最后，人才短缺方面，成为流行文化产业重要创作源头的漫画就有这种情况。"进入20世纪90年代，那些能够成为民众谈资的连载作品逐渐迎来完结篇，但同时也出现了青黄不接的现象，迟迟不见能够接替它们成为话题之作的作品和作家。"② 20世纪90年代中期以后，日本电视节目出现的"加拉帕戈斯现象"同样也反映出编剧等人才格局与视野的局限性。长期以来，日本只要安于国内电视节目市场繁荣这一现状就能获得高收益。在电视节目出口亚洲盈利微薄的情况下，日本无论在态度还是行动方面都表现得不够积极。久而久之，日本不仅"逐渐迷失了海外销售的意义"，③还逐渐丧失了海外发展的动力以及创作同时满足国内外受众的优秀作品的能力。对此，有学者曾为现在的日本年轻人感到担忧，"在这种环境下，或许很难培养出国际性的创意与构思并将其反映到制作中"④。2018年，日本有12家动画制作公司因经营不善而破产，因人才短缺而造成人工费用的上涨便是其中一个原因。⑤ 人才短缺不仅包括能够创作出精品的艺术家的短缺，还包括开拓海外市场所需人才的短缺，尤其是指精通海外市场的营销人才和精通知识产权法以及对象国相关法律的律师。众所周知，产品最终到达消费者手中，其间要经历生产制作、流通和消费三个环节。一般认为，生产制作是最受重视的环节，但事实上，流通环节也同样非常重

---

① ［日］大場吾郎著：『テレビ番組海外展開60年史——文化交流とコンテンツビジネスの狭間で』，人文書院2017年版，第336頁。
② ［日］中野晴行著：『マンガ産業論』，筑摩書房2004年版，第199頁。
③ ［日］大場吾郎著：『テレビ番組海外展開60年史——文化交流とコンテンツビジネスの狭間で』，人文書院2017年版，第326頁。
④ 同上书，第383頁。
⑤ 『特別企画：アニメ制作業界動向調査（2020年）』，2020年10月26日，https://www.sn-hoki.co.jp/articles/article1056703/。（上网时间：2021年3月20日）

第六章 日本现代流行文化国际传播趋势

要。可以说,它决定了文化产品传播的广度和深度。在这一环节中,如果没有相应人才做支撑,拓展海外市场之路势必荆棘丛生、沟坎不断,日本以往的经验教训证明了这一点。在美国从事多年文化产品营销的板越乔治指出,"要想实现海外成功营销,不仅需要有短期战术,还需要有长远眼光的战略性营销技术"。① 他还提到,美国人做营销时会运用市场营销战略战术来制定价格、介绍商品等,"这是日本企业拓展海外市场时的障碍,也是与美国人谈判时的弱点所在"。② 另外,"与美国相比,精通知识产权法的日本律师和专家数量极少",③ 这也导致日本企业在拓展海外市场时处于弱势。由此可见,精通和熟悉国外市场与相关法律的营销人才和专业人才是日本能够顺利拓展海外市场的前提保证。

二、传播内容、渠道等瓶颈

20世纪后期,在日本现代流行文化风靡全球之前、日本漫画、动画、电视节目等主要立足于国内市场的繁荣发展,仅仅满足国内市场需求就已经赚得盆满钵满,因此,面对需求旺盛但收益极低的亚洲市场时,日本并未表现出积极态度。但随着日本少子老龄化现象的加剧、经济泡沫的崩溃、景气的持续低迷、国内市场的萎缩,日本不得不思考解决方案,于是,进军国际市场成为其无奈的选择。当国际传播成为必要条件、传播心态也要变得积极主动时,日本必然会面临新问题新挑战。

首先是如何把握海外需求的问题。前面提到的漫画、动画以及电视节目的对外传播,绝大多数情况下都源自于海外发行商、受众的主动订购,而当前则转变为需要主动了解判断对象国的需求,这成了顺利开展对外贸易、国际传播的前提条件。而且,在国内获得好评的文化节目如今也未必能在国外受到青睐,因为海外市场也在悄然发生变化。例如,"(21世纪)头10年间,亚洲买家对日本电视剧的评价发生了很大改变,从原先'虽然价格昂贵但也要购买'转变为'价格不见得有多贵,但并

---

① [日]板越ジョージ著:『結局、日本のアニメ、漫画は儲かっているのか?』,ディスカヴァー・トゥエンティワン2013年版,第45頁。
② 同上书,第46—47页。
③ 同上书,第48页。

不是特别想要'"。① 可见亚洲市场已经不再是原来那个亚洲市场了。而要重新把握亚洲市场，需要原本故步自封的日本付出更多努力。当开始积极面对亚洲市场时，日本才意识到已经"变了天"。2019年，日本内阁府知识产权战略推进事务局在总结以往"酷日本"战略成果的同时也意识到一些问题，其中就有"作为'酷日本'战略目的的'产生共鸣'并未形成共享""引入外国人视角的重要性"等问题。②

其次是对日本流行文化魅力的把握。要让文化产品走向世界，把握日本流行文化对国外受众的魅力，而不是对日本人的魅力，认清其他国家与日本的文化差异，也是日本做到国际传播有的放矢的前提。在这方面，日本凭借强大的信息收集能力获得了丰富的信息，并意图"在有效传播外国人眼中日本魅力的同时，通过世界认同的有魅力的方式来传播日本人认为的魅力"。③ 然而，在网络数字媒体成为传播主要阵地的当今世界，国外受众的主动消费在流行文化国际传播过程中显得越发重要。显然，日本在想方设法传播日本魅力时，必须要考虑这种不以传播者意志为转移的情况。在这方面，可以说日本有过深刻教训。以电子游戏为例，有文章指出，"日本曾经占据世界游戏市场50%的份额，但目前，此数据已经跌至10%。究其原因，是由于日本人与海外受众的爱好和嗜好不同"。④ 由此可见，充分把握国外受众眼中的日本现代流行文化魅力，以及国外受众的喜好并针对性地进行传播仍是首要任务。

最后是传播渠道问题。商业渠道向来是日本流行文化国际传播的重要途径，也是最接近普通大众的主要渠道。漫画、动画、电影等典型代表均以买方市场为主，从选择、发行到流通的各个环节的主动权均牢牢掌控在

---

① [日]大場吾郎著：『テレビ番組海外展開60年史——文化交流とコンテンツビジネスの狭間で』，人文書院2017年版，第328页。

② [日]内阁府知的财产战略推进事务局：『新たなクールジャパン戦略について』，2019年7月，http：//www.kantei.go.jp/jp/singi/titeki2/tyousakai/kensho_hyoka_kikaku/2020/dai1/siryou2.pdf.（上网时间：2021年3月20日）

③ [日]内阁府：『クールジャパン戦略について』，https：//www.cao.go.jp/cool_japan/about/about.html。（上网时间：2021年3月20日）

④ ギーグリーメディア：『ゲーム業界の課題を解説！業界の現状と動向は？ゲーム業界に転職するなら確認しておこう』，https：//www.geekly.co.jp/column/cat-webgame/2020-game-industry-challenges/。（上网时间：2021年3月20日）

外国发行商手中。显然,这是非常难以逾越的壁垒。因此,要想更积极更大量地传播流行文化,需要积极思考新办法新举措,在突破这些壁垒、跨越文化障碍方面多下功夫。如前所述,20世纪90年代,宫崎骏的动画电影在美国获得好评,是因为迪士尼旗下子公司的力捧与宣传。《精灵宝可梦》获得高收视率和高票房,也与美国发行商和电视台的积极行动有着相当大的关系。由这两个成功案例可知,日本想要积极进军海外市场,必须与海外发行商、拥有电视网络的公司展开互惠合作。此外,随着电子信息技术、网络技术的飞速发展,网络平台、数字媒体更是大大加速了日本流行文化的国际传播,但也产生了新情况。近10年来,智能手机愈发成为网络传播的重要端口,一方面,大量增加的全球智能手机用户为日本现代流行文化的国际传播带来更多新的可能;另一方面,如何吸引更多智能手机用户主动了解日本流行文化及其产品成为一项新挑战。

三、国际环境风险

日本现代流行文化的国际传播不可避免地会受到国际环境的影响。从以往经验来看,在国家间关系、国际经济形势、盗版、天灾人祸等方面,日本现代流行文化的国际传播曾经遇到过以下风险。

首先,国家间关系方面,20世纪70年代,由于日本大企业在东南亚过度拓展经济市场,东南亚国家民众批判日本在搞经济侵略,继而引发大规模的反日运动和抵制日货运动。泰国是反日运动最为高涨的国家。泰国民众因日本电视节目中有暴力和色情等信息指责其伤风败俗,并以此为由要求政府取消日本电视节目的播放,泰国政府随即出台管制措施进行限制。[1] 有学者指出,"自2002年起,(日本电视节目的)海外销售(主要指亚洲)突然开始停滞",之后出口明显放缓,总务省信息通信研究资料显示,至2010年日本电视节目的出口额出现严重下滑。[2] 其实,稍作思考便不难发现,这种情况与中日关系有很大关系。中国是日本电视节目输出的重点对象,然而,自2001年起,中日关系起伏不定、坎坷不断。小泉纯

---

[1] [日]大場吾郎著:『テレビ番組海外展開60年史——文化交流とコンテンツビジネスの狭間で』,人文書院2017年版,第120—121頁。

[2] 同上书,第313页。

一郎首相组阁后,因小泉首相不顾中国民众情感屡次参拜靖国神社,导致中日关系直线下滑。2006年,尽管中日关系得以破冰,并逐渐迎来"暖春",但2010年却发生中日撞船事件,2012年又出现日本政府非法"购买"钓鱼岛的闹剧,中日关系再次降至冰点。政治必定牵连经济,中日关系出现的波折势必对中日两国的经贸往来造成深刻影响。此外,为保护本国民族产业,各国采取必要措施也是理所当然。例如,20世纪80年代,法国文化部长贾克朗曾把日本电视动画视作"文化侵略",继而修改了关于限定青少年试听的相关法律,并限定国外电视节目在本国播放的比率。①中国国家广播电视总局于2006年发布《关于加强电视动画片播出管理的通知》,规定自2006年9月1日起全国各级电视台不得在每晚黄金时间播放境外动画片和介绍展示境外动画片的节目。一直在标榜言论自由和自由贸易的美国,自《精灵宝可梦》系列电影和电视播映告一段落后,日本动画的播映机会也在减少。尽管导致这一现象的原因多种多样,但也有学者以美国好莱坞以及漫画出版社对于日本动画、漫画进入美国均产生了危机感为依据,认为"这是文化经济中民族主义崛起的表现"。②

其次,国际经济形势方面,网络的飞速发展为日本流行文化国际传播带来新挑战。进入21世纪后,网络销售的兴起改变了纸质媒体、影像媒体常规的销售路径,并深刻影响了流行文化产业的发展。中国曾经流传这样一句流行语:打败你的不一定是同行,有可能是跨界。这句话可以通俗易懂地解释流行文化产品在流通领域发生的变化。在美国,自2006年起,一些大型书店和影像产品专营店相继倒闭,直接导致销售漫画书籍、动画片VCD和DVD等文化产品的销售渠道减少,从而造成流行文化产品销售锐减。尽管有的店铺最终生存了下来,但是决定不再销售这些产品。③ 2008年,雷曼兄弟的破产导致了世界性的金融危机,这无疑给全球经济带来了沉重打击。在这种国际环境下,任何国家任何行业自然无法幸免于难。经济发展停滞不前,甚至出现倒退。雷曼事件后,前面提到的书店倒闭现象

---

① [日]浜野保樹著:『模倣される日本——映画、アニメから料理、ファッションまで』,祥伝社2005年版,第47頁。

② [日]板越ジョージ著:『結局、日本のアニメ、漫画は儲かっているのか?』,ディスカヴァー・トゥエンティワン2013年版,第71頁。

③ 同上书,第68—69頁。

第六章 日本现代流行文化国际传播趋势

加剧。另外，尽管线上销售方兴未艾，但网络用户中出现了两个极端：铁杆粉丝即便花费大价钱也会购买；而普通民众更倾向于通过网络收看免费文化产品。[①] 因此，动画片、漫画书籍和杂志的销售不见增多，反而呈下降趋势。此外，进入21世纪，世界各国的文化产业竞争更加激烈，中国和韩国在文化产业方面也实现了大发展。这些昔日对日本流行文化无比羡慕的国家，逐步摆脱单纯模仿的模式，实现了飞速发展并形成自己的特色。这势必会导致国际间竞争的加剧，对日本流行文化产业造成一定冲击。日本学者古市雅子指出，"中国对日本次文化的热度正在一点点地转冷"[②]。

再次，盗版是严重侵犯知识产权的行为，应当予以严厉打击。此现象已经在全球盛行半个多世纪，并且随着复印机、录像带、影碟机、摄像机等仪器的发明与普及而不断提升层次，屡禁不止。网络的出现更加助长了盗版势头，同时也导致打击制止盗版的难度越来越大。其中，除非法盗版赚取利益的违法者外，喜欢日本现代流行文化的国外受众还成为自媒体，或随意发声评价，或组成群体集体发声，并形成一定的舆论。他们盗版或非法制作与原版相关的内容上传至网站，绝大多数人并不图名利，只是愿意与他人分享自己的制作。其中，有一群人被称为"字幕组"，成员均为日本流行文化的铁杆粉丝。出于爱好，他们将日本电视上播放的节目下载并免费翻译制作、添加字幕，然后上传至网站与志同道合者分享。这种"字幕组"在不少国家都存在。尽管这种做法违犯法律，但商家对它的态度可谓"爱恨交织"。一方面，它直接损害了文化产品版权拥有者的经济利益，造成文化产品销量大幅减少；另一方面，它也成为文化产品免费的宣传广告，在客观上大大促进了文化产品的国际传播，提高了国际知名度。因此，在权衡利弊之后，一些商家反而持默许态度，既不打击，也不鼓励。可是，当国内市场出现萎缩、日本需要通过开拓海外市场来获取更多经济利益的时候，上述平衡就被打破，打击盗版之路任重而道远。

最后，天灾人祸方面，自2020年起，新冠病毒感染疫情突袭全球，导

---

① ［日］みずほ銀行産業調査部：『コンテンツ産業の展望』，https://www.mizuhobank.co.jp/corporate/bizinfo/industry/sangyou/pdf/1048_02_01.pdf。（上网时间：2021年3月20日）

② 《日媒：日本动漫在华热度转冷》，2021年6月18日，https://www.cankaoxiaoxi.com/culture/20210618/2446361.shtml。（上网时间：2021年6月20日）

致世界经济遭受重创并陷入衰退。在这场全球性灾难面前，没有任何经济体能够幸免。庆幸的是，由于全国人民团结一心努力奋斗，中国成为2020年疫情期间唯一一个实现经济正增长的国家，世界其他国家经济均显示负增长。大量企业，甚至是知名企业均在疫情期间倒闭，经济复苏遥遥无期。在此背景下，日本现代流行文化产业发展也自然无法独善其身。新冠病毒感染疫情改变了世界，也改变了人们的娱乐习惯。日本一项关于新冠病毒感染疫情影响下娱乐方式变化的调查显示，人们在以下娱乐方式上消费了更多时间：使用家用电子游戏机玩游戏；通过蓝光、DVD或网络来看动画、特摄电影以及其他内容；通过视频网站观看动画；用智能手机、平板电脑等玩电子游戏、看电子版漫画杂志与漫画书籍等。人们不得不减少外出，影院、游戏厅等娱乐场所因此而遭受的打击可想而知。它们并未输给对手，而是败给了新冠病毒感染疫情。受此影响，2020年，日本国内媒体内容产业的产值比前一年减少4.8%。[①] 尽管目前已进入后疫情时代，但经济复苏和产业振兴仍需经历一段调整期。因此，诸如新冠病毒感染疫情等灾难性事件理应成为考察流行文化国际传播时不得不关注的重要因素。

第二节 日本现代流行文化国际传播的趋势

利用数据考察日本流行文化产业国内发展动向和对外出口情况，再结合网络媒体技术发展、日本政府的积极作为、受众积极参与传播等因素，可以对日本现代流行文化的发展趋势与国际传播趋势作出研判。

一、近年发展动向

从近十年日本流行文化主要产业的发展来看，产业整体的市场规模呈现增长势头。

具体而言，在电影市场方面，制作统计数据时，日本通常将传统电影与动画电影都计算在内。2019年，日本电影票房总收入为2611.8亿日元，

---

① ［日］株式会社ヒューマンメディア：『日本と世界のメディア×コンテンツ市場データーベース2021Vol.14』，2021年3月31日，https://prtimes.jp/main/html/rd/p/000000026.000007447.html。（上网时间：2021年4月12日）

再创历史新高。2020年，日本电影产业因新冠病毒感染疫情而备受打击，但到2021年又迅速恢复。国产电影中，动画电影是绝对耀眼的存在。《天气之子》《鬼灭之刃》《剧场版咒术回战》《海贼王》《铃芽之旅》等多部电影票房名列前茅。电影出口方面，2019年，将电影发行权、放映权、改编权、衍生商品授权等计算在内，日本的出口业绩达到3.2778亿美元（约400亿日元）。① 后疫情时代，日本电影的出口情况也在快速回暖。顺带一提，2023年，动画电影《铃芽之旅》的海外票房超过了国内票房。

在电视节目方面，自2012年起，电视节目的海外出口开始走出低谷。2013年，日本安倍晋三首相提出远景规划，要将五年后电视节目出口额提升至2012年额度（104.3亿日元）的5倍。如图6－1所示，2018年日本电视节目的出口额达到519.4亿日元，预定目标基本达成。

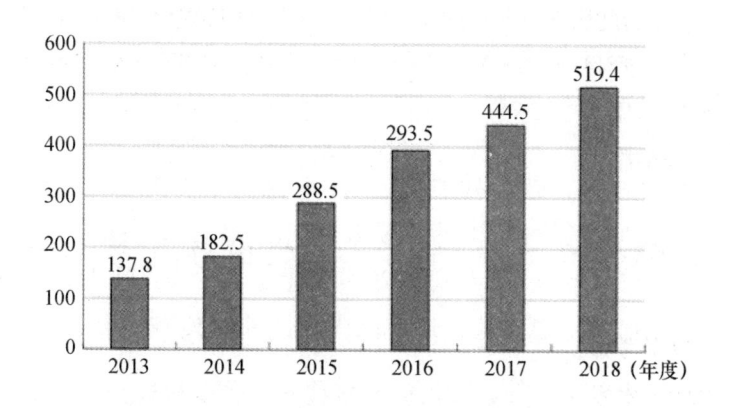

图6－1 日本电视节目海外出口额状况（亿日元）

资料来源：总务省《令和二年②信息通信白皮书要点》，https://www.soumu.go.jp/johotsusintokei/whitepaper/ja/r02/html/nd251940.html。（上网时间：2021年3月21日）

此后，日本电视节目出口额仍在不断攀升。2020年达到571.1亿日元。其中，电视动画的出口额增长势头强劲，占出口总额的八成以上。

关于21世纪以来动画产业的整体情况，2023年1月由日本动画协会

---

① ［日］永井光晴：『2019年度の国内映画市場は2611億円。興行収入・入場者数ともに過去最高を記録』，2020年1月29日，https://www.phileweb.com/news/d-av/202001/29/49603.html。（上网时间：2021年3月23日）

② 令和二年，即公元2020年。

发布的《动画产业报告2022》概要版提供的数据一目了然。

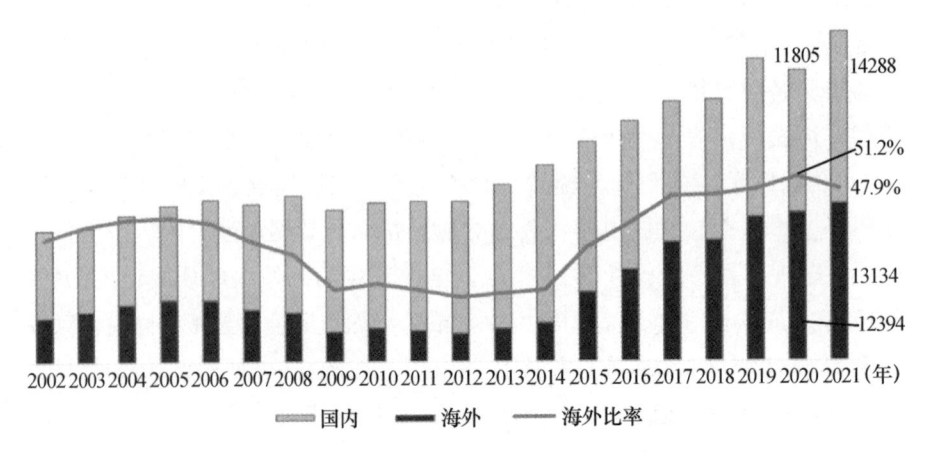

图 6-2　广义的日本动画产业市场国内国外占比及整体情况（亿日元）

资料来源：日本动画协会发布的《动画产业报告 2022》修正后的图表，https://aja.gr.jp/download/anime_ind_rpt2022_jp-errata-pdf。

　　由图 6-2 可知，进入 21 世纪以来，广义的日本动画产业规模总体呈增长态势。除 2009 年和 2020 年规模有所减小以外，其余年份均比上一年有所增长。值得注意的是，经历 2020 年新冠病毒感染疫情之后，2021 年，无论是日本动画产业总产值，还是国内和国外的具体产值，均再创历史新高。

　　日本的动画产业市场有狭义和广义之分。狭义的动画产业市场指的是动画业界市场。虽然它在 21 世纪初获得迅猛发展，但自 2006 年起便经历了较长时间的沉浮，直到 2016 年才超越 2005 年的峰值实现新飞跃。日本动画业界市场于 2019 年达到史上最大规模后，在新冠病毒感染疫情期间遭受重创。虽然它在 2021 年又迅速恢复增长，但尚未突破 2019 年的峰值。广义的动画产业市场内涵丰富，包括电视、电影、录像、视频播放、商品化、音乐、海外市场、游戏机、现场娱乐 9 个领域。由图 6-2 可知，除 2020 年以外，广义的日本动画产业的国内市场规模一直大于海外市场。这表明日本动画产业市场以国内为主。尽管海外市场规模曾一度超过国内市场，但国内市场于 2021 年再度反超海外市场。这也反映出日本国内的动画市场具有强大韧性和活力。其中，视频播放和商品化这两个领域在日本动

第六章　日本现代流行文化国际传播趋势

画国内市场发展中起到引领作用。

在海外市场方面，数据显示，2006年达到峰值之后，日本动画的海外市场规模开始缩小，之后数年持续低迷。自2015年起，海外市场规模又实现飞速增长，2020年新冠病毒感染疫情期间，甚至还超过了国内市场规模。上述情况不仅反映出日本动画在海外市场受欢迎程度不断提升，也表明日本动画"走出去"取得了显著成效。可以想见，今后几年，日本也将更加不遗余力继续开拓动画的海外市场。

在漫画产业方面，进入21世纪以来，日本纸版漫画的年销售量一直难挽颓势。自2014年起，电子漫画书籍成为漫画市场的重要板块并且飞速增长。日本2022年漫画市场规模数据显示，电子漫画书籍2022年的销售额达到4479亿日元，在整个漫画市场的占比为66.2%。[1] 在海外市场方面，角川书店、集英社等大型出版社近几年在积极开拓海外市场，并取得良好业绩。例如，角川书店利用在美国当地法人燕出版社（Yen Press）销售纸版书籍的英文译本，2021年的销量是前一年的2.2倍。[2] 又如，集英社自2019年起开始运营漫画阅读软件《MANGA Plus》，发布最新漫画作品的多语种版本，供海外受众欣赏。据称，日本漫画2020年在北美市场的销量快速增长，2019年销量达到1.6亿美元，而2020年的销量则达到2.4亿美元。[3]

在电子游戏产业方面，近十年，世界电子游戏市场规模不断扩大且竞争愈发激烈。而索尼、任天堂等日本著名游戏企业的业绩仍居于世界前列。

由图6-3可知，近几年日本国内电子游戏市场规模达到2万亿日元左右。其中，线上平台游戏的市场规模快速增长，并已大大超越其他种类的游戏。游戏市场前景也将随着云游戏、VR游戏等技术的成功研发而更加乐观。

---

[1] ［日］鹰野凌：『2022年コミック市場は6770億円前年比0.2%増で微増ながら5年連続成長で過去最大を更新～出版科学研究所調べ』，2023年2月24日，https://hon.jp/news/1.0/0/39314。（上网时间：2023年6月12日）

[2] ［日］数土直志：『売上前年比2倍以上・米国で爆発した2021年の日本マンガ』，2023年2月24日，https://note.com/sudotadashi/n/n63ad08f1437b。（上网时间：2023年6月12日）

[3] ［日］徳力基彦：「『少年ジャンプ』と集英社が世界に拡げる、日本の『マンガ』文化の可能性」，2022年10月10日，https://news.yahoo.co.jp/expert/articles/583bf7d20947e812e6b540ca5513ac55be0bc626。（上网时间：2023年6月18日）

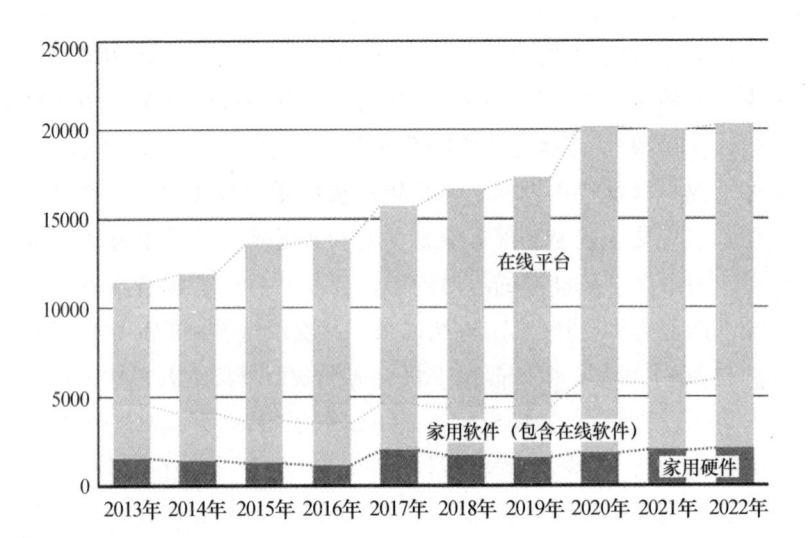

图 6-3　日本国内游戏市场（家用游戏和网络平台游戏）规模发展状况（亿日元）

资料来源：「国内ゲーム市場は『一定の成長』、世界では前年比 7% 減 -『ファミ通ゲーム白書 2023』発売」, https://news.mynavi.jp/article/20230829-2760018/。（上网时间：2023 年 8 月 30 日）

二、国内外市场趋向

从日本现代流行文化国内外市场规模变化的相关数据来看，21 世纪第一个 10 年的国内市场规模总体呈现增长势头。并且，与初期相比，除漫画出版市场规模略有缩小之外，其余文化产业均有稳定发展。这表明，日本流行文化产业虽然经历了因社会人口结构发生变化、雷曼危机等而导致的衰退，但从 21 世纪第二个 10 年起又逐步走出低谷、企稳回升。值得注意的是，数据的攀升主要得益于产品的数字化发展。电子漫画书籍、数字电影、数字电视节目均通过网络传输到计算机、智能手机、平板电脑，能够熟练使用这些高科技产品的受众便可随心所欲自由欣赏数字媒介带来的娱乐节目与资讯。近年来，受众通过网络接触数字文化产品已经逐渐发展成为主流。另外，在纸质媒介与 VCD、DVD 等媒介日渐衰落之时，漫画、动画、电影等文化产品因纷纷转而采用网络数字媒介的形式得以挽回颓势，再度迅猛发展，成为新时代流行文化产品的全新增长点。目前，电子游戏已经完全转型为网络数字媒介。正因为如此，在 2020 年新冠病毒肆虐之时，电子游戏并未受到沉重打击，反而因此获得新的发展。这些都为日本流行文化国际传播打下坚实基础。经济产业省于令和二年（公元 2020 年）公布的《内容产业世界市场与日本市场的概况》中就有这样的预测："无论是世界市场还是日本市场，物质市场将进一步减少，而数字市场将继续扩大。"① 这预示着日本流行文化的发展还有进一步的发展空间。

从海外出口数据可以看出，与数年前相比，日本流行文化产品的出口规模几乎都呈现较为明显的扩大。日本流行文化作为"'酷日本'战略战术的尖兵"② 作用在一定程度上得到发挥，这些利好数据意味着接触日本流行文化的国外受众的增多。因为流行文化产品价格低廉、大众喜闻乐见，所以只要大量受众接受认可，就能形成流行氛围以及经济规模。因此，由海外出口数据可以推测出，日本现代流行文化的国外受众是有一定程度的增加，但这里仅指那些愿意付费购买文化产品及其服务的人。这恰好与《2018 年全球软实力研究报告》中提到的"世界上喜欢日本流行文化的年轻人不断增加"的说法相吻合。照此势头发展，日本流行文化还将继续在世界流行一段时间，理由有二：一是动画、漫画、电子游戏等日本流行文化品牌已经在全球，尤其是在青少年当中扎下根来，凡提及动画、漫画、电子游戏，人们通常会立刻想到日本；二是日本流行文化在世界传播了大半个世纪，其结果是儿时欣赏过日本动画、漫画、玩过电子游戏的人们不计其数，已然成为粉丝一代、粉丝二代、粉丝三代。如此计算，喜欢日本现代流行文化的国外受众不再仅是年轻人。受过日本流行文化熏陶的人，也有可能对日本产生好感，更愿意进一步了解日本，更容易成为日本文化外交的对象。此外，日本流行文化产品的海外出口数据还表明，日本官民合作拓展海外市场取得了一定成效。尽管这其中也有因网络数字媒体飞速发展、网络传播渠道增多等客观原因带来的利好，但日本政府在创建国际交易平台、增建国际交流平台、国家间谈判、资金支持、培养熟知国外市场和精通知识产权法等法律的专业人才方面，均起到不可替代的作

---

① ［日］経済産業省：『コンテンツの世界市場・日本市場の外観』，令和 2 年 2 月，https：//www.meti.go.jp/policy/mono_info_service/contents/downloadfiles/202002_contentsmarket.pdf。（上网时间：2021 年 3 月 23 日）

② ［日］みずほ銀行産業調査部：『コンテンツ産業の展望』，https：//www.mizuhobank.co.jp/corporate/bizinfo/industry/sangyou/pdf/1048_02_01.pdf。（上网时间：2021 年 3 月 20 日）

用。因此，可以肯定的是，近年来日本现代流行文化产业海外市场的拓展离不开日本政府的积极支援。2019年，日本内阁府知识产权战略推进事务局公布了新"酷日本"战略，在总结原来"酷日本"战略战术成果、深入分析问题的基础上，提出了"酷日本"战略新草案。由此可见，日本政府将继续积极发挥支援作用，助力日本流行文化产品、生活文化产品海外市场的拓展以及日本流行文化的国际传播，以便提高日本的国际形象与好感度等，从而获得经济与国家形象的双丰收。

当然，尽管通过相关数据可以推测日本现代流行文化在今后较长一段时间会在世界上继续流行、国际传播也会较为顺利，但是，本章第一节所提及的问题仍旧存在，在一定程度上会影响日本现代流行文化的发展与国际传播的效果。因此，分清其中的可控与不可控问题、将工作重心放在可控问题的解决上成为当务之急。例如，发展动力不足、人才短缺、把握国外受众需求等问题，通过努力有可能解决。唯有自立自强、自主创新，才有可能立于不败之地。在网络技术、信息技术发达的今天，流行文化国际传播的渠道比以往增加不少，传播也更加畅通与快捷。通过网络平台，信息可以避开那些原本掌控在他人手中的渠道而瞬间传遍世界。因此，正如"内容为王"一词所诠释的那样，流行文化传播的内容就成为国际传播诸多因素中最重要的一个，也成为创新的重中之重。在内容创新方面，国际著名的日本公司任天堂便是典范，出奇制胜是它惯用的方法，且屡试不爽。在21世纪初它也经历过不少挫折，但回归初心，在精准把握社会需求的基础上不断突破创新，使任天堂公司渡过了一次次危机，带给受众惊喜。《精灵宝可梦》《脑锻炼》等都是该公司旗下大热作品。2016年出品的AR游戏《精灵宝可梦Go》一经推出便轰动世界，创造出游戏史上的新纪录。日本在流行文化产品内容创新上大有潜力可挖，除了传统的制作公司用传统的方法来制作流行文化作品以外，21世纪前后，日本流行文化作品的创作出现两个新动向：一是个人以低成本独立制作文化作品。例如，日本著名动画导演今敏于1997年花费300万日元创作了动画电影《未麻的部屋》，另一位导演新海诚于2002年花费200万日元独立制作了短篇动画电影《星之声》并在网络上宣传销售，都获得了很好的成绩与口碑。数字技术、网络技术的进步使得这两部作品以低成本实现高质量的制作方式成为可能。进入21世纪，网络技术、计算机技术的普及使得受众不只是信息被动的接受者，还成为信息的创作者、发布者。因此，在技术条件完备的情况下，预计会有越来越多的人想小试身手。二是文化创作走向国际合作。例如，日本著名的出版社讲谈社与外国艺术家签约创作新的漫画。讲谈社"需要的是这些外国艺术家新奇独特的风格，给日本漫画注入新的活力"，"目标是创造出全球风格的漫画，一种 21 世纪的风格，让世界上所有人都能读懂"。① 游戏公司与电影界的跨界合作也是常有之事。例如，日本世嘉公司于 2018 年与美国派拉蒙影业公司合作制定计划拍摄关于索尼克的电影。② 该电影已于 2019 年在美国成功上映。2018 年 5 月，日本著名电影公司东映集团发布消息称，要出资与美国好莱坞合作拍片，将日本动画电影改拍成传统电影，这是它海外战略的一部分。③ 由此可见，具有丰富故事资源的日本在国际合作拍片方面会有更为广阔的发展空间。

第三节 对中国的启示

2021 年 5 月 31 日下午，中共中央政治局就加强中国国际传播能力建设组织了第三十次集体学习。习近平总书记强调，讲好中国故事，传播好中国声音，展示真实、立体、全面的中国，是加强中国国际传播能力建设的重要任务。在此背景下，日本现代流行文化的国际传播，对中国发展和对外传播流行文化具有重要借鉴与启示作用，主要体现在流行文化资源建设、国际传播能力的提高和政府的作用三个方面。

一、对流行文化资源建设的启示

"流行文化是最具有软实力特质的文化形态。"④ 在中国流行文化软实

---

① ［日］大場吾郎著：『テレビ番組海外展開 60 年史——文化交流とコンテンツビジネスの狭間で』，人文書院 2017 年版，第 157 頁。

② 茶乌龙主编：《知日：日本游戏完全进化史》，中信出版集团 2019 年版，第 65 页。

③ ［日］数土直志：「東宝、一度諦めた海外進出に再挑戦する理由 ハリウッド版『ゴジラ』と『君の名は。』がカギ」，2018 年 5 月 14 日，https://toyokeizai.net/articles/-/218689。（上网时间：2021 年 3 月 21 日）

④ 贾磊磊：《用流行文化传播国家文化软实力》，《大众电影》2008 年第 11 期，第 1 页。

力资源建设方面，目前主要存在三大问题：一是内容选择不当；二是文化吸引力弱；三是国际竞争力不强。其实，这些问题在流行文化"走出去"之前就已经存在，如果无法妥善处理，就无法达到中国流行文化真正"走出去"的目标。可以肯定的是，在发展初期，日本现代流行文化也同样处于弱势。西方文化大量涌入、流行文化产品制作水准悬殊过大等，均对日本文化造成巨大冲击。因此，从这个意义上讲，日本现代流行文化的发展与国际传播经验能够为我们解决上述问题打开一定的思路。

其一，在内容选择上要考虑国外受众的需求，并灵活利用已经在业界享有声誉的文化产品，把握好产品与国外受众需求的契合度。曾有学者指出，"从目前中国文化软实力海外传播的现状来看，内容的选择不容乐观，官方意志、意识形态及传播主体的单方面想象，均成为中国文化软实力海外传播的重要瓶颈"。[①] 由此可见，中国在内容选择时偏重于从传播主体角度考虑问题，显然，此种做法并未收到预期效果。日本经验表明，"走出去"的流行文化产品中绝大多数都是在国际文化竞赛中获得提名或奖项的作品，或是在国内获过奖项以及广受国内受众好评的作品。它们本身就已在国内外享有很高声誉，这也表明它们已经获得国内外专业人士及受众的认可。这样的文化产品自然会引起国外商家和受众的关注，成为他们考虑引进日本流行文化产品时的首选，而且，国外商家和受众拥有绝对的选择权。流行文化中什么样的内容能够"走出去"，完全取决于他们的选择，他人难以左右。"观众是否接受的决定因素，不仅仅是作品的质量，更重要的是观众现在的选择心理。"[②] 因此，有必要转变思维，从受众角度看待问题。同时，日本经验也提示我们研究国外受众需求的重要性。纵观日本现代流行文化的发展史，不难发现绝大多数日本流行文化产品的国际传播均起源于国外受众的需求；没有需求，文化即便跨越国境也只是一厢情愿，最终也只能无功而返。可以说，这是流行文化能够"走出去"的前提基础。因此，在今后选择流行文化的输出内容时，有必要将上述内容一并考虑进去，并且灵活利用在业界已经享有知名度的文化产品，研究并把握

---

① 许德金：《中国文化软实力海外传播研究：现状、问题与对策》，《外语教学与研究》2018 年第 2 期，第 286 页。

② 韩骏伟：《国际电影与电视节目贸易》，中国传媒大学出版社 2008 年版，第 146 页。

第六章　日本现代流行文化国际传播趋势

好国外受众需求与知名文化产品的契合度。

其二，流行文化中含有文化核心价值观，或是传播者和受众共同的价值观，才能真正跨越国界并引发国外受众的共鸣。整体而言，日本现代流行文化之所以风靡全球，是因为它对于国外受众具有共通的吸引力。例如，从受众的角度来看，丰富多样而又与众不同的题材为受众提供更大的选择余地；影像画面的美感为受众带来强烈的视觉冲击和丰富的想象；有趣且有深度的故事内容以及可爱励志的角色形象，引发受众的情感共鸣并启发心智助力成长等等。更为重要的是，日本流行文化作品大多探讨世人普遍关注且具有世界共通性的课题，以及青少年在成长过程中遇到的烦恼等问题，具有很强的现实性、时代性，给人勇气与启迪。例如，漫画、动画等作品中所传递的"正义、和平、友情、团结、协作、努力、希望、胜利"等放之四海而皆准的价值理念促使人们迸发正能量，勇敢面对困难与挑战。这些价值理念也是文化核心价值观内涵的重要组成部分。由此判断，文化核心价值观完全可以以流行文化产品为载体，并通过浅显易懂的视觉艺术表达出来。事实上，中国这方面也有大量成功案例。20世纪80年代在国际文化竞赛中获得大奖的动画片《三个和尚》便是典型。有趣的是，该故事所讲的道理能与纳什均衡理论中的某些内容相关联。这就说明中国优秀的传统文化蕴含着无数的宝藏并有待挖掘。如果大量利用视觉符号以及现代高科技手段将这些文化精髓浅显易懂地表达出来，那么就能实现优秀传统文化的现代转化，从而焕发新的活力。相较于改变他人价值观的难度，将文化核心价值观或是传播者和受众双方共同的价值观，纳入流行文化的创作当中的可行性更大，也只有这么做，才有可能真正跨越国界并引发世界民众的共鸣。

此外，日本艺术家在创作时通常会采用"借鉴+创新"的手法来实现优秀传统文化与世界优秀文化的现代性转换，从而提高吸引力。"借鉴"指的是借鉴大量已经获得世界认可的国内外经典的神话故事、民间传说、文学名著等作品，这将在一定程度上保证票房和收视率等。例如，中国的《西游记》《三国志》《白蛇传》等经典文学作品和故事早已成为日本艺术家的创作素材。20世纪50年代获得国际大奖的日本电影《罗生门》《雨月物语》《源氏物语》《地狱门》等影片均为日本著名文学作品的改编。国际著名导演宫崎骏也不例外。他擅长把世界公认的作品当作题材来创作，也会从日本文学作品中获得灵感。"《千与千寻》处处表征着创作者从日本民俗与民间传统神话中搜寻素材，汲取日本文学和艺术中的优良传统，展示出复杂多样的、神秘莫测的日本文化。"① 这反映出宫崎骏对日本传统文化的现代转化的思考与行动。当然，日本艺术家具有非凡的创新能力，"创新"不仅成为他们谋求特色发展、提升文化产品质量的重要手段，还是他们解决困难、克服瓶颈的重要利器。日本经验表明，创新并非无迹可寻，而是建立在艺术家不断提高自身文化素养、憧憬世界和谐美好、模仿学习世界一流作品、寻找差异化发展路径、把握国内外受众需求、洞悉时代潮流等基础之上。通过创新形成的日本现代流行文化的故事特色可以用"新鲜趣味""视觉美感""情感共鸣""丰富想象"等关键词来概括。再加上高科技手段以及视觉符号优势的灵活运用，无疑使故事更加通俗易懂、喜闻乐见，更具吸引力，日本流行文化也因创新而获得新生和发展。"文化具有很强的时代性，只有不断创新的文化，才是有生命的文化，才能更好地促进国家安全。"② 因此，日本艺术家的创新经验值得借鉴。

以上是日本艺术家的创作经验，可以为我们讲好中国故事提供部分参考。值得注意的是，目前，尽管中国国内已经出现不少将故事卡通化的尝试，但问题也十分突出，主要表现为以下三点：一是表面卡通化现象。在故事背景、内容没有多大改动的情况下，仅仅将角色用卡通形象来代替，这种做法容易给人十分幼稚的印象。二是选材问题考虑不周。例如，涉及严肃题材以及大量背景知识的故事不宜用卡通形象来讲述，否则给人以不伦不类、晦涩难懂的感觉，印象也会因此大打折扣。三是策划动画故事时并未明确设定受众范围，导致受众难以产生情感共鸣。相比之下，日本艺术家在创作流行文化作品时，大多能对题材、受众、故事背景、具体内容等做出较为周全的考虑，以便更加符合市场需求、满足受众需要。因此，值得我们深入研究与参考。

其三，立足本国市场，创造竞争环境、搞活流行文化市场，是流行文

---

① 杨晓林：《动画大师宫崎骏》，复旦大学出版社2012年版，第96页。
② 中国现代国际关系研究院：《文化与国家安全》，时事出版社2021年版，第45页。

化国际传播的前提。日本经验表明,那些优秀的日本现代流行文化作品完全是在残酷的竞争环境中胜出的。在国内,电影票房与收视率成为重要的竞争指标,它不仅要与同行竞争,也要与引进的国外流行文化较量,可以说,日本流行文化的质量就是在如此惨烈的竞争中不断提高的。举例来说,自20世纪60年代末,"日本随着电视制作能力的提高,国产节目的收视率开始超过进口节目而居首位,外国节目渐渐从日本电视台消失"。① 在日本电影史上票房最高的十大电影（包括国外电影）中,日本的动画电影占据一半席位。② 电子游戏也在激烈的市场竞争中脱颖而出,并称霸世界很长一段时间,足见日本流行文化作品的竞争实力。另外,日本经验也表明,相较于"走出去",日本的流行文化产业在国内做大做强是流行文化产业的发展重点。"在长期致力于满足国内需求的过程中,企业规模日益扩大,成本降低,产品就会具备国际竞争力。"③ 由此可见,立足国内市场是日本流行文化发展的重要前提,也会间接提高国际竞争力。宫崎骏曾经提到,日本这个市场拥有1亿多人口,专注于国内市场就已经足够。相对而言,中国有14亿人口,世界上没有任何一个国家的受众基数比中国多,可见国内市场对于中国发展流行文化产业的重要性。因此,中国也有必要立足本国市场、创造竞争环境并想方设法搞活它,这样就能引发国外关注,觅得文化产品"走出去"的重要契机。研究还表明,日本流行文化市场的做大做强离不开"媒介融合""形象联盟"等商业运作体制。由动画制作公司、电视台或影院、赞助商等多个行业组成的制作委员会,自文化产品策划阶段起便共担风险,共同决策,各司其职,实现共赢。围绕人气角色形象以多种媒介形式来创作文化作品,不仅能给受众带来不同的欣赏体验,而且加上层出不穷的衍生商品的销售,为文化产品成为社会现象推波助澜。2020年在日本超级火爆的动画电影《鬼

---

① [日]伊滕阳一:《国际传播与一国文化的一致性》,胡正荣译,《现代传播》1991年第2期,第17页。

② 小磊侃历史:《日本电影史票房排名前十都是什么神仙电影》,2020年12月6日,https://cj.sina.com.cn/articles/view/7142104121/1a9b3dc3900100st9h?from=finance&subch=insurance。(上网时间:2021年6月7日)

③ 韩骏伟:《国际电影与电视节目贸易》,中国传媒大学出版社2008年版,第129页。

灭之刃》便是典型。它不仅大大降低了流行文化产品制作的风险，还联动社会多种行业共同发展，繁荣整个经济市场，其效果远非某个文化作品单打独斗产生的效果所能比的。相比之下，中国国内流行文化市场并未形成这种"众人拾柴火焰高"之势。现在中国国内也有不少广受欢迎的 IP 形象①，显然，围绕它们展开的文化产品的创作还很不够。怎样繁荣流行文化市场？日本的做法值得深入研究。

二、对提高国际传播能力的启示

有学者指出，"文化软实力并不是一个自我确认、自我命名的文化属性，而是一种通过广泛传播之后才能够兑现的文化力量"。可见广泛的国际传播对于文化软实力的重要性。然而，中国在文化传播方面的薄弱之处也显而易见。学者刘澜通过定量分析得出结论，"文化传播是中国文化软实力的短板"，"在制定中国文化软实力政策时要把增强文化传播力作为重点"，②"增强文化传播力的重点在于商业传播和文化产品传播"③。推进文化的国际传播能力建设，是近年来中国政府反复强调的内容，因此，尽快落实成为当务之急。

日本流行文化国际传播对我们的启示是：充分利用商业渠道，同时发挥好国外商家、业内人士与受众的作用，助力流行文化跨越文化障碍实现国际传播。

具体而言，日本经验中有两点尤为突出：一是传播渠道多样化，尤以商业渠道为主；二是作为日本流行文化国际传播的推动者，国外商家和国外受众功不可没。参与国际文化竞赛、参加国际影视作品展销会、直接销售给国外商家、受众的主动参与、互联网中人际传播和网络平台的传播等，这些都是日本现代流行文化国际传播的主要渠道，其中，商业渠道的成效最佳。轰动全球的日本流行文化产品，如宫崎骏的动画电影、任天堂公司的《精灵宝可梦》等均通过商业渠道实现国际传播，这也是由流行文化产品的商品属性决定的。"文化产品只有在经济市场上得到认可，才能

---

① IP 形象即卡通形象的另一种称呼。当今互联网时代的卡通形象多称作"IP 形象"，如长草颜团子等。
② 刘澜：《中国文化软实力有多大》，机械工业出版社 2015 年版，第 235 页。
③ 同上书，第 236 页。

从根本上保证其中文化价值的有效传播。"① 票房和收视率还体现出文化软实力的实现程度。② 毋庸置疑，日本流行文化产业做到了这一点。需要注意的是，国外商家和受众的需求和作用，使日本现代流行文化产品得以轻松跨越文化障碍的鸿沟而风靡世界。业内人士等也起到非常重要的作用。为使流行文化产品更加符合本国市场需求，他们会对文化产品做适当改编并进行宣传，助力动画的成功发行与盈利。在日本流行文化国际传播过程中，热爱日本动画的国外粉丝的热情也值得高度关注。他们既是部分日本流行文化引进到当地的最初推动者，也是在漫画、动画等日本流行文化在海外传播受阻时，自发维持人际传播之势的重要参与者，还是线上线下继续扩大国外粉丝群体的发起者和组织者。尽管他们的目的并非为了传播日本流行文化，但在客观上大大提升了该文化的国际传播力。那么，习惯了传播主体视角的中国需要转换思路，从受众的角度来研究国际需求，以及能够助力中国流行文化对外传播的国外推动因素，争取国内外形成合力，共同推动流行文化的国际传播。

此外，日本经验还告诉我们，与对欧美国家的传播相比，对发展中国家的文化传播会更加顺利。作品呈现出来的现实性、时代感、价值理念等对发展中国家民众更有吸引力，也更容易被认可接受。而且，发展中国家的受众人数远远多于发达国家，这更有利于流行文化的广泛传播，也更有利于文化外交。"软权力的力量来自扩散性，只有当一种文化广泛传播时，软权力才会产生强大的力量。"③

三、对政府作用的启示

中国政府高度重视对外传播工作。孔子学院建设是其中一个重要项目。自 21 世纪初至今，中国在全球已经建立 500 多家孔子学院，它们在对外汉语教育、传播中国文化方面取得突出成绩，但也因被怀疑具有官方背景而在某些西方国家屡遭曲解。由此引发思考：为创造良好的传播环境，

---

① 贾磊磊主编：《提高国家文化软实力研究》，中国文联出版社 2016 年版，第 21 页。

② 同上书，第 8 页。

③ 王沪宁：《作为国家实力的文化：软权力》，《复旦学报（社会科学版）》1993 年第 3 期，第 91 页。

除了提供资金支持以外,政府在哪些事情上还可以有所作为?日本政府的做法可以提供以下四点参考与警示。

第一,以文化援助、按需给予的方式对发展中国家传播流行文化。由于日本曾经因发动战争而给其他国家民众造成巨大伤害,因此,为避免被误解成"文化侵略",日本政府对文化的对外传播一直保持谨慎态度。在第二次世界大战后相当长的一段时间里,日本政府并不积极行动,而是对有需求的国家和民众主要通过按需给予的方式来应对。例如,在全世界获得强烈反响的日本电视剧《阿信》最初走出国门的起因就是国外需求。当时新加坡驻日大使黄金辉向日本广播协会提出请求,希望能将该片引进到新加坡放映。日本外务省所管辖的机构国际交流基金会得知此事后,便利用政府开发援助提供的资金解决了译制费用问题,从而使《阿信》得以在新加坡的电视台播映。① 之后,在发展中国家电视节目的援助方面,通常是由当事国提出相关申请,日本根据对方需求通过政府开发援助项目来无偿提供或免费赠送相关文化产品。根据对象国需求来进行文化传播,这种做法不仅可以避免给人"将文化强加于人"的印象,还可以获得受赠方的欢迎。因为这些接受赠与的发展中国家不仅感受到日本的现代化和时代性,燃起它们对自身发展的希望,而且它们也会因获益而对日本产生好感。这种双赢的做法不仅会给两国关系带来积极正面的影响,也有利于国家形象的提升。国际社会中发展中国家的数目远远大于发达国家,因此,如果以它们为流行文化传播的主要对象并按需给予的话,必定有利于中国的文化外交,有利于提高国家形象,更有利于文化软实力的提升。

第二,对外传播的扩大需要政府相关部门的通力合作以及与民间企业和机构合作推动。在这方面,日本政府相关部门通力合作、共同制定并实施相关文化战略和政策。例如,总务省、文化厅、经产省及其所管辖的机构联手创建"日本展示厅",以统一的日本整体形象亮相海外各大创意产业交易市场便是典型案例。又如,在由日本内阁官房、文化厅发表的《文化经济战略行动计划2018》报告中提到,为提高日本在国际社会的存在感,内阁府、文化厅、外务省、农林水产省、经

---

① [日]大場吾郎著:『テレビ番組海外展開60年史——文化交流とコンテンツビジネスの狭間で』,人文書院2017年版,第91頁。

第六章 日本现代流行文化国际传播趋势

产省、观光厅、环境省等各个部委均领有具体的行动计划并各司其职。此种做法有利于减少各自为政带来的负面影响，大大提高了工作效率。不仅如此，官民合作也是日本政府在推动流行文化开拓海外市场、强化打击盗版政策等常用的手段。例如，在打击盗版方面，日本驻外使领馆会与相关省厅部门合作，并与日本贸易振兴机构、国际交流基金会、民间企业等沟通意见，及时采取措施应对企业等遇到的盗版行为。

第三，寻求与对象国相关部门及行内专业人士的协作是精准选择传播内容的有效途径。日本经验表明，离开与法国政府相关部门以及相关专业机构的大力协作，日本无法在法国成功举办题为"日本主义2018"，旨在大规模宣传日本文化的大型系列活动。这种协作意味着日本获得了了解法国受众需求的机会，同时也意味着文化作品能够跨越部分文化障碍，更加贴近法国受众的需求。例如，通过与法国相关专业机构专家合作挑选，日本百年电影史上119部优秀影片脱颖而出，并于2018—2019年在法国陆续上映。与日本的自主选择相比，这些优秀影片经由法国行内专家挑选之后，就相当于被贴上"基本符合法国受众需求"的标签，成为适合"走出去"的日本电影。显然，在国外举办宣传本国文化的大型活动时，寻求与对象国协作的做法要比凭借主观想象来选择传播内容更加方便和有效。

第四，流行文化产品出口监管和知识产权保护刻不容缓。日本在知识产权保护方面的惨痛经历警示我们，文化产品出口监管工作与其亡羊补牢，不如防患于未然。日本动画因出现过多涉及暴力、色情等内容不但导致出口受阻、经济遭受重大损失，更是直接给日本的国家形象带来负面影响。日本政府迟迟不将漫画、动画纳入文化范畴，估计很大程度上与这方面有关。另外，日本动画曾经遭遇随意改编的困境，手冢治虫、松本零士、宫崎骏等知名艺术家、导演的作品均未能幸免，这就导致版权等方面难以估量的经济损失，甚至还会引发知识产权纠纷。因此，需要加强流行文化产品出口前的审核监管力度和知识产权相关法律的建设力度。同时，这就警示我们需要更加重视知识产权保护，有必要对别国改编中国经典故事是否得当保持高度警惕。国外利用中国传统文化资源后创作的作品也会存在一定程度的曲解，很有可能造成受众的认知偏差。为避免此类尴尬，还要加大中国优秀的传统文化资源开发的力度，与现代技术紧密结合，创作出符合时代特色、群众喜闻乐见的作品。

参考文献

一、中文著作

巴忠倓主编：《文化建设与国家安全》，时事出版社，2007年版。

蔡嫚：《粉丝经济学》，时事出版社，2017年版。

茶乌龙主编：《知日：日本游戏完全进化史》，中信出版集团，2019年版。

程工等：《世界主要国家文化安全政策研究》，社会科学文献出版社，2014年版。

程曼丽：《国际传播学教程》，北京大学出版社，2006年版。

陈仲伟：《日本动漫画的全球化与迷的文化》，唐山（正港）出版社，2004年版。

范红主编、郑晨予副主编：《国家形象研究》，清华大学出版社，2015年版。

高宣扬：《流行文化社会学（第2版）》，中国人民大学出版社，2015年版。

宫玉选主编：《中国文化产业"走出去"研究》，北京大学出版社，2016年版。

关世杰：《国际传播学》，北京大学出版社，2004年版。

国务院新闻办公室编：《解读中国外交新理念》，五洲传播出版社，2014年版。

韩骏伟：《国际电影与电视节目贸易》，中国传媒大学出版社，2008年版。

胡智锋、张承志主编：《中国影视文化软实力理念与路径》，中国传媒大学出版社，2016年版。

贾海涛：《综合国力与文化软实力系统研究》，中国社会科学出版社，2015年版。

贾磊磊主编：《提高国家文化软实力研究》，中国文联出版社，2016年版。

康彼得编著：《任天堂传奇：世界头号游戏帝国任天堂发迹秘史》，当代世界出版社，1996年版。

李天铎主编：《日本流行文化在台湾与亚洲（1）》，远流出版事业股份有限公司，2002年版。

李希光、周庆安主编：《软力量与全球传播》，清华大学出版社，2005年版。

李文：《日本文化在中国的传播与影响（1972—2002）》，中国社会科学出版社2004年版。

李智：《文化外交：一种传播学的解读》，北京大学出版社，2005年版。

林之达：《传播心理学教程》，北京大学出版社，2012年版。

刘继南主编：《大众传播与国际关系》，北京广播学院出版社，1999年版。

刘德定：《国家文化软实力》，经济科学出版社，2019年版。

刘澜：《中国文化软实力有多大》，机械工业出版社，2015年版。

刘文兵：《日本电影在中国——第一部中日电影交流通史》，中国电影出版社，2015年版。

刘燕南、史利等：《国际传播受众研究》，中国传媒大学出版社，2011年版。

南开大学周恩来研究室编、刘焱主编：《中外学者论周恩来》，南开大学出版社，1990年版。

潘一禾：《文化与国际关系》，浙江大学出版社，2005年版。

曲慧敏：《中华文化走出去战略》，清华大学出版社，2018年版。

单波、刘欣雅主编：《国家形象与跨文化传播》，社会科学文献出版社，2017年版。

苏国勋、张旅平、夏光：《全球化：文化冲突与共生》，社会科学文献出版社，2006年版。

苏静等编著：《知日：奈良美智》，北方妇女儿童出版社，2011年版。

孙承主编：《日本软实力研究》，中国政法大学出版社，2013年版。

田智辉：《新媒体环境下的国际传播》，中国传媒大学出版社，2010年版。

王庚年主编：《新媒体国际传播研究》，中国国际广播出版社，2012年版。

王敏：《汉魂与和魂——中日文化比较》，世界知识出版社，2014年版。

王向华、古川建司、邱恺欣编著：《泛亚洲动漫研究》，山东人民出版社，2012年版。

王众一、朴光海：《日本韩国国家形象的塑造与形成》，外文出版社，2007年版。

吴建民：《公共外交札记：把握世界的脉搏》，中国人民大学出版社，2012年版。

吴伟明：《日本流行文化与香港》，商务印书馆（香港）有限公司，2015年版。

吴咏梅、王向华、[日]谷川建司编著：《越境的日本流行文化》，山东人民出版社，2010年版。

习近平：《决胜全面建成小康社会 夺取新时代中国特色社会主义伟大胜利——在中国共产党第十九次全国代表大会上的报告》，人民出版社，2017年版。

杨利英：《中国文化"走出去"战略研究》，郑州大学出版社，2017年版。

杨晓林：《动画大师宫崎骏》，复旦大学出版社，2012年版。

俞新天：《掌握国际关系密钥：文化、软实力与中国对外战略》，上海人民出版社，2010年版。

张国祚主编：《中国文化软实力发展报告：2017》，北京大学出版社，2018年版。

赵启正、雷蔚真主编：《公共外交蓝皮书中国公共外交发展报告（2015）》，社会科学文献出版社，2015年版。

赵启正主编：《公共外交·案例教学》，中国传媒大学出版社，2016

年版。

赵启正主编：《公共外交战略》，学习出版社、海南出版社，2014年版。

中国现代国际关系研究院：《文化与国家安全》，时事出版社，2021年版。

中华人民共和国外交部、中共中央文献研究室编：《毛泽东外交文选》，中央文献出版社、世界知识出版社，1994年版。

中央纪委国家监委网络中心编：《中国大家》，中国方正出版社，2019年版。

中华人民共和国外交部、中共中央文献研究室编：《周恩来外交文选》，中央文献出版社出版，1990年版。

二、中文译著

［英］保罗·格拉维特著，周彦译：《日本漫画60年》，世界图书出版公司，2013年版。

［美］彼得·卡赞斯坦著，秦亚青、魏玲译：《地区构成的世界：美国帝权中的亚洲和欧洲》，北京大学出版社，2007年版。

［美］彼得·卡赞斯坦、［日］白石隆编，王星宇译：《东亚大局势：日本的角色与东亚走势》，中国人民大学出版社，2015年版。

［日］村上隆著，江明玉译：《艺术创业论》，中信出版社，2011年版。

［日］渡边靖著，金琮轩译：《美国文化中心：美国的国际文化战略》，商务印书馆，2013年版。

［日］黑泽明著，李正伦译：《蛤蟆的油》，南海出版公司，2006年版。

［日］津坚信之著，秦刚、赵峻译：《日本动画的力量——手塚治虫和宫崎骏的历史纵贯线》，社会科学文献出版社，2011年版。

［日］金子将史、［日］北野充主编，《公共外交》翻译组译：《公共外交："舆论时代"的外交战略》，外语教学与研究出版社，2010年版。

［日］井上理著，郑敏译：《任天堂哲学》，南海出版公司，2018年版。

［加］Max Ziang 著：《酷日本》，生活·读书·新知三联书店，2011年版。

［加］马修·弗雷泽著，刘满贵等译：《软实力：美国电影、流行乐、电视和快餐的全球统治》，新华出版社，2006年版。

［日］名和太郎著，高增杰、郝玉珍译：《经济与文化》，中国经济出版社，1987年版。

［日］平野健一郎著，张启雄冯青、周兆良、黄东兰译：《国际文化论》，中国大百科全书出版社，2011年版。

［日］青木保著，王敏主编，唐先容、王宣译：《多文化世界》，中国青年出版社，2008年版。

［日］青木保著，王敏主编，于立杰、陈潇潇、吴靖译：《异文化理解》，中国青年出版社，2008年版。

［日］山口康男编著，于素秋译：《日本动画全史——日本动画领先世界的奇迹》，中国科学技术出版社，2008年版。

［日］手冢真著，沈舒悦译：《我的父亲手冢治虫》，新星出版社，2014年版。

［日］松田武著，金琮轩译：《战后美国在日本的软实力——丰永久性依存的起源》，商务印书馆，2014年版。

［日］四方田犬彦著，王众一译：《日本电影110年》，新星出版社，2018年版。

［日］鹈饲正树、永井永和、藤本宪一编著，苑崇利、史兆红、秦燕春译：《战后日本大众文化》，社会科学文献出版社，2010年版。

王敏著，王秀文、谢宗睿、赵毅达译：《生活中的日本——解读中日文化差异》，吉林大学出版社，2009年版。

［英］约翰·斯道雷著，常江译：《文化理论与大众文化导论》，北京大学出版社，2010年版。

［美］约瑟夫·奈著，吴晓辉、钱程译：《软力量——世界政坛成功之道》，东方出版社，2005年版。

［日］中尾明著，钱贺之译：《手塚治虫——用漫画和卡通连接世界》，学林出版社，2008年版。

三、中文期刊

白如纯、唐永亮：《试析"酷日本"战略及其影响》，《国际论坛》2015年第1期。

曹海林、任贵州：《日本动漫文化对我国文化发展的影响与启示》，《东疆学刊》2016年第3期。

程永明：《日本文化资源的传承与海外传播路径》，《日本问题研究》2016年第3期。

高希敏、喜君：《日本文化对外传播的战略与启示》，《传媒》2017年第18期。

龚娜：《软实力视阈下的日本动漫外交》，《日本问题研究》2014年第1期。

归泳涛：《日本的动漫外交——从文化商品到战略资源》，《外交评论》2012年第6期。

姜瑛：《"酷日本"战略的推行模式、现实困境及原因分析》，《现代日本经济》2019年第6期。

平力群：《从振兴内容产业看日本国家文化软实力资源建设》，《日本学刊》2012年第2期。

盛夏：《电视剧〈深夜食堂〉中日本文化的传播》，《青年记者》2016年第2期。

师艳荣：《日本文化外交战略中的青年国际交流——以内阁府青年国际交流事业为中心》，《日本问题研究》2015年第1期。

孙卫华、刘卫东：《流行文化中的文化软实力较量》，《新闻知识》2012年第2期。

王庚年：《文化国际传播的国外经验——以美、法、日、韩为例》，《中国党政干部论坛》2011年第12期。

王京滨：《中日软实力实证分析——对大阪产业大学大学生问卷调查结果的考证》，《世界经济与政治》2007年第7期。

魏然：《2020奥运会背景下日本文化形象传播路径及启示》，《体育文化导刊》2019年第5期。

吴咏梅：《浅谈日本的文化外交》，《日本学刊》2008年第5期。

吴咏梅：《"哆啦A梦"让世界亲近日本?》，《世界知识》2008年第16期。

许德金：《中国文化软实力海外传播研究：现状、问题与对策》，《外语教学与研究》2018年第2期。

［日］岩渊功一：《日本的流行文化外交：软实力、国家品牌运作与"国际文化交流"问题》，黄冠译，《国外理论动态》2017年第6期。

叶淑兰：《日本文化软实力：生成与借鉴》，《社会科学》2015年第2期。

［日］伊滕阳一：《国际传播与一国的文化一致性》，胡正荣译，《现代传播：中国传播大学学报》1991年第2期。

殷乐：《日本电视模式输出的文化政策脉络与发展态势》，《中国广播电视学刊》2019年第7期。

张建立：《试析日本文化软实力资源建设的特点与成效》，《日本学刊》2016年第2期。

赵敬：《冷战后日本的文化对外传播战略》，《中国社会科学院研究生院学报》2011年第4期。

赵蓉、于朔：《日本对华文化外交及其国家形象的构建》，《日本学刊》2019年第2期。

四、外文原著

［美］Ian Condry, *The Soul of Anime Collaborative Creativity and Japan's Media Success Story*, Duke University Press, 2013.

［日］有馬哲夫著：『ディズニーの魔法』，新潮新書，2003年版。

［日］青柳正規著：『文化立国論——日本のソフトパワーの底力』，筑摩書房，2015年版。

［日］麻生太郎著：『自由と繁栄の弧』，幻冬舎文庫，2008年版。

［日］板越ジョージ著：『結局、日本のアニメ、漫画は儲かっているのか?』，ディスカヴァー・トゥエンティワン，2013年版。

［日］伊奈正人著：『サブカルチャーの社会学』，世界思想社，2001年版。

［日］岩渕功一著：『トランスナショナル・ジャパン——アジアをつ

なぐポピュラー文化』，岩波書店，2000年版。

　［日］岩渕功一編：『超える文化、交錯する境界——トランス・アジアを翔るメディア文化』，山川出版社，2004年版。

　［日］岩渕功一著：『文化の対話力——ソフトパワーとブランド・ナショナリズムを越えて』，日本経済新聞社，2007年版。

　［日］岩本憲児編：『日本映画の海外進出——文化戦略の歴史』，森話社，2015年版。

　［日］榎本秋編著：『オタクのことが面白いほどわかる本』，中経出版，2009年版。

　［日］遠藤英樹著：『現代文化論——社会理論で読み解くポップカルチャー』，ミネルヴァ書房，2011年版。

　［日］遠藤英樹、松本健太郎、江藤茂博編著：『メディア文化論』，株式会社ナカニシヤ出版，2013年版。

　［日］大芝亮編：『日本の外交 第5巻 対外政策 課題編』，岩波書店，2013年版。

　［日］大塚英志、大澤伸亮著：「『ジャパニメーション』はなぜ敗れるか」，角川書店，2005年版。

　［日］大場吾郎著：『テレビ番組海外展開60年史——文化交流とコンテンツビジネスの狭間で』，人文書院，2017年版。

　［日］岡田美弥子著：『マンガビジネスの生成と発展』，中央経済社，2017年版。

　［日］小黒祐一郎著：『アニメクリエイター・インタビューズ この人に話を聞きたい2001—2012』，講談社，2011年版。

　［日］外交編集委員会編：『外交 Vol.3』，時事通信社，2010年版。

　［日］外務省編集：『外交青書（平成16年版）2004』，株式会社ぎょうせい，平成16年版。

　［日］外務省編集：『外交青書（平成17年版）2005』，株式会社太陽美術，平成17年版。

　［日］外務省編集：『外交青書（平成18年版）2006』，佐伯印刷株式会社，平成18年版。

　［日］外務省編集：『外交青書（平成20年版）2008』，社団法人時事

［日］外務省編集：『外交青書（平成21年版）2009』，社団法人時事画報社，平成21年版。

［日］外務省編集：『外交青書（平成22年版）2010』，山浦印刷株式会社，平成22年版。

［日］加藤佐和子/アイシェヌール・テキメン/マグダレナ・ヴァシレヴァ編著：「漫画・アニメに見る日本文化『国際共同研究』」，文京学院大学総合研究所、冨山房インターナショナル，2016年版。

［日］神奈川大学人文学研究所編：『グローバル化の中の日本文化』，御茶の水書房，2012年版。

［日］河島伸子著：『コンテンツ産業論——文化創造の経済・法・マネジメント——』，ミネルヴァ書房，2009年版。

［日］河島伸子、生稲史彦編著：『変貌する日本のコンテンツ産業——創造性と多様性の模索——』，ミネルヴァ書房，2009年版。

［日］北野圭介著：『日本映画はアメリカでどう見られてきたか』，平凡社，2005年版。

［日］草薙聡志著：『アメリカで日本のアニメは、どう見られてきたか?』，徳間書店，2003年版。

［日］黒沢清等編：『日本映画は生きている第6巻アニメは越境する』，岩波書店，2010年版。

［日］鴻上尚史著：『クールジャパン!? 外国人が見たニッポン』，講談社，2015年版。

［日］小林真理著：『文化政策の現在1 文化政策の思想』，東京大学出版会，2018年版。

［日］小山昌宏著：『ポップカルチャーは世界を救うか——漫画・アニメのキャラクター化と商品価値』，蒼天社，2004年版。

［日］小山昌宏著：『戦後日本漫画論争史』，現代書館，2007年版。

［日］近藤誠一著：『文化外交の最前線にて』，かまくら春秋社，2008年版。

［日］斎藤眞等編：『国際関係における文化交流』，日本国際問題研究所，1984年版。

参考文献

［日］酒井哲哉編著：『日本の外交 第3巻 外交思想』，岩波書店，2013年版。

［日］相良英明著：『作家としての宮崎駿——宮崎駿における異文化融合と多文化主義』，神奈川新聞社，2012年版。

［日］桜井孝昌著：『アニメ文化外交』，筑摩書房，2009年版。

［日］桜井孝昌著：『世界で一番ユニークな日本だからできること 僕らの文化外交宣言』，同友館，2013年版。

［日］佐藤卓己等編著：『ソフト・パワーのメディア文化政策』，新曜社，2012年版。

［日］島川崇、金子将史等編著：『ソフトパワー時代の外国人観光客誘致』，同友館，2006年版。

［美］ジョセフ・ナイS.：［日］山岡洋一訳：『ソフト・パワー：21世紀国際政治を制する見えざる力』，日本経済新聞出版社，2004年版。

［日］白石さや著：『グローバル化した日本の漫画とアニメ』，学術出版会，2013年版。

［日］新堀通也著：『知日家の誕生』，東信堂，1986年版。

［美］スーザン・J・ネイピア：『現代日本のアニメ——「AKIRA」から「ちと千尋の神隠し」まで』，神山京子訳，中央公論新社，2002年版。

［日］杉山知之著：『クール・ジャパン世界が買いたがる日本』，祥伝社，2006年版。

［日］鈴木敏夫著：『ジブリの哲学——変わるものと変わらないもの——』，岩波書店，2018年版。

［日］戦後日本国際文化交流研究会，平野健一郎監修：『戦後日本の国際文化交流』，勁草書房，2005年版。

［日］竹内オサム、西原麻里編著：『マンガ文化55のキーワード』，ミネルヴァ書房，2016年版。

［日］竹田恒泰著：『日本人はなぜ世界で一番人気があるのか』，PHP研究所，2010年版。

［日］谷川建司、王向華、呉咏梅編著：『サブカルで読むナショナリズム』，青雲社，2010年版。

［日］津堅信之著：『日本のアニメは何がすごいのか——世界が惹かれた理由』，祥伝社，2014 年版。

　　［日］堤和彦著：『NHK COOL JAPAN かっこいいニッポン再発見』，講談社，2013 年版。

　　［日］土佐昌樹、青柳寛編：「越境するポピュラー文化と『想像するアジア』」，株式会社めこん，2005 年版。

　　［美］Toni Johnson-Woods, "Manga an Anthology of Global and Cultural Perspectives," The Continuum International Publishing Group Inc, 2010.

　　［日］長岡義幸著：『マンガはなぜ規制されるのか』，平凡社，2010 年版。

　　［日］中村伊知哉、小野打恵編著：『日本のポップパワー——世界を変えるコンテンツの実像』，日本経済新聞社，2006 年版。

　　［日］夏目房之介著，『漫画は今どうなっておるのか』，メディアセレクト，2005 年版。

　　［日］夏目房之介著：『マンガはなぜ面白いのか——その表現と文法』，日本放送出版協会，1997 年版。

　　［日］日経 BP 社技術研究部編：『進化するアニメ・ビジネス』，日経 BP 社，2003 年版。

　　［日］萩原真著：『なぜ宮崎駿はオタクを批判するのか』，国書刊行会，2011 年版。

　　［韓］朴順愛、［日］土屋礼子編著：『日本大衆文化と日韓関係：韓国若者の日本イメージ』，三元社，2002 年版。

　　［日］朴祥美著：『帝国と戦後の文化政策——舞台の上の日本像』，岩波書店，2017 年版。

　　［日］浜野保樹著：『模倣される日本——映画、アニメから料理、ファッションまで』，祥伝社，2005 年版。

　　［美］フレッド・ラッド、ハーヴィー・デネロフ著：『アニメが「ANIME」になるまで——「鉄腕アトム」、アメリカを行く』，［日］久美薫訳，NTT 出版，2010 年版。

　　［日］増田弘道著：『アニメビジネスがわかる』，NTT 出版，2007 年版。

［日］増田弘道著：『もっとわかるアニメビジネス』，NTT 出版，2011 年版。

［日］松村正義著：『新版 国際交流史——近現代日本の広報文化外交と民間交流』，有限会社地人館，2002 年版。

［日］三原龍太郎著：『クール・ジャパンはなぜ嫌われるのか』，中央公論新社，2014 年版。

［日］Yasushi Watanabe，［美］David L. Mcconnell,"Soft Power Superpowers: Cultural and National Assets of Japan and the United States," Routledge，2009。

［日］山田文比古著：『外交とは何か——パワーか？ 知恵か？』，法律文化社，2015 年 4 月版。

［美］ローランド・ケルツ著，［日］永田医訳：『ジャパナメリカ：日本発ポップカルチャー革命』，ランダムアウンス、講談社，2007 年版。

［日］渡辺靖著：『アメリカン・センター アメリカの国際文化戦略』，岩波書店，2008 年版。

［日］渡邊啓貴著：「フランスの『文化外交』戦略に学ぶ——『文化の時代』の日本文化発信」，大修館書店，2013 年版。

［日］渡辺靖著：『文化と外交——パブリック・ディプロマシーの時代』，中央公論新社，2011 年版。

［日］渡辺靖著：「『文化』を捉え直す——カルチュラル・セキュリティの発想」，岩波書店，2015 年版。

五、外文期刊论文

［日］近藤誠一：『文化の力で日本と外交をもっと元気にしよう』，外交編集委員会編：『外交 Vol. 3』，時事通信社 2010 年 11 月，第 16—23 頁。

［日］田所昌幸：『ソフトパワーという外交資源を見直せ』，中央公論編集部編：『中央公論』2003 年 5 月号，第 120—128 頁。

［美］道格拉斯・麦克格雷：《日本国民酷总值》，《外交政策》2002 年 6 月，［日］神山京子訳，『世界を闊歩する日本のカッコよさ』，中央公論編集部：『中央公論』2003 年 5 月，第 134—135 頁。

［日］中村伊知哉：『クール・ジャパンを外交・産業政策にいかに生かすか』，外交編集委員会編：『外交 Vol. 3』，時事通信社 2010 年 11 月，第 42—47 頁。

　　［日］長崎励朗：『ポピュラー音楽の覇権をめぐるメディア文化政策』，佐藤卓己等編：『ソフト・パワーのメディア文化政策——国際発信力を求めて』，新曜社 2012 年版，第 292—314 頁。